"Caroline Leaf aborda marav[...]
de nuestras vidas: que pode[...]
rebro, hacernos cargo de nuestra mente, y mejorar cómo sentimos, pensamos y vivimos. No necesitamos medicación psiquiátrica: necesitamos conocimiento, razón y amor para ir más allá de nuestro sufrimiento y vivir una vida satisfactoria".

Peter R. Breggin, MD, psiquiatra,
y autor de *Guilt, Shame and Anxiety*

"Encontré por primera vez el trabajo de la Dra. Caroline Leaf observando cómo su libro *Enciende tu cerebro*, con su Proceso de Aprendizaje de 5 Pasos, llevó a mi esposo, Peter, desde la desesperación a la esperanza en su programa de licenciatura en neurociencia. Desde entonces también he reconocido la utilidad de su trabajo para el éxito y el enfoque educativo en los niños. Incluso nuestro propio hijo agradece su utilidad en el trabajo escolar. Creo que el contenido de este libro es revolucionario. En mis dieciocho años de práctica como obstetra y ginecóloga, proporcionando predominantemente cuidados a pacientes en comunidades en el centro de ciudades, me encuentro con muchas mujeres que puede considerarse que no tienen esperanza. Muchas parecen estar atascadas en un círculo de pobreza, con sus efectos inadecuados sobre la familia, considerándose a menudo ellas mismas como víctimas. Creo que cuando agarren este libro, lo lean y lo apliquen, entenderán que hay poder en sus mentes para cambiar, no solo sus propias vidas, sino también las vidas de sus hijos y sus comunidades. Como dijo en una ocasión el famoso educador ghanés, Dr. James Kwegir-Aggrey: 'Si educas a un hombre, educas a un individuo; pero si educas a una mujer educas a una nación'".

Mercy Amua-Quarshie, MD, MPH, diplomada de la
American Board of Obstetrics and Gynecology

"La Dra. Leaf nos ayuda a desarrollar pensamientos saludables, y su trabajo investigado científicamente, y aplicado clínicamente, ilumina el modo en que vivimos, amamos y aprendemos. Las técnicas y ejercicios en este libro ¡te beneficiarán en la escuela, en el trabajo y en tus relaciones!".

David I. Levy, MD, profesor de neurocirugía clínica y
autor de *Gray Matter*

"En casi treinta años como neurólogo, he sido testigo de un cambio global en el 'modo' en que pensamos, junto con una disminución epidémica en nuestra salud mental general y un aumento epidémico en trastornos neurofisiológicamente perturbadores. Por consiguiente, creo que este nuevo texto de la Dra. Leaf debería ser de lectura y estudio obligados para todos nosotros que queremos pensar, aprender y tener éxito; este es un mensaje de esperanza práctica que es un programa de acción con base científica".

Robert P. Turner, MD, MSCR, QEEGD, BCN, profesor
adjunto de pediatría clínica y neurología, Facultad de Medicina de
la Universidad de Carolina del Sur y Palmetto Health Richland
Children's Hospital; investigador adjunto,
MIND Research Institute, Irvine, California

"¡Vaya! ¡Otro libro asombroso escrito por la Dra. Leaf! En términos sencillos, ella describe de modo eficaz cómo los complejos procesos neurofisiológicos pueden ayudar o alterar nuestro éxito en la vida. También es emocionante ver a la Dra. Leaf aclarando varias ideas erróneas y mitos en el mundo médico. Parafraseando una verdad que aprendí de ella, no somos un producto de nuestra propia biología. Tenemos mentes brillantes que nos ayudan a transformar en peldaños las barreras que enfrentamos, llevándonos a un lugar donde podemos alcanzar todo nuestro potencial, no mediante horarios de trabajo excesivos y poco sanos, sino siendo conscientes en todo lo que hacemos, desde los pensamientos que tenemos, los alimentos que comemos, hasta nuestras maneras de trabajar y descansar. Como endocrinóloga, veo diariamente cómo el pensamiento 'tóxico' afecta a mis pacientes. Con frecuencia, ese pensamiento es una gran barrera que les impide mantener su bienestar, recuperar la salud, o alcanzar sus metas. Es mi esperanza que todos, especialmente los pacientes con disfunciones endocrinas, lean esta asombrosa colección de información veraz y transformadora. Entender la sabiduría que comparte la Dra. Leaf puede marcar una gran diferencia a la hora de cambiar tu vida para mejor".

Irinel Stanciu, MD, miembro del
American College of Endocrinology

"Sin importar cuál sea tu situación en la vida, tienes la capacidad de hacer cambios positivos. La Dra. Leaf ha hecho un trabajo brillante al describir cómo las diferentes mentalidades, mediante efectos cuánticos, cambian nuestro cerebro. Por medio de sencillos pasos bosquejados en este libro, puedes cambiar tu cerebro y experimentar una vida exitosa. Por lo tanto, no te quedes atascado en la derrota; ¡aplica los pasos de este libro y experimenta la vida triunfante!".

Timothy R. Jennings, MD, DFAPA, expresidente de
Tennessee and Southern Psychiatric Association
y autor de *The Aging Brain*

"La brillante Dra. Caroline Leaf viaja 'más allá de la concientización' en esta relevante obra, ¡dando las herramientas para desarrollar una transformación cognitiva con sentido para tener éxito! Disipa correctamente neuromitos que son aceptados como ciertos en nuestra sociedad actual, parecido a lo que nos encontramos en la interacción entre médico y paciente cuando hay que poner en contexto el conocimiento a nivel de búsqueda superficial en la Internet. También vemos un aumento de proporciones épicas en nuestra nación, de las bajas debido a trastornos por consumo de opiáceos y trastornos por consumo de sustancias. Estos trastornos surgen en parte de traumas físicos y emocionales del pasado a los que todos estamos sujetos. Los puntos destacados que la Dra. Leaf saca a la luz nos dan perspectiva sobre cómo se forman estos hábitos en la mente con trastornos. También nos da esperanza sacando a la luz la metodología de Dios para abordar el origen mismo de la manifestación externa de estos problemas 'mentales'. ¡Otro trabajo triunfante, Dra. Leaf!".

Avery M. Jackson, neurocirujano, CEO y fundador del
Michigan Neurosurgical Institute PC

"Como exprofesora de la Dra. Caroline Leaf para sus maestrías y doctorados, mentora de investigación y amiga por mucho tiempo, me agrada y me emociona ver cómo la investigación sobre la conexión entre mente y cerebro y la neurociencia cognitiva que ella comenzó con sus licenciaturas como patóloga de comunicación, se ha convertido en un libro extraordinario que ayudará a las personas a pensar, aprender y tener éxito en cada área de sus vidas. Este libro bien investigado no solo muestra a los individuos cuánto poder tienen en su mente, sino también cómo usar sabiamente este poder. Caroline no solo ha aplicado estos conceptos investigados científicamente de modo exitoso a su consulta clínica y sus esferas educativa y corporativa, sino que también ha aplicado este enfoque a su propia vida personal y con su familia. Por lo tanto, ¡su libro más reciente no necesita más valoración que la de su propia historia exitosa!".

Dra. Brenda Louw, profesora y presidenta de Speech-Language
Pathology and Audiology,
East Tennessee State University

"¡La Dra. Caroline Leaf es un regalo increíble para todos nosotros! En su nuevo libro, *Piensa, aprende y ten éxito*, desata y revela la sabiduría y la ciencia que hay detrás del modo en que procesamos la información, ¡para entender cómo pensamos individualmente! ¡Este es el billete premiado! Con su investigación, revelada en este libro, ahora podemos desatar todo nuestro potencial e ir más allá de la neblina que se produce al no pensar con claridad o con éxito. Esta es la respuesta para el estudiante que batalla con aprender y retener información, y para el ejecutivo que lidia con la ansiedad antes de esa importante presentación ante la junta directiva... Creo firmemente, como médico, que *Piensa, aprende y ten éxito* puede marcar la diferencia en nuestra salud personal: cognitiva y física. Este libro tiene el potencial de marcar una diferencia real en la demencia y el declive cognitivo. La mente cambia el cerebro, y sé que este libro hará para ti precisamente eso. Es obligado tener este libro, ¡ y es lectura y acción obligadas! Me gustaría haber tenido este libro cuando era estudiante de medicina, ¡y sin duda lo recomiendo a mis pacientes y a todo el que sea un estudiante! De hecho, yo utilizo todos los libros de la Dra. Leaf en mi consulta y los recomiendo a mis pacientes porque funcionan".

Jason Littleton, MD, presidente de Family Medicine en Orlando Regional Medical Center y fundador y CEO de Littleton Concierge Medicine

"La Dra. Leaf tiene una mente asombrosa y un don especial de comunicación. Como consejero y alguien que ayuda a liderar a consejeros internacionalmente, ¡no me canso de recomendar *Piensa, aprende y ten éxito*! Es un potente recurso que muestra a las personas cuánto son capaces de ayudarse a sí mismas, dando a los individuos tanto el conocimiento como los recursos para cambiar su modo de pensar, cambiando así el modo en que viven sus vidas".

Dr. Tim Clinton, presidente de la American Association of Christian Counselors

"El trabajo de la Dra. Leaf ha tenido un impacto tremendo en mi vida. En 2015 yo estaba gravemente deprimido y tenía muchos ataques de pánico. Me agoté al visitar a un psiquiatra tras otro, sin éxito alguno. Mediante la investigación de la Dra. Leaf descubrí los recursos que me curaron totalmente y cambiaron mi vida y las vidas de otras personas. Lo más sorprendente sobre *Piensa, aprende y ten éxito* es cómo la Dra. Leaf tiene tanto ímpetu y pasión por alentarnos a cada uno de nosotros a reconocer cuán poderosos somos realmente y cuánto podemos conquistar si solamente tenemos una buena salud mental. Enfermedades, dificultades y crisis pueden vencerse con el poder de la mente. En *Piensa, aprende y ten éxito* nos da un manual práctico para ayudarnos a desarrollar las mentalidades que nos darán abundancia en la vida. En este libro descubrirás que la Dra. Leaf pone sobre la mesa una proposición osada: un nuevo paradigma que puede producir una verdadera revolución en el bienestar y el cuidado de la salud. Tengo confianza en que estamos a punto de entrar en una nueva fase de cuidado de la salud que será dirigida por la investigación y los recursos de la Dra. Leaf. Nos hemos estado preguntando qué podría suceder si construyéramos un sistema que no estuviera enfocado en la enfermedad. Creo firmemente que la Dra. Leaf ya conoce la respuesta, y nosotros como organización estamos uniendo esfuerzos con ella para acelerar su visión".

Igor P. Morais, médico de cirugía dental,
Universidad de Brasilia, Brasil,
e investigador de cirugía oral y salud pública

"La Dra. Leaf proporciona un enfoque pedagógico a vivir una vida satisfactoria. Al leer las páginas de este libro te convertirás en su alumno, descubriendo cómo tu mentalidad puede que te esté teniendo estancado en la vida, y aprendiendo sus métodos, demostrados durante décadas de investigación científica y aplicación, para cambiarlo. Ella revela cómo los pensamientos negativos secuestran sutilmente nuestra mente mediante diversas experiencias en la vida, convirtiéndose en la huella según la cual construimos nuestra vida. Este libro expone la naturaleza destructiva de los pensamientos insanos y te enseña cómo aprovechar el poder de tu mente, desatando tu capacidad para aprender información que puede que te haya resultado intimidante o imposible. Se aplica a todos los ámbitos de la vida, incluidos estudiantes universitarios que buscan desempeñar mejor en los exámenes, profesionales que quieren sobresalir en sus carreras, padres que no trabajan fuera de casa y desean operar con mayor claridad, y jubilados que intentan alejarse de los efectos del Alzheimer o mitigarlos. Igual que ocurre al embarcarnos en cualquier viaje significativo, sus métodos no ofrecen una solución rápida, pero sí ofrecen una solución garantizada y duradera si realizamos el trabajo. Te encargo la tarea de leer este libro si estás buscando liberar tu mente del pensamiento caótico e improductivo, aumentar tu CI, y tomar el mando de tu vida".

Lillian Lockett Robertson, MD, OB/GYN, FACOG

"*Piensa, aprende y ten éxito* aborda muchos problemas con los que batallamos en el entorno escolar actual. Si puedo resumir este libro en un tema general, diría que este libro ayuda a enseñar 'responsabilidad personal'. La Dra. Leaf aporta un enfoque único del aprendizaje. Desde los capítulos sobre las mentalidades, el perfil del don, y el proceso de aprendizaje de 5 pasos, hacen que sea muy fácil entenderlo, y lo enseña de modo muy concreto. Cada capítulo de este libro es muy necesario para los aprendices de hoy, especialmente en el entorno escolar público, donde el temor y la soledad quizá intenten tomar el control de los pensamientos de los estudiantes. Este libro no solo ayuda a enseñar a los estudiantes a pensar y aprender, sino que también incluye los aspectos tan importantes de un estilo de vida saludable, especialmente para construir mentalidades positivas. Este es el comienzo para que los estudiantes desarrollen la capacidad de establecer metas y construir sueños, que es un aspecto importante en nuestras escuelas. Muchos estudiantes carecen de un sentido de propósito y provienen de ambientes tóxicos. No entienden cómo su aprendizaje en la escuela y en la vida es influenciado por sus propios pensamientos, estado de ánimo, y emociones. Este libro deja claro cómo crear cambios para cada aspecto de nuestra mente, cuerpo y emociones, y aborda la necesidad de que se enseñe explícitamente. También me gustan los consejos de activación que están al final de cada capítulo, que proporcionan maneras fáciles y razonables de activar el aprendizaje. Como educadores, sabemos que si no tenemos un producto final del aprendizaje, este se queda solo en memoria a corto plazo y no será mantenido".

Angela McDonald, MA, superintendente y<br>CEO de Advantage Academy

Este libro está dedicado a *todo el mundo,* porque todos necesitan pensar, aprender y tener éxito en la escuela, el trabajo y la vida.

Dejemos de *luchar* y comencemos a *prosperar...* ¡juntos!

# Reconocimientos

Cuando escribí el primer borrador de este libro, lo entregué a mi equipo con mucha emoción. Hablaba mucho sobre cómo "en mi Modelo Geodésico de Procesamiento de Información (la teoría y la investigación que desarrollé hace treinta años atrás), microtúbulos y tubulina, cual computadoras cuánticas neurobiológicas, explican cómo la memoria se ve esencialmente como una parte del proceso cognitivo, donde los nuevos sistemas descriptivos son remodelados o rediseñados".

Después de leer esto, ellos se miraron unos a otros educadamente, luego me miraron y dijeron: "Nadie excepto tú y tus colegas académicos van a leer eso". Este incidente se produjo seis semanas antes de la fecha de entrega del manuscrito.

Lo que sucedió después fue una experiencia asombrosa, y tuvo como resultado mi mejor trabajo: este libro, el decimoséptimo libro que he escrito.

Dominique, que es parte de mi equipo (y mi segunda hija, graduada de Pepperdine con experiencia trabajando en Hollywood), hizo que me sentara y dijo muy directamente: "Mamá, ¿qué estás intentando decir? Yo he crecido con tu pensamiento científico y tus métodos de aprendizaje, y funcionan; son revolucionarios. Eres una especialista en la mente, pero lo que acabas de explicar es demasiado complejo". Y así comenzó un diálogo de todo un día escribiendo muchas notas a medida que Dominique, con una percepción brillante, sacaba lo mejor de mí, ¡y seis semanas después mi manuscrito quedó transformado en algo que gustó incluso a mis cuatro hijos (y mis mayores críticos y más sinceros)!

Y entonces intervino mi hija Jessica, alumna de una maestría en historia de la teología, para realizar su excepcional y poderosa magia para editar, y el resultado final... bueno, ¡incluso yo misma quiero leerlo! Gracias, mis muchachas, por su apoyo y genialidad que son más que fenomenales.

A esas alturas, este libro se había convertido en un asunto muy familiar porque mis cuatro hijos se habían criado viviendo y utilizando los principios y técnicas que leerás en este libro. Mi hijo Jeffrey, que tiene la carrera de Inglés como especialidad de UCLA, introdujo algunas ideas excelentes y ayudó con el título; mi hija pequeña, Alexy, que estudia biología humana y sociedad en UCLA, ofreció perlas de sabiduría sobre lo que sus amigos y compañeros de clase necesitarían de un libro como este, y mi excepcional y sobresaliente esposo, Mac, mi animador y mi mayor seguidor, leyó cada palabra con la maravillosa agudeza que aporta por todos sus años de experiencia en el ambiente empresarial.

Te digo todo esto por el siguiente motivo: este libro es un asunto familiar, y tú ahora eres parte de la familia porque estás leyendo este libro. Somos una comunidad diseñada para amar, pensar, aprender y tener éxito en la escuela, el trabajo y la vida; y nos ayudamos unos a otros a lograr eso.

Al intercalar conceptos de la ciencia y de la vida en este libro, acudo a mi investigación y mi extensa experiencia clínica, educativa y empresarial; y por lo tanto, también quiero reconocer a mis profesores y mentores, en especial a la profesora Brenda Louw, que afiló mis habilidades científica y de investigación y ha sido una amiga por treinta años. También reconozco a cada paciente, cliente y persona con los que he trabajado, y a cada uno de quienes han leído mis materiales, me han visto en conferencias, o me han visto y escuchado en televisión, en YouTube y en mis podcasts. Su retroalimentación es muy valiosa, porque ustedes son también parte de esta familia, y me han ayudado a entender y trabajar para refinar los conceptos y las técnicas que enseño en este libro.

También reconozco al equipo de Baker, que son tan fundamentales para el éxito de difundir mis libros por todo el mundo. Chad, Mark, Karen, Patti, Lindsey, Erin, Colette, Dave, y el resto del equipo. Reconozco su pericia, profesionalismo y dirección a lo largo de todos estos años de trabajo juntos, ¡y me emociona el futuro!

En la noche que me envuelve,
negra, como un pozo insondable,
doy gracias al Dios que fuere
por mi alma inconquistable.


En las garras de las circunstancias
no he gemido, ni llorado.
Bajo los golpes del destino
mi cabeza ensangrentada jamás se ha postrado.


Más allá de este lugar de ira y llantos
acecha la oscuridad con su horror.
Y sin embargo, la amenaza de los años me halla,
y me hallará sin temor.


Ya no importa cuán estrecho haya sido el camino
ni cuántos castigos lleve a mi espalda:
soy el amo de mi destino,
soy el capitán de mi alma.


—William Ernest Henley, "Invictus"

# Contenido

**Sección tres: El Proceso de Aprendizaje
de 5 pasos Enciende tu Cerebro**

**Sección cuatro: La ciencia**

# Prólogo

Hace poco más de diez años me encontraba en una situación difícil. Tenía que hacer un examen escrito durante todo un día en el programa graduado de neurociencia en el que estaba. Nadie a quien yo conocía había pasado ese examen, y quienes lo habían reprobado fueron, básicamente, expulsados del programa. Me parecía claro que había una conspiración para forzarme a salir del programa, debido a una serie de eventos anteriores.

No me iba bien estudiando la inmensa cantidad de información, y estaba muy frustrado y perdiendo la esperanza. No podía dormir bien. Ese era mi estado mental cuando una noche cerca de las 2:00 de la mañana, estaba cambiando de canales en la televisión y me crucé con un programa en el que entrevistaban a la doctora Leaf. Lo que captó mi atención fue la elocuencia con la que ella era capaz de explicar en términos prácticos cómo funciona el cerebro. Yo era estudiante de neurociencia y ya era médico, y lo que ella decía tenía sentido para mí. Cuando descubrí en su página web que ella había desarrollado un proceso que había ayudado a muchos miles de estudiantes en todo el mundo a sobresalir en sus estudios, mi corazón comenzó a llenarse de esperanza. Me atreví a preguntar: ¿sería posible que yo pudiera aprobar el examen infranqueable? Cuando comencé a utilizar el Proceso de Aprendizaje de 5 Pasos Enciende tu Cerebro y su herramienta, el Metacog, de lo que pude extraer de su página web y su libro (el cual ordené más adelante desde Sudáfrica), ¡supe que la respuesta a mi pregunta era un sí rotundo!

Después de aprobar el examen utilizando sus métodos, y salir del programa con una maestría en neurociencia, he colaborado desde entonces con la doctora Leaf.

La doctora Leaf ha escrito varios libros estupendos a lo largo de los años; sin embargo, debo confesar que este es mi favorito por muchas razones. En primer lugar, fue el material de este libro lo que salvó mi carrera académica. En segundo lugar, he enseñado a estudiantes desde la escuela secundaria hasta la escuela de posgrado utilizando los principios de este libro, y he visto cambiar sus vidas académicas y emocionales. En tercer lugar, los principios de este libro han ayudado a mi propia familia. Y finalmente, este es mi libro favorito de Caroline Leaf debido a razones muy emocionales que se remontan hasta el año 1976, cuando yo tenía unos doce años. Aquel fue el año de las revueltas en la escuela de Soweto, en Sudáfrica, un evento que conmocionó al mundo. Yo miraba con horror fotografías de niños que sacaban a sus amigos muertos y heridos de la línea de fuego arrastrándolos. Años después, la doctora Caroline Leaf trabajó por más de veinte años en las áreas reservadas para personas de color, Soweto incluida, y cambió radicalmente cientos de escuelas y a cientos de miles de alumnos mediante los principios, procesos y técnicas que se explican en este libro.

La doctora Leaf bosqueja un mapa de ruta hacia el éxito en nuestras escuelas y universidades, el lugar de trabajo, y nuestras vidas personales. Sugiero leer el libro en el orden que ella ha bosquejado, porque cada principio y proceso se construye sobre el anterior. No hay ningún arreglo o atajo rápido. Te aliento, querido lector, a mantenerte en el camino; creo que el viaje valdrá la pena, no solo para ti, sino también para las generaciones posteriores.

Se están produciendo cambios profundos en salones de escuelas, lugares de trabajo y negocios en todo el mundo. La información aumenta a un ritmo exponencial; sin embargo, el manejo de la información no ha seguido el mismo ritmo. La sobrecarga de información no solo está afectando negativamente nuestra efectividad, sino también nuestra salud mental. Creo que este libro ofrece una solución oportuna al problema.

Peter Amua-Quarshie, MD, MPH, MS,
profesor asistente de ciencias médicas básicas

# Prefacio

Todo el mundo parece estar hablando sobre concientización*
y tomar el tiempo para invertir en uno mismo. Pero, ¿cómo
haces que tu mente trabaje realmente para ti? ¿Cómo usas tu mente
para moldear tu vida? ¿Cómo "inviertes" en ti mismo, creando un estilo de vida que fomente la salud cerebral y corporal? ¿Cómo vas más
allá de ser consciente de sentimientos, pensamientos y sensaciones
corporales; calmarte y reconocerlos en el momento presente, y pasas
a hacer cambios sostenibles y duraderos? ¡Después de todo, tú eres
"el capitán de tu alma"!

Es fácil decir que quieres ocuparte de ti mismo, pero ¿cómo cuidas
de la mente, la cual se ocupa de todo lo demás? La respuesta no es una
pastilla, una dieta de moda, un número mágico, una cuenta en Instagram con más de un millón de seguidores, o algún programa rápido
para la memoria. Todos tenemos recursos importantes al alcance de
nuestras manos. Nuestra mente es increíblemente potente: podemos
utilizar nuestros pensamientos para mejorar nuestro intelecto general,
el rendimiento cognitivo, y el bienestar mental y físico. Aprovechar
estos recursos naturales nos dará poder sobre nuestro presente, dará
profundidad y contexto a nuestro pasado, y anticipación para el futuro.

Cómo *entiendes y utilizas* tu mente es predictivo de cuán exitoso
serás.

Todos pensamos, sentimos y decidimos de maneras únicas; todos
definimos nuestro propio éxito con sentido. Este libro habla de ayudarte a llegar a ese lugar donde tienes éxito en todas estas áreas clave

---

* Concientización se refiere al término en inglés *mindfulness*, que es un proceso
de concientización que implica atención plena en el presente y en el yo. (N.T.)

y haces ese cambio hacia una vida bien vivida y llena de éxito *con sentido*. Este libro habla del cuidado personal de la mente. Te lleva más allá de la meditación y la concientización a un estilo de vida de transformación cognitiva que es a la vez sostenible y orgánica, adecuado para tu *Yo Perfecto*.[1]

El cuidado personal de la mente está entretejido integralmente en una vida llena de sentido, que de modo natural evoluciona hacia el éxito en la escuela, el trabajo, y todas las demás áreas de tu vida. Es la clave para descubrir tu vocación: lo que te hace levantarte de la cama en la mañana, y cada día. Tú solamente puedes ser tú mismo; y eres brillante, emocionante e inspirador.

Sin duda, muchos años de investigación y muchos miles de personas después, sigo sorprendiéndome por el poder que tiene nuestra mente para:

- aprender eficazmente
- cambiar circunstancias
- aumentar la creatividad
- mejorar la memoria y su funcionalidad
- aumentar el control emocional, permitiendo que las emociones y el estrés trabajen para nosotros y no contra nosotros
- experimentar satisfacción intelectual

Sea que estés en la escuela y solamente quieres aprender cómo aprender, sea que estés en la vida laboral y necesitas mejorar tu memoria y tu desempeño, seas una mamá que no trabaja fuera de casa o un padre trabajador que tiene responsabilidades profesionales y personales, si sientes que tu mente y tu memoria no están funcionando como deberían, entonces necesitas este libro porque eres un ser que piensa y aprende. Siempre estás pensando y aprendiendo, en cada momento de cada día. Por lo tanto, las preguntas que tenemos que hacernos son: ¿*Qué* debería pensar y aprender? ¿*Cómo* debería pensar y aprender?

¿Estás pensando y aprendiendo para *tener éxito*?

En este libro te proporcionaré tres herramientas de cuidado personal prácticas, científicas y mentales para ayudarte a desarrollar el pensamiento exitoso, hábitos de aprendizaje y lograr un cambio sostenible y duradero en tu vida. He investigado, desarrollado y presentado estas tres herramientas por más de treinta años a cientos de miles de personas en todo el mundo, y me han sorprendido los resultados:

- *La Guía de la Mentalidad*: un manual práctico que te dará perspectiva sobre el poder de cómo las mentalidades pueden cambiar tu cerebro y desarrollar resiliencia cognitiva, que es esencial para el éxito.

- *El Perfil del Don*: una herramienta para descubrir tu modo de pensar personalizado: la forma única en que procesas la información para entender cómo piensas. Entender cómo piensas activará el poder de las mentalidades, transformándolas de ser algo "bonito conocer," en fuerzas de cambios reales e impulsoras en tu vida. Deja de hablar y comienza a hacer.

- El *Programa de Aprendizaje de 5 Pasos Enciende tu Cerebro*: una técnica para construir memoria y aprender de manera exitosa, basada en el modo en que la mente procesa la información mediante el cerebro. El cerebro está diseñado para crecer constantemente, y el poder de las mentalidades puede vigorizar el cambio sostenible y exitoso solamente cuando pensamos de nuestras maneras personalizadas y construimos memoria útil.

Las mentalidades contienen poder; el pensamiento personalizado activa este poder; el programa de cinco pasos transforma este poder en cambio sostenible y duradero. Por lo tanto, estas poderosas herramientas pueden ayudarte a mejorar tu memoria, aprendizaje, desempeño cognitivo e intelectual, rendimiento en el trabajo, rendimiento físico, tus relaciones y tu salud emocional.

Cambiarás tu vida, de estar en modo de supervivencia ¡a estar en modo de éxito!

# Introducción

## ¿Estás teniendo éxito o tan solo estás sobreviviendo?

Hoy día, la mayoría de las personas pueden tener acceso a inmensas cantidades de información, y sin embargo pocas personas saben cómo procesar esta información y utilizarla para tener éxito en la escuela, el trabajo y la vida. Existe una brecha cada vez mayor entre el "qué" (información) y el "cómo" (el manejo de la información). Nuestra habilidad para procesar y entender la información ha sido a la vez alentada y desafiada por la revolución tecnológica. Ahora tenemos el mundo en la punta de nuestros dedos y, sin embargo, paradójicamente, cada vez más y más de nosotros vivimos vidas solitarias y fútiles. Como resultado, abundan los problemas en escuelas, universidades, empresas, instituciones y vidas personales a medida que perdemos de vista el poder de las mentalidades, cómo pensar y cómo aprender. ¡Este es un problema global de "salud mental"!

Dificultades de aprendizaje, socialización inepta, mala salud mental y soledad, que se afirma que se están acercando a tener proporciones de epidemia globalmente y está causando más muertes anualmente que la obesidad,[1] nos impulsan a reevaluar nuestras habilidades de pensamiento y a redescubrir la idea de la sabiduría comunitaria y el propósito del aprendizaje, contrario a conseguir tan solo pedazos de información aleatoria para conseguir una buena calificación que hará que nuestros padres estén orgullosos o que aquello nos proporcione una sensación hueca de autoestima.

24

Una publicación de 140 caracteres en Twitter, por ejemplo, puede consumir cantidades excesivas de tiempo y, sin embargo, no se produce un pensamiento profundo: no se logra ninguna satisfacción mental verdadera. ¿Entendemos el daño que eso está haciendo? ¿Podemos contrarrestarlo?

Cuando reunimos información como si fuera piezas de un rompecabezas, pero sin unir esas piezas, el crecimiento intelectual queda reprimido. Es una crisis de cantidad sobre calidad, y las consecuencias son aterradoramente evidentes en la sociedad. El mundo desarrollado enfrenta actualmente una *supuesta* epidemia de TDAH (trastorno por déficit de atención e hiperactividad),[2] por ejemplo, cuando miles de personas, tanto jóvenes como viejas, luchan para concentrarse, para aprender, para recordar, y para pensar profundamente. Miles de individuos de todas las edades están siendo catalogados incorrectamente con carencias biológicas, y son medicados con sustancias que causan daños cerebrales.[3] En lugar de preguntar qué está mal en nuestra sociedad y en el tipo de pensamiento que promueve, echamos la culpa únicamente sobre los hombros del individuo (o más concretamente, sobre su cerebro), divorciándolo del contexto de la vida cotidiana.

Ciertamente, hoy día somos más rápidos para catalogar los problemas como enfermedad o trastorno, en lugar de aplicar sabiduría y examinar lo que realmente está sucediendo en nuestras sociedades, desde el cuadro general hasta los detalles.[4] En un ambiente así, es fácil temer los peligros de la automatización y la inteligencia artificial (IA), que ya no son meramente el interés de los observadores de tendencia de Silicon Valley; incluso estudiosos de la Universidad de Oxford están haciendo predicciones funestas.[5] Sin embargo, según un creciente cuerpo de investigación, estamos planteando las preguntas equivocadas. El problema no está tanto en que la automatización se apodere de nuestros empleos (y de nuestras mentes), sino más bien que la automatización (incluido ver a los humanos como autómatas biológicos, o la *deshumanización*) cambie cómo pensamos; y obviamente, no siempre para mejor.[6]

¿Cómo está afectando la revolución tecnológica nuestra capacidad de pensar, aprender, socializar, y manejar la vida cotidiana normal de ser humano? Ciertamente, ¿qué constituye realmente "trabajo" en este tiempo y época? ¿Está funcionando el modo en el que trabajamos? ¿Qué estamos aprendiendo? ¿Cuál es el punto de la educación? ¿Está cambiando nuestro pensamiento?

Por ejemplo, usar plataformas digitales como tabletas y computadoras portátiles para la lectura puede hacer que estemos más inclinados a concentrarnos en detalles concretos en lugar de interpretar información de manera más abstracta.[7] Esto afecta la comprensión de la lectura y la resolución de problemas.

Según el Foro Económico Mundial, en un sondeo de 2013 a doce mil profesionales realizado por el *Harvard Business Review*, alrededor del 50 por ciento dijeron que sentían que su empleo no tenía ningún "sentido e importancia".[8] ¿Qué hace que el conocimiento tenga sentido? ¿Qué hace del trabajo una vocación? ¿Por qué generalmente preguntamos a las personas *qué* hacen, pero no *por qué* lo hacen? ¿Cómo llegamos desde A, conocimiento, hasta B, sentido? Aunque tales preguntas pueden parecer abrumadoras, impulsándonos a encontrar la aguja de la sabiduría en un montón de heno de información, hacemos esas preguntas porque somos humanos.

El punto del pensamiento, el aprendizaje, la educación, la tecnología, la medicina y la filosofía debería ser construir un mundo mejor, con la conexión y la humanidad como su propósito fundamental principal. Como dijo con tanta elocuencia el periodista Rutger Bregman en su charla TED: "Creo en un futuro donde el punto de la educación no sea el de prepararte para otro empleo inútil, sino para una vida bien vivida".[9] Esto es *cuidado personal mental*: una vida bien vivida, una vida de éxito. La búsqueda de la "buena vida" es una búsqueda que los seres humanos hemos emprendido durante milenios. ¿Puedes decir sinceramente que no tienes deseo alguno de descubrir lo que significa para ti la "buena vida"?

Necesitamos reconocer que ni la sociedad ni nuestros cerebros son los únicos factores a la hora de determinar lo que hacemos con nuestras vidas. También necesitamos reconocer que nuestros *propios* pensamientos pueden obstaculizar nuestra habilidad para pensar, aprender y tener éxito más allá de los límites de cualquier sociedad. ¿Alguna vez has echado un vistazo en Instagram, paralizado por la sensación de que tu vida en cierto modo no está "a la altura"? ¿Alguna vez te has sentido agobiado en el trabajo, con un jefe del tipo "el diablo se viste de Prada" gritándote en un ciclo interminable y sin sentido, porque sentías que ese era el tipo de empleo que un adulto responsable tenía que tener, que era eso lo que se suponía que debías hacer? ¿Alguna vez te has sentido perdido al prepararte para un examen que sabías que ibas a reprobar? A veces, ¡nosotros podemos ser nuestro peor enemigo! ¿Tienes la sensación de que cada día estás siendo golpeado por algo más que necesitas abordar?

Quizá sientas que no tienes ninguna capacidad sobre tu propia vida o tus circunstancias, ¡pero sí la tienes! Tu capacidad para pensar, sentir y decidir es innatamente poderosa y resistente; ¡tienes una mente que es más potente que todos los teléfonos inteligentes del planeta combinados! *Puedes* pasar de la supervivencia al éxito, y todo comienza en tu mente. Al reconocer el impacto que tienen tu contexto sociocultural y tus propios pensamientos, puedes redefinir tu pasado, volver a imaginar tu presente y cumplir tu futuro.

### Neurocentricidad y neurorritmos: soluciones incorrectas

Necesitamos salir del laboratorio y de las redes sociales, y darnos cuenta de que vivimos en sociedades dinámicas, complejas y en evolución, sociedades que necesitan a cada uno de nosotros y lo que cada uno pone sobre la mesa. Es momento de introducir la idea del *estilo de vida* en el mundo de la educación, el trabajo y la vida. Necesitamos reconocer la naturaleza única de nuestro pensamiento y aprendizaje dentro y entre contextos y culturas específicos, entre comunidades e individuos.

En años recientes, en un intento por abordar estos retos modernos de pensar y aprender, la neurociencia se ha vuelto muy popular. Es casi como si añadir el prefijo "neuro", como en neuroeducación, neuroliderazgo, neuroespiritualidad y otros, diera más influencia al método, curso, programa o libro, aumentando con ello su credibilidad. Por consiguiente, han surgido varios "neuromitos" de este enfoque neurocéntrico, sofocando en lugar de mejorar la creatividad y la imaginación humanas. Un mito satisface el deseo de explicaciones rápidas, inequívocas y simples, y tiene el potencial para la génesis de ideas falsas e interpretaciones defectuosas, las cuales los medios masivos utilizan y abusan, y cuya influencia a la hora de formar y perpetuar opiniones es fundamental.

Reducir la naturaleza compleja de la humanidad a explicaciones neurobiológicas aparentemente simplistas, en un intento de abordar las necesidades de la sociedad en general, es uno de esos ejemplos y no es una solución. Este tipo de pensamiento conduce a interpretaciones erróneas, y por lo tanto, al mal manejo del aprendizaje y la educación.[10] Además, debiera preocuparnos nuestro modo de pensar a nivel individual, nacional e internacional, porque la mercadotecnia y políticos hábiles son capaces de manipular a una población ignorante mediante mitos, manipulando así la columna vertebral de un sistema de gobierno democrático.

Pero ¿qué son concretamente los "neuromitos"? Son ideas equivocadas comunes y dañinas acerca de la naturaleza de la investigación del cerebro, que se refieren y dan forma a nuestra comprensión del aprendizaje, la educación, el trabajo, la ciencia y la vida. Investigadores han encuestado a educadores, al público general, y a personas que han terminado cursos de neurociencia para evaluar su creencia en los neuromitos.[11] Su investigación reveló que las creencias en neuromitos están notablemente generalizadas entre el público general, educadores, e incluso neurocientíficos (¡tener formación en neurociencia no se traduce necesariamente en psicología o educación!). De ahí el potencial para que se cuelen errores de interpretación, haciendo más daño que bien.[12] Por ejemplo, muchos neuromitos dan a entender erróneamente que un único factor es responsable de un resultado dado cuando se aprende. Sin embargo, lo que reflejan esos enfoques es una clara subestimación de la complejidad de la conducta humana, especialmente las habilidades cognitiva y metacognitiva de atención, razonamiento, memoria y aprendizaje, las cuales impulsan los procesos de la vida.[13]

Es interesante que el mito más comúnmente respaldado en esa encuesta era que los individuos aprenden mejor cuando reciben información en su estilo de aprendizaje preferido. En los capítulos 17 y 18 explico en profundidad por qué y cómo eso es equivocado, proporcionando una explicación más científica y más lógica del modo en que, como individuos, pensamos de modo único y a nuestra propia manera personalizada. He estado enseñando e investigando este tema por treinta años.

La ciencia, sin duda alguna, avanza mediante la prueba y el error. Una teoría es construida; nuevos fenómenos confirman, modifican o refutan esa teoría. Desgraciadamente, el "desordenado" avance de la ciencia es el único posible, y las hipótesis invalidadas tienen siempre el potencial de convertirse en mitos. Aunque esas creencias son posteriormente desbancadas por el proceso social de la ciencia, siguen teniendo el potencial de ser creídas y repetidas ampliamente, e incluso utilizadas por varias entidades empresariales e instituciones para promover una cosmovisión o agenda específica.

Yo me he encontrado con estos neuromitos en toda mi vida de trabajo e investigación. Dos neuromitos en particular contra los cuales me he pasado tres décadas enseñando, son la teoría del cerebro izquierdo y derecho y la teoría de los estilos de aprendizaje. De ahí mi alegría por la investigación sobre neuromitos de Kelly Macdonald y Lauren McGrath.[14] Otros mitos comunes que ellos identificaron fueron el efecto Mozart, la dislexia, la utilización del diez por ciento del cerebro, y el modo en que el azúcar afecta a la atención. Ellos también descubrieron que estos neuromitos "clásicos" tienden a juntarse en grupos, de modo que si creemos en un mito, tenemos más probabilidad de creer también en otros. Yo también descubrí que ese era el caso en mi investigación con educadores y profesionales de la salud mental. Fue todo un reto desafiar sus mentalidades de neuromitos.[15]

También abundan neuromitos sobre la memoria. La memoria no es tan solo el corazón del aprendizaje, sino que también es indispensable en cada área de la vida. Se ha convertido en el tema privilegiado de fantasías y de ideas falsas. "¡Mejora tu memoria!". "¡Aumenta tu capacidad de memoria!". "¡Cómo conseguir una memoria excepcional rápidamente!". Estos son ejemplos típicos de diversos eslóganes publicitarios para aplicaciones, libros, pastillas y programas. La memoria, sin embargo, es compleja, no se ha entendido plenamente, y requiere enfoque y comprensión intensivos. La memoria a largo plazo y la formación de hábitos toman tiempo y trabajo duro para desarrollarse; no hay un camino fácil o una solución simple cuando se trata de construir memoria.

Por desgracia, los programas comerciales de entrenamiento de la memoria, basados en computadoras, se basan en este enfoque neurocéntrico. Estos programas afirman beneficiar a quienes sufren de supuestos TDAH, dislexia, trastornos del lenguaje, mal rendimiento académico, demencias, mala salud mental, y muchos otros problemas. Algunos afirman incluso mejorar las cifras de CI o CE.[16] Estos programas se utilizan en todo el mundo en instituciones educativas y clínicas, y la mayoría son plataformas digitales que implican tareas en las cuales se da a los participantes pruebas de memoria diseñadas para ser desafiantes.

Sin embargo, la investigación muestra que la memoria a corto plazo y las habilidades sensoriales desarrolladas en esos supuestos juegos de memoria no necesariamente desarrollan el pensamiento profundo o habilidades cognitivas significativas que cambian la conducta de maneras que conducen al éxito.[17] Estos juegos no mejoran el tipo de inteligencia que ayuda a las personas a intelectualizar, razonar, resolver problemas, o tomar decisiones sabias. Como contraste, el entrenamiento mental vía pensamiento profundo y comprensión para construir memoria y aprender, como planteo en mis técnicas en este libro, aumenta los números de neuronas que *sobreviven*, particularmente cuando las metas del entrenamiento son desafiantes.[18] Esta supervivencia de neuronas con sus dendritas (donde se almacena realmente la memoria) significa que se forman recuerdos a largo plazo, útiles y con sentido.

De hecho, según un estudio publicado por la American Psychological Association (APA), trabajar en el entrenamiento de la memoria con estos juegos de cerebro no es probable que sea un tratamiento eficaz para niños que sufren trastornos de aprendizaje.[19] De igual modo, las tareas de entrenamiento de la memoria parecen tener un efecto limitado en adultos y niños sanos que buscan ir mejor en la escuela o mejorar sus habilidades intelectuales y cognitivas.[20]

Muchos programas hacen entrar más en juego la memoria repetitiva que la comprensión; por su cuenta y riesgo. No estamos diseñados para recordarlo todo y cualquier cosa; estamos diseñados para recordar lo que *necesitamos* para tener éxito. Esto requiere comprensión y un entendimiento profundo y enfocado. Necesitamos aprender *qué* aprender y *cómo* aprenderlo.

Explicaré cómo construir recuerdos con sentido en el capítulo 20, recuerdos que no solo aumenten la inteligencia, sino también mejoren la salud cerebral y reflejen la complejidad del proceso de pensamiento.[21] Hay un gran número de técnicas útiles para mejorar la memoria, pero actúan solamente sobre un tipo particular de memoria, ya sea nemotecnia, repeticiones del mismo estímulo, y otras. Yo prefiero enfocarme en enseñarte cómo construir una memoria que sea *útil*, con sentido, y capaz de ayudarte a tener éxito y mejorar en la escuela, el trabajo y la vida. Igual que mis pacientes, cuando aprendas cómo aprender utilizando tu mente, notarás un aumento importante en tu capacidad de resolver problemas y mejorar la flexibilidad cognitiva *además de* construir una memoria con sentido.

Un creciente conjunto de evidencias muestra que nuestros pensamientos tienen un poder increíble sobre nuestro bienestar intelectual, emocional, cognitivo y físico. Nuestros pensamientos pueden limitarnos a lo que creemos que podemos hacer, o pueden liberarnos para desarrollar habilidades que están muy por encima de nuestras expectativas o las expectativas de otros. Cuando escogemos una mentalidad que amplía nuestras habilidades en lugar de limitarlas, experimentaremos mayor satisfacción intelectual, control emocional, y salud mental y física.

Pero ¿cómo hacemos eso? ¿Cómo podemos aprovechar el poder de nuestros pensamientos para pensar profundamente, aprender poderosamente, y lidiar con los problemas de la rápida era digital a fin de tener una vida llena de significado y sentido? ¿Cómo alcanzamos el éxito? Por más de tres décadas he trabajado con miles de familias, niños, adolescentes y adultos diagnosticados de TDAH, autismo, demencias, y otras dificultades de aprendizaje y emocionales, enseñándoles a resolver sus retos y mejorar su pensamiento. Mi experiencia, tanto profesionalmente como personalmente, y también los testimonios de individuos que han visto mis programas de televisión[22] y han leído mis otros libros, revelan que, si enseñamos a las personas cómo pensar profundamente, pueden hacer cualquier cosa en la que fijen su mente. Pueden aprender *cómo* aprender.

A pesar de lo que cualquiera te haya dicho, puedes aprender. Puedes tener éxito en la vida. Cuando aprendes cómo aprender explorando, entendiendo y dominando el arte del cuidado personal mental, puedes ir más allá de la concientización, desarrollando todo un estilo de vida mental que te permite transformar tu vecindario, tu comunidad, tu nación y tu mundo.

# La Guía de la Mentalidad

mentalidad–

percepción

# UNO

# Pensar y aprender
# para tener éxito

Una mentalidad es una actitud, o un conjunto de pensamientos con información y emociones adjuntas que generan una percepción particular. Moldean cómo ves el mundo y te relacionas con él; pueden catapultarte hacia adelante, permitiéndote alcanzar tus sueños, o llevarte conduciendo en reversa si no tienes cuidado. Una mentalidad es, por lo tanto, un recurso mental significativo y una fuente de poder. Tus mentalidades fijan tus niveles de expectativa, que serán positivos o negativos.

Cada momento de cada día, tu cerebro y tu cuerpo están reaccionando físicamente y cambiando como respuesta a los pensamientos que pasan por tu mente; tus mentalidades añaden "sabor" a tus pensamientos, haciendo que tu cerebro y tu cuerpo trabajen para ti o contra ti. Y debido a que tú controlas tus mentalidades, pues no son cierta función programada previamente, eres tú quien realmente hace que tu cerebro y tu cuerpo trabajen para ti. Entender cómo se forman las mentalidades y cómo cambian tus pensamientos, es una manera práctica y útil para entender el poder que tiene tu mente para cambiar tu cerebro. Las mentalidades te ayudan a ver el poder de tus percepciones a la vez que optimizan tus pensamientos al generar las percepciones correctas, revelando tu fortaleza y aguante interior. Las mentalidades correctas son integrales para tener éxito en la escuela, el trabajo y la vida.

Tu cerebro responde a las decisiones que tomas, las cuales son influenciadas por tus mentalidades. No estás controlado por tu biología, independientemente de cuán plana o caótica se sienta tu mente en cualquier momento dado en el tiempo.[1] Solamente *pensar* en algo puede causar que tu cerebro cambie mediante las ondas de energía que se generan, a nivel estructural mediante la expresión genética, y a nivel químico mediante la liberación de neurotransmisores. El poder de la mente para cambiar el cerebro ¡es increíblemente emocionante y esperanzador!

Nuestros pensamientos pueden mejorar nuestra paz, salud, visión, aptitud, fortaleza, y muchas cosas más.[2] La habilidad de pensar, sentir y decidir, y convertir pensamientos en mentalidades es una de las cosas más poderosas del universo, porque este poder es la fuente de toda la creatividad e imaginación humanas. Como destaca la científica Lynne McTaggart: "un pensamiento no es solamente una cosa; un pensamiento es una cosa que influye en otras cosas".[3] Donde va tu mente, sigue tu vida.

La investigación, al igual que el sentido común, muestra que creer que tendrás éxito es un precursor del éxito.[4] Por el contrario, pensar que estás limitado es en sí mismo un factor limitante: un efecto "nocebo".[5] Podemos *decidir* adoptar una mentalidad que mejore nuestra creatividad y funcionalidad en general, o podemos decidir adoptar una actitud que nos limite.

Lo cierto es que no tenemos que aprender a pensar fuera del molde. Tenemos que reconocer que el "molde" es un producto de nuestra imaginación; somos tan inteligentes como queramos ser. El propósito de este libro es ayudarte a descubrir cuán ilimitada es realmente tu capacidad para pensar. Tú *puedes* diseñar y esculpir tu cerebro con tus pensamientos.

Cora.

## Lo que sucede cuando pensamos

Pensemos en la mente como el movimiento de información, como la energía cuando cruza el sistema nervioso. Cada pensamiento tiene energía cuántica y señales electroquímicas y electromagnéticas, las cuales fluyen a través de tu cerebro y tu cuerpo en gran parte por debajo del nivel de conciencia en la mente no consciente (ver el capítulo 21 para saber más sobre esto). Solamente pensar en un ser querido, por ejemplo, puede causar cambios estructurales positivos en el núcleo caudado del cerebro, que está muy ligado a sentimientos de recompensa y felicidad.[6] De igual manera, señales electromagnéticas saludables y campos cuánticos se ponen en marcha por todo el cerebro y el cuerpo como respuesta a una buena actitud, dándonos fortaleza para enfrentar el día.[7]

También se aplica lo contrario. El estrés, que realmente es bueno para nosotros, puede volverse increíblemente tóxico, dependiendo de cuál sea nuestra percepción de la situación.[8] El otro día, una amiga me estaba contando que solamente pasar en el auto al lado de su anterior lugar de trabajo volvió a producirle un importante dolor físico en el corazón que ella solía experimentar diariamente en el ambiente laboral tóxico. Mientras aún estaba allí, esta amiga estaba pensando en ir a visitar a un especialista de corazón debido a la gravedad de sus síntomas tóxicos relacionados con el estrés, pero desaparecieron cuando renunció. El tratamiento en este caso no fue con medicinas o posible cirugía, ¡fue la decisión mental de conseguir otro empleo!

La investigación en física cuántica y la conexión entre mente y cuerpo muestran que las señales de la mente, que se consideran ondas de luz no física o paquetes de energía, forman del 90 al 99 por ciento de quiénes somos. Estas ondas son nuestra realidad dominante; no podemos ignorar el elemento mental intangible y poderoso de quiénes somos como seres humanos.[9] Cuando los pensamientos viajan por nuestro cerebro a velocidades cuánticas, las neuronas se activan juntas de maneras distintivas basándose en la información concreta que se está manejando, y esos patrones de actividad neuronal transforman nuestra estructura neural (aprenderemos más sobre esto en el capítulo 22). Esencialmente, el modo en que piensas, mediante las mentalidades que adoptas, influenciará en las continuaciones neurales en el cerebro, influenciando así tus palabras y acciones.

A su vez, esas palabras y acciones influencian el cerebro, y se establece un circuito de retroalimentación basado en esta mentalidad. Un circuito de retroalimentación puede ser cambiado cada vez que deseas, mediante tu *decisión* de cambiar tu mentalidad. Un estudio interesante, por ejemplo, indicó que en lugar de intentar *calmarnos* para lidiar con la ansiedad antes de un acto como una reunión con un jefe, hablar en público, o hacer un examen de matemáticas; remodelar la ansiedad como *emoción* a la vez que respiramos lenta y profundamente (lo cual disipa el cortisol) ayudaba a las personas a lidiar mejor con la ansiedad. Decidir cambiar de una mentalidad de amenaza a una mentalidad de oportunidad, cambia el funcionamiento.[10]

Tienes mucho poder en ti para prosperar en lugar de luchar. Cuando las personas deciden conscientemente practicar el operar con una mentalidad de gratitud, por ejemplo, obtienen una ráfaga de neurotransmisores de recompensa como la dopamina, y experimentan una sensación general de estar alerta y de agudeza mental. El camino al éxito comienza con nuestro pensamiento, y nuestro cerebro responderá en consecuencia.

Sin embargo, si bombardeas los 75 a 100 trillones de células de tu cerebro y tu cuerpo con señales tóxicas de pensamientos negativos, influencias negativamente las acciones cuánticas y la expresión genética en tus células, entrenándolas para reproducir negatividad en el futuro. Al pensar de ese modo, desarrollas una mentalidad negativa que puede causar estragos en tu mente, cerebro y cuerpo. Estas mentalidades negativas, sin embargo, no son tu destino. Puedes cambiar cualquier mentalidad transformando la manera en que piensas, sientes y decides. Puedes escoger bombardear las células de tu cuerpo con positividad, concentrándote en tu propensión natural hacia el amor.[11] Estamos creados con tendencia al optimismo.

Mientras puedas respirar, tu cerebro puede formar nuevas neuronas en un proceso llamado neurogénesis.[12] Las células madre persisten en el cerebro adulto y generan nuevas neuronas a lo largo de la vida; se crean miles de células nuevas diariamente. Estos miles de neuronas nuevas que son añadidas al cerebro cada día no sobreviven. Sin embargo, una de las maneras más eficaces de evitar que estas células mueran (lo cual aumenta los niveles tóxicos en el cerebro y el cuerpo) es pensando y aprendiendo adecuadamente.[13] Eso es exactamente lo que te enseñaré a hacer en la sección 3 de este libro con el Proceso de Aprendizaje de 5 Pasos Enciende tu Cerebro. Diferentes señales fomentan que las células madre formen neuronas que migran a su lugar de acción.[14] También tienes en tu cerebro células gliales que producen más células diariamente.[15] Estas células son esencialmente "sirvientes" y también están involucradas en la cognición.

De hecho, tú tienes la capacidad de cambiar mentalidades tóxicas con tu pensamiento personalizado, ¡cada diez segundos aproximadamente! Tu cerebro está sintonizado con precisión con tu mente; está diseñado para responder a tu pensamiento consciente (ver capítulo 21).

Esto es lo que significa verdaderamente renovar y rediseñar tu mente, y llevar cautivos todos los pensamientos corruptos. También significa que *puedes* rediseñar tu cerebro con tu mentalidad decidiendo ser más optimista y adoptando prácticas de pensamiento saludables como las técnicas de cuidado personal mental que aprenderás en este libro. Este proceso de reevaluar y realinear tus mentalidades otra vez hacia tu diseño natural dirigido al amor, es fundamental para la vida bien vivida. Es una manera de prestar atención de manera deliberada e intencional a lo que piensas, dices y haces de manera autorreflexiva y autorregulatoria. Y todo ello depende de lo que tú *decidas* pensar.

## Expresión genética y pensamiento concientizado

Tus pensamientos, sentimientos y decisiones tienen impacto en tu expresión genética. Enciendes y apagas genes con cada pensamiento que tienes, y cada pensamiento que tienes es una respuesta al modo en que *ves* y percibes tus experiencias en la vida.[16] La investigación muestra realmente que tan solo un 5 por ciento de las mutaciones genéticas causan directamente problemas de salud.[17] Cerca del 95 por ciento de los genes son influenciados por factores de vida y por decisiones de estilo de vida.[18] Tu actividad genética está determinada en gran manera por tus pensamientos, actitudes y percepciones, los cuales forman colectivamente tu mentalidad.

Por lo tanto, ¿cómo controlas tu expresión genética? La ciencia de la epigenética nos muestra que nuestros pensamientos controlan nuestra biología,[19] y las percepciones están formadas por nuestros pensamientos, los cuales crean nuestras mentalidades. Nuestras elecciones de estilo de vida pueden rastrearse hasta el nivel genético. Lo que estás pensando en cualquier momento se vuelve vitalmente importante porque tus pensamientos determinan las señales que reciben tus genes. Al cambiar tus pensamientos, cambias tus mentalidades y, a su vez, puedes influenciar y moldear tu propia lectura genética. ¡La investigación muestra incluso que tus mentalidades pueden impactar cómo envejeces![20]

Mientras más aprendes a pensar a tu manera única y poderosamente personalizada, de lo cual leerás en la sección 2, más consciente, autorreflexivo y autorregulador llegarás a ser en tu pensamiento; desarrollarás mentalidades exitosas. Mientras más saludable sea la señal de entrada, más saludable será la salida de tu expresión genética, y más saludable y exitoso serás.

No puedo enfatizarlo suficiente el poder de aprender a controlar y activar el poder de las mentalidades para influir en los resultados en la vida. Durante mi investigación académica y en mi consulta clínica, observé una y otra vez cuán extremadamente importante era el cuidado personal mental positivo para tener éxito, contrario a tan solo sobrevivir, debido al impacto que tiene el pensamiento en nuestra memoria y nuestra salud mental y física.

Desde luego, todos somos diferentes. Todos pensamos de manera diferente, y el modo en que pensamos diferente influye en la eficacia de construir memoria útil y sostenible. Y cuando aprendemos cómo *nosotros*, como individuos únicos, pensamos y aprendemos, tenemos un sentimiento de propósito, el cual según investigación reciente aumenta la tendencia a una vida más saludable y, por lo tanto,

cuidado Personal positivo para tener éxito.

a la longevidad. Así, mediante pensar a nuestro modo tendiente al amor,[21] unido a comer sano, dormir adecuadamente y hábitos de ejercicio,[22] podemos desarrollar recuerdos profundamente arraigados a la vez que reducimos el riesgo de mala salud mental, problemas educativos y enfermedades degenerativas. Hay fuerte evidencia que sugiere que controlar los pensamientos interiores de la persona y desintoxicar la mente es una prevención contra la enfermedad de Alzheimer.[23] Esto es verdadero cuidado personal mental que conduce al éxito. (Para saber más sobre desintoxicar la mente, ver mi app en dr.leaf.com).

Entender tu "don", tu pensamiento personalizado, y cómo utilizar el Proceso de Aprendizaje de 5 Pasos Enciende tu Cerebro, activará y sostendrá el poder de las mentalidades positivas, las cuales a su vez te darán acceso directo a influenciar tu actividad genética de manera beneficiosa. Cuando comiences a comprender y darte cuenta del gran poder que tienes en tu mente, comenzarás a utilizar tus pensamientos para que trabajen para ti en lugar de contra ti.

## Programados para el amor

Estamos programados para pensar positivamente, con optimismo.[24] Tu cuerpo y tu cerebro están muy bien sintonizados con tu naturaleza única y la positividad de tu mente. Estás programado esencialmente para el amor, hasta el nivel genético; mientras mejores más tus hábitos de cuidado personal mental, más positivamente responderán tu cerebro y tu cuerpo.[25]

Sin embargo, cuando tienes una mentalidad negativa, que está fuera de sincronía con tu diseño programado para el amor, dañas el cerebro y el cuerpo. Comienzas a operar a un nivel arriesgado, lo cual afecta tu salud mental y física. Afortunadamente, puedes combatir esta espiral negativa cuando decides cambiar tu mentalidad, sanando el daño y mejorando tu modo de operar. ¡Puedes reescribir la historia de tu pasado![26]

Cultivar mentalidades saludables y exitosas es el ingrediente clave para alcanzar un estilo de vida próspero. Todos tenemos importantes recursos internos para pensar, aprender y tener éxito en la vida, pero con frecuencia no se utilizan o se utilizan mal. Mediante el conocimiento que obtengas de este libro, aprenderás a aprovechar el poder de tu mente para el éxito.

Sin embargo, antes de examinar cómo son estas mentalidades exitosas, primero tenemos que comprender lo que significa estar "programado para el amor". No hay una estructura, tejido, célula, proteína, molécula, átomo u onda cuántica que esté diseñado para el pensamiento tóxico; estamos programados para el amor...y aprendemos a temer.[27]

¿Significa eso que todos los tipos de temor son inherentemente malos? No necesariamente. Amamos la vida, por ejemplo, de modo que tenemos temor a cosas que pueden quitarnos la vida, y por lo tanto evitamos esas cosas, como correr delante de un auto en movimiento o viajar por zonas peligrosas a altas horas de la noche. De manera similar, experimentamos tristeza porque amamos. *Amor* es un término paraguas para todas las características que valoramos como seres humanos, como gratitud, gozo, paz, paciencia, bondad, positividad, felicidad, y otras. Por lo tanto, utilizo el término "mentalidades de amor" para referirme a todo tipo de mentalidades que nos ayudan a prosperar a medida que llevamos a cabo nuestras actividades diarias. Cuando operamos con mentalidades basadas en el amor, mejoramos la salud de nuestro cerebro, cuerpo, mente, y nuestra salud espiritual.[28] El amor se trata de tener éxito, y no meramente de sobrevivir. Una vida de amor es "la buena vida".

El temor, por otra parte, es amor distorsionado. Es lo contrario al amor, al igual que la ingratitud es lo contrario a la gratitud y la crueldad es lo contrario a la bondad. El temor nos carcome, perjudicando nuestra capacidad para vivir el tipo de vida que queremos vivir. Una mentalidad de temor se enfoca en la ausencia de amor; el temor al fracaso, por ejemplo, ahoga la creatividad y la imaginación, obstaculizando la capacidad del individuo para perseguir sus metas y sueños.

Nuestras mentalidades establecen el tono para el modo en que enfocamos los eventos y las circunstancias de la vida, que con frecuencia están fuera de nuestro control. Estamos diseñados para reaccionar con una mentalidad de amor, lo cual no siempre significa que las cosas van a ser fáciles, pero sí significa que podemos cambiar a "modo éxito" y manejar una situación más eficazmente.

*Plasticidad cerebral* se refiere a los cambios que ocurren en el cerebro como resultado de decisiones de pensamiento y de estilo de vida. La plasticidad cerebral nos permite dominar habilidades sencillas o deportes, y también nos permite entrenarnos a nosotros mismos para ser más positivos, ya sea que llueva o brille el sol, de modo literal y figurado. Yo realicé parte de las primeras investigaciones en neuroplasticidad en los años ochenta, mostrando que el pensamiento intencional y deliberado cambia el desempeño intelectual, cognitivo, emocional, social y académico.[29] En mi experiencia práctica clínica, el poder de la neuroplasticidad siguió mostrándose en las personas con quienes trabajaba: puedes cambiar tu cerebro con tu mente y, al hacerlo, cambiar tu vida.

*Podemos* entrenar de nuevo el cerebro para que se enfoque en las cosas buenas de la vida. Pasamos a nuestra "normalidad" cuando hacemos eso, porque estamos programados para el amor. Tener una "actitud de gratitud", por así decirlo, nos permite ver más posibilidades, sentir más energía, y tener éxito en mayores niveles en nuestra vida.

Hago hincapié en *entrenar de nuevo* el cerebro, contrario a entrenar el cerebro. Es incorrecto suponer que el cerebro tiene una tendencia negativa y que tenemos que luchar contra la tendencia natural del cerebro a buscar y detectar lo indeseable. Este tipo de mentalidad negativa ¡en realidad obrará en contra de la tendencia natural optimista de la función cerebral y alterará patrones de pensamiento!

Como mencioné anteriormente, el cerebro está programado para lo positivo, lo cual también se denomina la tendencia optimista, o lo que yo llamo *la tendencia "programado para el amor"*. Ocasionalmente, puede que tengas la sensación de que lo negativo domina tu vida, pero toma un momento para analizar tus pensamientos. ¿En qué piensas más? Cualquier cosa en la que más pienses, más crecerá; si piensas en algo diariamente, dentro de dos meses aproximadamente tu cerebro habrá cambiado para acomodar ese patrón de pensamiento (puedes leer más sobre esto en el capítulo 21, sobre la memoria). Plantas esos pensamientos profundamente en tu mente no consciente, permitiendo que tengan rienda suelta para moldear tu mentalidad, lo cual a su vez afecta tus futuros pensamientos, palabras y acciones. Nos mezclamos con nuestro entorno; cualquier cosa en la que más pensemos tendrá la mayor energía y dominará nuestro pensamiento: el bueno y el malo. En la sección 3 de este libro mostraré cómo sucede eso, y cómo solamente siete minutos al día de pensamiento dirigido e intencional durante sesenta y tres días ¡puede renovar tu pensamiento!

Ciertamente, podemos emplear la plasticidad del cerebro utilizando nuestra mente para entrenar nuestro cerebro y que construya patrones positivos normales. Esto se denomina *automatización* e implica la remodelación de la memoria; es decir, el rediseño deliberado, intencional, consciente e intelectual de los pensamientos (y así, de la estructura del cerebro) con el paso del tiempo.

La automatización no es increíblemente difícil, pero sí requiere tiempo, disciplina y esfuerzo. Si te preguntaran, estoy segura de que podrías señalar tus hábitos de pensamiento positivos y negativos, tus mentalidades de amor y de temor. Ya has estado practicando la construcción de mentalidades, ¡aunque sin conocer conscientemente la técnica! El control consciente de este proceso puede llevarte a un nivel de vida totalmente nuevo, permitiéndote operar exitosamente a nivel personal y también profesional. Aprenderás a desarrollar no solo una perspectiva positiva, sino también una sensación de dominio y satisfacción intelectual que te permite ser más creativo. ¡Es momento de comenzar a aprovechar tu poderosa mente para cambiar tu vida!

## DOS

# La mentalidad de pensador

En la época actual es fácil tener acceso a cualquier número de estímulos fácilmente disponibles. Redes sociales, correo electrónico, mensajes de texto, libros electrónicos, *Facetime*, *Skype*, salas de chat... literalmente tenemos todo un mundo de datos en la punta de nuestros dedos. Según el sondeo de 2007, El Estrés en América, de la Asociación Psicológica Americana, entre 2005 y 2015 el porcentaje de adultos que utilizan redes sociales se disparó desde un 7 por ciento hasta un 65 por ciento. En los jóvenes adultos de edades comprendidas entre los dieciocho y los veintinueve años, ese uso aumentó desde el 12 por ciento hasta el 90 por ciento en ese mismo periodo.[1]

Puede que estés tan conectado que hayas olvidado cómo pasar tiempo simplemente a solas con tus pensamientos. ¿Cuándo fue la última vez que adoptaste la postura, hablando figuradamente, de la famosa estatua del escultor Auguste Rodin, *El Pensador*? ¿Tienes temor a estar solo contigo mismo? ¿Puedes estar solo contigo mismo? ¿Solamente tú y tus pensamientos?

La necesidad de estar ocupado constantemente no solo concierne a "los niños en estos tiempos". Un estudio reciente descubrió que estar a solas con los pensamientos se considera una experiencia desagradable por parte de la mayoría de las personas de *todas* las edades.[2] En una serie de once estudios realizados por Timothy Wilson y sus colegas en la Universidad de Virginia y Harvard, varios de los participantes de todos los rangos de edades (de dieciocho a setenta y siete años) batallaban con pasar de seis a quince minutos a solas con nada que hacer excepto pensar, soñar despiertos y meditar. La mayoría de los participantes no disfrutaban de estar a solas con sus pensamientos, ¡y algunos preferían incluso sacudirse a sí mismos a sentarse y pensar! Las conclusiones de este estudio indican que la mayoría de los participantes preferían estar haciendo algo, incluso algo negativo, en lugar de solamente utilizar su imaginación por varios minutos.

Sin duda, cada vez más de nosotros, de todas las edades, preferimos revisar sin propósito Instagram, Facebook, aplicaciones para comprar en el Internet, o cosas al azar en nuestros dispositivos, en lugar de sentarnos y pensar. Aunque estamos más conectados, literalmente, estamos más aislados que nunca antes. Los sondeos han descubierto realmente que pasar más tiempo en redes sociales y otras actividades en la "pantalla" se relaciona fuertemente con menores niveles de felicidad, mayores sentimientos de soledad y depresión, y mayor riesgo de suicidio.[3]

Jean Twenge, que ha estado investigando diferencias generacionales durante las tres últimas décadas, dice que el impacto de estos dispositivos aún no ha sido reconocido o entendido plenamente.[4] Mirando el impacto del mayor uso del teléfono, gran parte del daño de las redes sociales puede atribuirse a lo que el Internet califica como "FOMO", o temor a quedar fuera de la diversión que todos los demás parecen estar teniendo.[5] Twenge reconoce el lado positivo de la tecnología, que ha conducido a mayor confianza, apertura de mente y ambición, pero también entiende que la revolución tecnológica tiene un lado oscuro, con un aumento del cinismo, la soledad, la ansiedad y la depresión que inundan la mente moderna. Las correlaciones entre enfermedad mental, soledad, aislamiento y uso del teléfono inteligente son lo bastante fuertes para sugerir que no solo deberíamos pedir a nuestros hijos que dejen el teléfono, sino hacerlo también nosotros.

Desde luego, en cada generación cambia lo que significa ser un individuo en la sociedad, a veces de modo dramático. Sin embargo,

*Apaga los estímulos externos*

la capacidad para pensar, procesar y mantener un estilo de vida balanceado es siempre una prioridad principal cuando se trata de lidiar con el cambio social, y los momentos de "pensador" son una parte integral de nuestro régimen de cuidado personal mental. El cerebro necesita tiempo de "pensador" para su salud y funcionamiento, ¡incluyendo la prevención de demencias!

Recordemos que el cerebro es neuroplástico: está constantemente cambiando. Nos fundimos con nuestros entornos mediante nuestras decisiones, incluyendo cuánto tiempo decidimos pasar con nuestro teléfono. El tiempo de "pensador" es muy importante, porque equilibra nuestra mente, permitiéndonos observar nuestro entorno antes de permitir que influya y dirija nuestro pensamiento.

*Reiniciarse*

Necesitamos inactividad para operar de manera óptima. Para lidiar con las demandas de la vida, nuestra mente y nuestro cerebro necesitan "reiniciarse" internamente, lo cual solo puede suceder cuando estamos a solas con nuestros pensamientos. Literalmente, necesitamos apagar todos los estímulos externos, dando a nuestros pensamientos un tiempo de calidad "conmigo".

*Key Point*

Contrario a la creencia popular, la mente no se detiene en seco cuando no haces nada. Procesos espontáneos de pensamiento, incluyendo dejar vagar la mente, el pensamiento creativo y soñar despierto, surgen cuando los pensamientos están relativamente libres del pensamiento enfocado y las influencias externas. Este tipo de pensamiento *interno* realmente desempeña un papel importante para contribuir a la abundancia de pensamiento *intencional* y posterior aprendizaje, añadiendo a nuestra vida un potente aspecto creativo. Aprender en los momentos de "pensador" puede mejorar nuestro éxito en el trabajo, la escuela y la vida. Sin este modo de pensamiento espontáneo, no seríamos capaces de llegar a esas perspectivas y alturas inspiradoras que cambian nuestro mundo. Como Isaac Newton, ¡todos deberíamos pasar más tiempo sentados bajo los árboles y solamente pensando!

*Bajo un árbol en la hamaca leyendo.*

Los momentos de "pensador" realmente aumentan y desarrollan nuestra inteligencia y la eficacia de nuestros pensamientos. Un estudio de 2017 del Instituto de Tecnología de Georgia sugiere que soñar despierto durante reuniones o la escuela, por ejemplo, indica que alguien es inteligente y creativo.[6] Alguien que puede soñar despierto puede estar ensimismado en conversaciones o tareas, cuando sea apropiado, y después de modo natural volver a sintonizar sin perderse importantes puntos o pasos.[7] El profesor "distraído" que está en su propio mundo, a veces ajeno a lo que le rodea, o el estudiante o colega en el trabajo que se aleja mentalmente y aparta la mirada durante unos momentos para soñar despierto, en realidad está desarrollando su mente y con frecuencia está pensando profundamente sobre el asunto que tiene a la mano.

Una reseña de la Universidad de British Columbia de investigación sobre la distracción de la mente destaca la importancia de permitir que nuestra mente sencillamente piense.[8] La investigadora principal, Kalina Christoff, observa que los pensamientos a veces pueden moverse libremente y, otras veces, pueden seguir regresando al mismo concepto o idea, quedándose atascados en el proceso de rumiar.[9] Según mi experiencia, ayudar a mis pacientes a analizar y anotar sus pensamientos de manera autorreflexiva, en esos momentos de "pensador", cuando estaban potencialmente rumiando y quedándose atascados, era una manera eficaz de desarrollar su imaginación. Yo los ayudaba a resolver qué pensamientos fluían libremente y a rastrear su dirección con el tiempo, al igual que a observar qué pensamientos se estaban quedando atascados. A mis pacientes les resultaba especialmente útil evaluar entonces si esos pensamientos les daban una sensación de paz o les preocupaban, y después buscar un modo alterno de pensar para reformular el pensamiento o pensamientos inquietantes. Entonces les enseñaba a practicar el desarrollar pensamientos positivos recién reformulados, automatizándolos con el tiempo para que fueran recuerdos útiles y exitosos. Describiré este proceso con más detalle en el capítulo 20.

El proceso de comprender lo que permite el libre pensamiento, y lo que permite que algo se quede "atascado en nuestra cabeza", es crucial para el cuidado personal mental. Analizar nuestros pensamientos de este modo da perspectiva sobre cómo podemos captar y cambiar realmente los pensamientos tóxicos e intrusivos que bloquean nuestro éxito.

El estado de "pensador" de mente distraída puede ser secuestrado, por así decirlo, por pensamientos tóxicos existentes que se mueven desde nuestra mente no consciente, a menos que los controlemos.[10] El pensamiento negativo deliberado como *No puedo hacerlo* o *Esto es demasiado difícil* también puede envenenar nuestros momentos de "pensador", lo cual puede resultar en daño mental y físico en el cerebro y el cuerpo, preparando la escena para futuros problemas mentales y cerebrales, incluidas las demencias, que son en gran parte prevenibles. Estos tipos de pensamientos pueden literalmente paralizar nuestra imaginación, inhibiendo el éxito en la escuela, la vida y el trabajo, y crean fuertes circuitos negativos de retroalimentación. Por lo tanto, es increíblemente importante para nuestro presente y futuro tener momentos de "pensador" que nos permitan controlar nuestros pensamientos, usándolos para nuestro beneficio.

Controlar al "pensador" de mente distraída se conoce como *estado de descanso despierto*.[11] Activa la red de modo por defecto coexistente (DMN, por sus siglas en inglés) y la red de tareas positivas (TPN) en el cerebro de manera constructiva y sana.[12] Estas redes forman la vida interior del cerebro con la DMN dominando y siendo especialmente activa cuando la mente es introspectiva y piensa profundamente en un estado dirigido de descanso o inactividad. La DMN es una red principal que encendemos cuando apagamos el mundo exterior y pasamos a un estado de concientización enfocada. Se activa a niveles incluso más elevados cuando una persona sueña despierta, es introspectiva, o permite que su mente eche a volar de manera exploratoria y organizada mediante la interminable miríada de pensamientos dentro de la parte no consciente profundamente espiritual de quienes somos. La TPN, por otro lado, apoya el pensamiento activo requerido para tomar decisiones. Por lo tanto, cuando enfocamos nuestro pensamiento y activamos la DMN, en algún punto en nuestro proceso de pensamiento pasamos a una toma de decisiones activa. Esto activa la TPN, y experimentamos esto como acción.[13] La investigación reciente confirma qué tan importante es trabajar en nuestra vida interior utilizando la DMN, para disminuir la incidencia de la enfermedad de Alzheimer.[14] Se sabe que la DMN está implicada en el proceso patológico de la enfermedad.

Estar a solas con nuestros pensamientos también puede proporcionar una perspectiva valiosa y potente sobre cómo operamos[15] y puede influenciar positivamente nuestro juicio y nuestras decisiones.[16] Como dijo Sócrates en una ocasión: "La vida no examinada no vale la pena vivirla". Los momentos de pensador nos permiten examinar nuestra propia vida interior y desarrollar nuestra imaginación única.[17]

Investigaciones de la Universidad Concordia y otras quince universidades en todo el mundo muestran que el 94 por ciento de las personas examinadas en seis continentes experimentan pensamientos, imágenes y/o impulsos no deseados e intrusivos.[18] El equipo de investigadores descubrió que los pensamientos, imágenes e impulsos sintomáticos de trastorno obsesivo compulsivo (TOC) en realidad están *extendidos globalmente*, y que este estudio muestra que el problema no son los pensamientos no deseados e intrusivos, sino el modo en que se *manejan*.[19] La etiqueta TOC es, por lo tanto, una descripción del modo en que una persona maneja experiencias traumáticas mediante su pensamiento, en lugar de una enfermedad que destruye la vida de alguien.[20]

El manejo de los pensamientos es la clave del éxito, razón por la cual es el objetivo primordial de todo mi trabajo, investigación, libros y programas. Lo importante son las percepciones que tenemos de nuestros pensamientos y lo que hacemos con ellos. Aprender a capturar pensamientos y evaluarlos lógicamente, desarrollando una mentalidad de pensador, es una de las partes más significativas de cualquier régimen de cuidado personal mental, permitiéndonos llegar a evaluarnos más a nosotros mismos y ser más autorregulatorios. Para este fin, deberíamos aprender de memoria el poema "Ocio", de William Davies:

Qué es la vida si, llenos de cautela,
no tenemos tiempo de pararnos y contemplar.
Ni tiempo para permanecer bajo las ramas
y contemplar tan largamente como ovejas y vacas.
Ni tiempo para ver entre la hierba, cuando atravesamos bosques,
donde las ardillas esconden sus nueces.
Ni tiempo para ver, a la amplia luz del día,
arroyos llenos de estrellas, como cielos nocturnos.
Ni tiempo para volvernos a cruzar nuestra mirada con la Belleza
y ver sus pies, y el modo en que bailan.
Ni tiempo para esperar a que su boca pueda
engrandecer la sonrisa que su ojos empezaron.
Pobre esta vida si, llenos de cautela,
no tenemos tiempo de pararnos y contemplar.[21]

## Consejos para activar la mentalidad de pensador

1. ¿Están los teléfonos inteligentes y otros dispositivos robándote tus momentos de "pensador"? Obsérvate a ti mismo durante varios días, tomando nota de cuánto utilizas la tecnología y si te está sucediendo eso.

2. La persona promedio emplea hasta ocho horas al día utilizando tecnología. Algunos de los peores efectos de los dispositivos electrónicos parecen quedar mitigados cuando se utilizan menos de dos horas al día.[22] Encuentra maneras de limitar el uso que haces de la tecnología a lo largo del día.

3. Los momentos de pensador no son una extraña peculiaridad de la mente, sino que son naturales y espontáneos. Dedica

*16 minutos diarios*

tiempo, al menos dieciséis minutos al día, solamente para pensar y permitir que tu mente divague. Puedes repartirlo a lo largo del día en dos o tres intervalos.

4. Los momentos de pensador realmente aumentan y desarrollan nuestra inteligencia, mente, y eficacia cerebral. Cuando no tengas ganas de ser un "pensador", ¡recuerda que estos momentos aumentan tu inteligencia!

5. Los momentos de pensador son preventivos contra la demencia porque mejoran la salud cerebral. Cuando no tengas ganas de ser un "pensador", ¡recuerda que estos momentos aumentan tu salud cerebral y ayudan a prevenir la demencia!

6. Los momentos de pensador te enseñan a vivir la vida de autoexamen. Cuando tu mente divaga, fíjate en lo que estás pensando y en tus propias experiencias, quizá escribiendo sobre tus pensamientos en un diario o cuaderno.

7. Durante tus momentos de pensador, escribe de manera reflexiva cuáles pensamientos discurren libremente y también cuáles pensamientos se quedan atascados. Rastrea la dirección de los pensamientos que discurren libremente con el tiempo. Captura y cambia los pensamientos que se quedan atascados. (Ver capítulo 20 para más detalles sobre cómo hacer esto).

8. Evalúa si tus pensamientos te dan una sensación de paz o te preocupan. Si tus pensamientos te preocupan, piensa de modo distinto sobre la misma cosa cada vez que surja ese pensamiento. En otras palabras, remodela el pensamiento perturbador.

9. Practica el desarrollo del nuevo pensamiento positivo remodelado diariamente, y automatízalo con el tiempo para convertirlo en un recuerdo útil y exitoso (ver capítulo 20 para más detalles sobre cómo hacer esto y mi app sobre cómo desintoxicar tus pensamientos en drleaf.com o en tu app store).

# La mentalidad del pensamiento controlado

¿Cuántas declaraciones que comienzan con "podría haber", "habría" o "debería" has pronunciado hoy? ¿Cuántas con "ojalá..."? ¿Cuántas veces has repetido una mala conversación o situación en tu cabeza, pensando en cómo podía haber ido por otro camino distinto? ¿Cuántas veces has pensado en lo que pueda suceder en el futuro, preocupándote por algo que no puedes controlar? ¿Cuánto tiempo pasas especulando? ¿Cruzan por tu cerebro los pensamientos, y sientes que no puedes controlarlos? ¿Eres sincero contigo mismo, o huyes de tus pensamientos y sentimientos? ¿Sigues por inercia durante el día, sin estar realmente comprometido con una meta, diciendo una cosa, pero queriendo decir otra? ¿Está distorsionado tu pensamiento? ¿Has formado una identidad personal en torno a un problema o enfermedad que estás enfrentando? ¿Hablas sobre "mi artritis", "mi esclerosis múltiple", o "mi problema cardiaco"? ¿Alguna vez haces comentarios como "Nada me sale bien nunca", "Todo lo que toco fracasa", o "Siempre meto la pata"? ¿Sientes a menudo confusión mental? ¿Batallas para recordar las cosas? ¿Batallas para aprender?

Si respondiste positivamente a alguna de estas preguntas, ¡estás siendo humano en un mundo lleno de desafíos! Todos enfrentamos desafíos en la vida, y todos necesitamos aprender a controlar conscientemente nuestros pensamientos, en cada momento de cada día, para lidiar con ellos y no derrumbarnos. Por eso es tan importante entender el poder creativo de nuestra capacidad para decidir. La investigación sobre mente-cuerpo señala cada vez más al hecho de que controlar conscientemente nuestros pensamientos es una de las mejores maneras, sino la *mejor* manera, de desintoxicar el cerebro y el cuerpo. Aprender a renovar la mente nos permite librarnos de emociones y pensamientos tóxicos que obstaculizan el éxito.

Veamos algo que muchos experimentan, especialmente con la edad: dolor de espalda. El doctor John Sarno, autor y profesor de medicina de rehabilitación clínica en la Universidad de Nueva York, propone que la mayoría de los dolores de espalda surgen de problemas psicológicos, en lugar de fisiológicos.[1] Sarno observa que nuestros pensamientos pueden sanar o dañar el cuerpo. En el segundo caso, los pensamientos tóxicos pueden causar potencialmente dolor de espalda debilitante en circunstancias específicas.

Controlar conscientemente tus pensamientos significa que no permites que los pensamientos arrasen tu mente. En cambio, aprendes a participar de modo interactivo con cada pensamiento, tomando el control y aprendiendo a disfrutar del momento en el que estás. Esencialmente, tu tarea es analizar un pensamiento antes de decidir si aceptarlo o rechazarlo.

Controlar los pensamientos suena genial, pero ¿cómo se hace? Comenzamos "mirando" nuestros procesos mentales. Y no, no nos abrimos el cráneo como si fuera un huevo, ¡y echamos un vistazo a lo que hay dentro del cerebro! Es posible, sin embargo, aprender sobre nuestros procesos mentales mediante explorar en nuestros pensamientos y decidir en qué pensar.[2] Este proceso de reflexión no solo es posible, es esencial.

Los pensamientos tóxicos llegan con muchos disfraces. A primera vista, pensamientos como *Debo hacerlo bien*, o *Debo terminar esto en los próximos treinta minutos*, parecen correctos, pero cuando los miramos de cerca y analizamos los sentimientos que generan, veremos que quizá esos pensamientos no nos sirven bien. Demandar un desempeño irrealista a nosotros mismos y a otros, por ejemplo, sitúa la mente y el cuerpo en modo de estrés tóxico, lo cual tiene un efecto negativo en la salud del cerebro y del cuerpo.[3] Este tipo de presión también puede conducir al pensamiento descuidado y distraído, ¡lo cual sin duda alguna no ayuda en nada!

Si no te entrenas a ti mismo para controlar tus pensamientos, quizá termines formulando más pensamientos tóxicos y generando más emociones tóxicas. Esos patrones negativos de pensamiento pueden inhibir tu capacidad para pensar con claridad, entender y aprender; son obstáculos en el camino al éxito. Este tipo de pensamiento también puede permitir que echen raíces otras enfermedades y dolencias.

Es importante recordar que los pensamientos crean nuestro estado de ánimo e influyen en cómo nos sentimos físicamente. Cuando experimentas una emoción basada en el temor, te sentirás "con el agua al cuello" y tus pensamientos serán moldeados por tu negatividad. Tus pensamientos se volverán distorsionados y perderás el gozo del momento "presente".

Para controlar tus pensamientos tienes que activar y hacer uso continuamente del principio cuántico de la *superposición*, que es la capacidad de enfoque en la información entrante y en recuerdos inminentes por parte de tu mente no consciente. Al pensar en esos pensamientos, tienes que analizarlos del modo más objetivo posible antes de decidir qué creer y qué rechazar.[4]

Pero ¿cómo es esa superposición? Imagínate a ti mismo sentado en una tabla de surf, y una "brisa mágica" sopla por las redes de tu mente mientras estás pensando, sintiendo y decidiendo de qué modo quieres utilizar la tabla: montar sobre una ola o quedarte y esperar a la ola siguiente. Es como si el tiempo se hubiera detenido por un momento. Esta brisa te hace ser consciente de algunos recuerdos relacionados con la situación actual y tus patrones de pensamiento, preparando tu cerebro para construir un nuevo recuerdo. Si preguntas, respondes y dialogas mientras estás en superposición (mientras estás sobre la tabla de surf), estás en efecto "capturando pensamientos". Es casi como si estuvieras observándote a ti mismo, siendo consciente de lo que estás pensando, sintiendo y enfocándote con tanto detalle como puedas en el momento presente; es decir, en el momento "ahora". Yo lo denomino la Ventaja de la Perspectiva Múltiple, o VPM para abreviar (he escrito extensamente sobre esto en mis otros libros y en programas en la Internet y la app sobre cómo desintoxicar la mente en drleaf.com).[5] Cuando participas de modo consciente con la información que entra en tu cerebro de esta manera, podrás elegir instintivamente entre un 15 y un 35 por ciento de lo que lees, oyes y ves, a la vez que te libras del restante 65 a 85 por ciento de lo que es superfluo, y puede tener un efecto negativo en tu habilidad para enfocarte y construir memoria. Cuando utilizas tu VPM, tus sentidos se agudizarán hacia los detalles del momento presente: una experiencia enriquecedora que te ayudará a sentirte más feliz y más en paz.

La concientización te permite desarrollar una sensación de consciencia agudizada en el momento presente, aceptando las cosas como son sin una reactividad crítica y emocional. Cuando entras en la superposición y utilizas tu VPM, vas *más allá de la concientización*. En este estado objetivo, estás capturando y remodelando pensamientos tóxicos y caóticos y construyendo pensamientos saludables y organizados. Este segundo paso es necesario para estabilizar la atención y desarrollar hábitos de pensamiento que realmente utilizarás en tu vida.

Una mentalidad de "pensamiento controlado" te ayuda a cambiar tu enfoque intencionalmente. Te permite determinar tu propio desempeño, en lugar de quedar atascado repitiendo en tu cabeza experiencias negativas.

Ciertamente, muchas investigaciones, la mía propia incluida,[6] muestran de modo coherente que si no capturamos pensamientos y monitoreamos la información entrante, es difícil cambiar pensamientos tóxicos y caóticos, lo cual nos robará la paz mental y la capacidad para construir memoria útil y aprender. Como seres humanos, estamos diseñados para participar con la información; estamos diseñados para construir nuestro cerebro.

Hablarte a ti mismo en voz alta puede ayudar a controlar tus pensamientos, incluso si es tan solo en un susurro. De hecho, hablar en voz alta mejora tu capacidad para pensar, estimulando el cuerpo calloso (que une los hemisferios del cerebro) para funcionar a un nivel mucho más elevado.[7] También proporciona una estimulación auditiva extra para mejorar la experiencia del momento presente, y es un modo excelente de considerar tus pensamientos y los sentimientos que generan antes de decidir si merecen o no ser descartados como tóxicos, o retenidos como beneficiosos.

Nunca permitas que pensamientos que simplemente pasan por tu mente no sean verificados. Si los pensamientos son tóxicos, pueden afectar tu capacidad de construir recuerdos saludables y hacerte enfermar. Nunca deberíamos olvidar que los pensamientos son cosas reales: impactan la funcionalidad del cerebro y el cuerpo, impactando así nuestra calidad de vida. ¡Se ha demostrado que el estrés tóxico reduce el tamaño de ciertas estructuras en el cerebro![8]

Como dijimos en el capítulo 2, soñar despiertos y dejar divagar la mente puede ser bueno para nosotros. Esos momentos solamente se convierten en un problema cuando son caóticos y no se manejan bien, porque el caos evita que nos beneficiemos de nuestros pensamientos y los disfrutemos. Por ejemplo, rumiar sobre el pasado de manera negativa, obsesionados por un problema o deseo, o cambiar rápidamente y aleatoriamente entre pensamientos, nos robará el gozo del momento presente. Necesitamos utilizar los momentos de pensador a favor y no en contra de nosotros mismos mediante aprender a controlar nuestros pensamientos.

Cuando utilices tu mente para tomar control consciente de tus pensamientos, descubrirás que no se requiere mucho tiempo para ver los beneficios. Hay estudios que muestran que un entorno de pensamiento positivo puede conducir a cambios estructurales significativos en la corteza cerebral en tan solo cuatro días.[9] Las experiencias de aprendizaje frecuentes, positivas y desafiantes aumentan la inteligencia en una cantidad de tiempo relativamente breve.[10] Mi propia investigación demuestra que el potencial de aprendizaje puede aumentar del 35 al 75 por ciento si se enseña a las personas a entender la conexión entre mente-cerebro/cuerpo, y a pensar deliberadamente de maneras que fomenten el aprendizaje y la formación de memoria.[11] Desintoxicar el cerebro controlando nuestros pensamientos no tan solo nos hará sentir mejor, sino que también nos hará más inteligentes.

La investigación cerebral de vanguardia durante las últimas décadas muestra que la inteligencia no es estática; puede mejorarse o reducirse por aquello en lo que decidimos pensar. Si controlamos nuestro cerebro mediante nuestros pensamientos; podemos hacernos a nosotros mismos más sanos e inteligentes. En mi consulta clínica, varios de mis pacientes aumentaron su CI desde nivel promedio a nivel de genio, ¡incluso si tenían daños cerebrales![12]

De cinco a siete recuerdos pasan a nuestra alerta consciente cada pocos momentos. Tenemos que asegurarnos de utilizar esos recuerdos para ayudarnos a entender los pensamientos entrantes que provienen de nuestros entornos, y no distraernos. Esencialmente, nos entrenamos a nosotros mismos para enfocarnos y prestar más atención a medida que "vivimos".

Leonardo da Vinci dijo supuestamente: "Un ser humano promedio mira sin ver, escucha sin oír, toca sin sentir, come sin gustar, se mueve sin conciencia física, inhala sin conciencia de aroma o fragancia, y habla sin pensar".[13] Necesitamos aprender a saborear el placer del ahora y no solo masticar la desgracia del pasado o imaginar que la hierba será más verde en el futuro. Cuando decidimos sintonizar verdaderamente con el ahora, ver, escuchar, sentir, movernos, gustar e inhalar el presente utilizando todos nuestros sentidos para emparnos de la belleza del momento, mejoramos nuestro pensamiento y así mejoramos nuestra capacidad de aprender y tener éxito en la vida.

## Consejos para activar una mentalidad de pensamiento controlado

1. Nunca permitas que los pensamientos divaguen por tu mente sin ser verificados. Enfócate en el momento presente, y observa tus pensamientos y sentimientos.

2. Utilizando la superposición, analiza un pensamiento antes de decidir si aceptarlo o rechazarlo.

3. De manera analítica, pregunta, responde y dialoga mientras estás en superposición, "capturando esos pensamientos". (Ver el capítulo 20 para consultar detalles sobre cómo hacer esto).

4. Cuando participas conscientemente con la información que entra en tu cerebro y piensas en ello con propósito, seleccionas aproximadamente del 15 al 35 por ciento de lo que lees, oyes y ves.

5. Reconceptualiza (rediseña) pensamientos que te retengan, decidiendo qué pensamiento prefieres tener, y después trabaja hacia eliminar el pensamiento tóxico y construir algo mejor. A continuación tienes un ejemplo:

   Comienza reconociendo y expresando pensamientos que te ahogan, que no sirven a ningún propósito útil más allá de mantenerte estancado. Ahora hazte preguntas en lugar de lanzarte mandatos, pues es una manera mucho más eficaz de remodelar ya que abre la puerta a la exploración, crea posibilidad, y te distancia de lo que estás pensando, dándote un espacio seguro para el cambio. También puedes etiquetar tus emociones de manera no crítica para darte a ti mismo cierta distancia de ellas para poder manejarlas.

   (Ver el capítulo 21 para más información sobre el marco de tiempo implicado, y consulta www.21daybraindetox.com para encontrar un programa en línea sobre cómo hacer esto, y también mi app sobre cómo desintoxicar tus pensamientos en drleaf.com o en tu app store).

# La mentalidad de las palabras

Ninguna discusión sobre los pensamientos y el impacto que tienen en nuestra salud estaría completa sin examinar las palabras: el fruto de nuestros pensamientos. Las palabras que pronunciamos son fuerzas de vida electromagnéticas y cuánticas que llegan de los pensamientos que hay dentro del cerebro, los cuales construimos en nuestra mente al pensar, sentir y decidir con el paso del tiempo.[1] Estas palabras contienen poder y *reflejan* nuestros pensamientos, influyendo en el mundo que nos rodea y las circunstancias de nuestra vida. Las palabras son, por lo tanto, muy útiles, ya que proporcionan perspectiva de lo que nos está deteniendo o impulsando hacia adelante.

Las palabras que pronuncias alimentan los pensamientos físicos que has construido en tu mente, reforzando la memoria de donde salieron. Cuando haces declaraciones negativas, liberas sustancias químicas negativas. Esas sustancias químicas permiten que los pensamientos negativos se hagan más fuertes, especialmente si sigues permitiendo que esos pensamientos dominen tu mente. Cualquier cosa en la que más pienses, crece. Cuando piensas constantemente en algo negativo y hablas al respecto, puede convertirse en una fortaleza negativa que controla tu actitud y tu vida. Cada vez que pronuncias una declaración negativa, liberas energía cuántica negativa y alteras el balance de péptidos, lo cual afecta al entorno del cerebro y sitúa al cuerpo en estrés tóxico.[2]

Por otro lado, mientras más veces hablas positivamente, ¡más piensas positivamente! Por favor, observa que estoy hablando de *mucho más* que solamente pensamiento positivo o afirmaciones positivas, porque estructurar tu mundo con palabras no se trata tan solo de hablar positivamente. El problema con las afirmaciones positivas, per se, es que operan en el nivel superficial del pensamiento consciente, pero no se alinean con la mente no consciente, donde residen realmente las creencias limitantes (ver la sección 4).

Tus palabras tienen que estar respaldadas por sinceridad e integridad, o lo que en términos psicológicos se denomina *congruencia cognitiva.* Las afirmaciones positivas solamente funcionan cuando crees lo que dices. Si te mientes a ti mismo, experimentarás *disonancia cognitiva*, que es lo contrario a la congruencia cognitiva, y que puede influir en tu salud mental y física porque estás creando una guerra interior. Blanquear tus pensamientos y palabras tóxicas con afirmaciones de pensamiento positivo es meramente un arreglo temporal, un enfoque de poner solamente un vendaje. *Una curita*

Lo que haces y dices por fuera debe reflejarse en lo que piensas y *crees realmente* por dentro. La raíz (lo que estás pensando realmente) y el fruto (lo que estás diciendo) tienen que estar en consonancia, o  crearás caos neuroquímico en el cerebro. Una falta de congruencia causa estrés tóxico y afecta el modo en que la información es procesada y se construye memoria. Ser consciente más intencionalmente de lo que quieres decir, lo que estás diciendo, y lo que realmente piensas de lo que estás diciendo, produce todo tipo de recursos prefrontales para ayudar a que la amígdala quede desatascada de emociones tóxicas. Esto sucede porque mientras más intencionalmente conscientes seas, más activación tienes en la corteza prefrontal ventrolateral derecha, y menos activación tienes en la amígdala como respuesta, ¡y eso es bueno![3]

Por ejemplo, utilizar una afirmación positiva como "Soy brillante y exitoso" puede resultar contraproducente si no lo crees *verdaderamente* y *profundamente* a nivel no consciente. Para remodelar de

61

manera eficaz tu pensamiento y tus palabras resultantes, considera más bien en quién te estás *convirtiendo*, enfocándote en tu progreso. Una afirmación positiva más realista sería algo como: "Creo que tengo el potencial para liberar la brillantez que hay en mi interior, y cada día emplearé de uno a tres minutos trabajando de manera consciente y deliberada hacia alcanzar esta meta". Por lo tanto, pones un sesgo positivo en la realidad sincera de lo que sientes en el momento presente. Tú rediseñas tu futuro, porque tu futuro está en tus manos. El amor y el apoyo de aquellos en quienes confías es fundamental para este proceso, pero en última instancia eres *tú* quien tiene que tomar la decisión de cambiar y avanzar.

Estructurar tu mundo con tus palabras, por lo tanto, implica sustituir pensamientos y palabras negativas cambiando tu mentalidad de las palabras. Cuando comienzas a declarar palabras positivas, palabras que están arraigadas en el pensamiento sincero, literalmente destruyes el viejo recuerdo tóxico y cultivas un hermoso recuerdo nuevo para sustituir el recuerdo doloroso y opresivo. Desde luego, seguirás recordando lo que te sucedió en el pasado, pero el recuerdo ha sido remodelado y ya no gobierna tu vida. En cambio, se convierte en una parte abundante de tu carácter.

El pensamiento congruente, no las palabras positivas, crea los cambios necesarios en el cerebro. Este tipo de pensamiento toma tiempo y esfuerzo, porque tienes que ser consciente de tus palabras y de la mentalidad que hay tras ellas. Esta consciencia te permite capturar esos pensamientos y cambiarlos. No puedes solucionar un problema en un instante que ni siquiera reconoces que está ahí, y tampoco puedes solucionar un problema en un instante. El éxito llega al comprender que no siempre estamos a la altura de nuestros sueños. Con frecuencia tenemos que cambiar nuestra dirección o reconocer que estamos evolucionando a medida que nos dirigimos hacia donde queremos ir. Y esto toma tiempo, de modo que permítete a ti mismo el espacio necesario para hacerlo.

*Captura los pensamientos y cámbialos.*

## Consejos para activar la mentalidad de las palabras

1. Reconoce que existe un problema mediante la observación de las palabras que pronuncias y el impacto que tienen en ti mismo y en otras personas y cosas en tu vida. Sé intencionalmente consciente de esto.

*importante*

2. Examina tus palabras y compáralas con los pensamientos de los que salieron. ¿Son congruentes? Si no lo son, escribe las dos cosas y comienza a trabajar hacia la congruencia en ciclos de veintiún días. (Ver el capítulo 20 para saber más al respecto).

3. Practica pasar a la superposición y toma tiempo para examinar tus palabras, pensando en lo que es incorrecto, o lo que es correcto, en lo que dices. Considera en quién te estás *convirtiendo,* enfocándote en tu progreso.

   Comienza a sustituir declaraciones negativas por otras positivas, pensando en el tipo de cambio que quieres ver en tu vida. Podrías remodelar tu charla contigo mismo para que se parezca más a: "Soy una obra en progreso, y eso es totalmente correcto". Te estará señalando en dirección al crecimiento factible y es realista. Otro ejemplo es decirte a ti mismo algo como: "En cada momento estoy haciendo un esfuerzo por ser más consciente de cómo manejo mi tiempo". Esta declaración reconoce el hecho de que estás evolucionando y que tienes opción para crear un futuro mejor para ti mismo.

4. Poner palabras a los sentimientos tiene tremendos efectos terapéuticos en la mente y el cerebro.

*Enfócate en tu progreso*

# CINCO

# La mentalidad de las emociones controladas

¿Alguna vez has metido en un armario un montón de cosas antes de que llegaran invitados, y después has oído ruidos cuando la puerta del armario se abrió de repente y se cayó todo lo que había dentro, a plena vista de tus invitados? Lo mismo puede suceder en tu vida emocional. Si reprimes y ocultas emociones tóxicas, llegará el momento en que esas emociones enterradas de repente saldrán fuera. Y, desde luego, sucederá en el momento más inoportuno, porque las emociones enterradas no son emociones controladas y analizadas. Son volcánicas en naturaleza y no pueden suprimirse indefinidamente; explotarán de alguna manera en algún momento. También son completamente únicas para ti, porque las emociones no son cosas que te suceden; tú eres quien forma las emociones, tú diseñas la naturaleza tectónica de tu experiencia emocional.

Cuando expresas tus emociones de manera sana, permites el flujo libre de neuropéptidos y energía, lo cual permite que todos los sistemas corporales funcionen como un todo saludable. Sin embargo, cuando reprimes y niegas tus emociones, cualesquiera que puedan ser, obstaculizas la red de caminos cuánticos y químicos, deteniendo el flujo de químicos buenos que dirigen tu biología y tu conducta. Estarás trabajando en contra de tu modo personalizado, programado para el amor. Cuando haces eso por años, esencialmente te convierte\ en un experto en no sentir lo que sientes, lo cual a su vez crea un conflicto tremendo en tu mente y daño en tu cerebro.[1]

Desgraciadamente, muchos de nosotros nos hemos convertido en expertos en ocultar nuestras emociones, o creemos que lo hemos hecho. En cambio creamos caos neuroquímico en nuestro cerebro. Entre las señales de sentimientos suprimidos que surgen de este conflicto se incluyen: irritabilidad, impaciencia, reacción excesiva, ansiedad, frustración, temor, impulsividad, deseo de control, perfeccionismo, y duda de uno mismo.

Las emociones también son rápidas. Se necesitan cerca de cien milisegundos para que nuestra mente no consciente reaccione emocionalmente, y unos seiscientos milisegundos para que nuestra mente consciente registre esa reacción. Cuando decides que es mejor no enojarte o estar triste, tu cara lo ha estado expresando durante unos quinientos milisegundos. ¡Pero es demasiado tarde! La señal emocional ha sido enviada. Es como presionar el botón "enviar" en tu texto antes de volver a comprobar el contenido y a quién se lo estás enviando (ver el capítulo 21 sobre la memoria para saber más sobre estas cifras).

Necesitamos ser muy conscientes de que la estrategia de "reprimir" debería utilizarse con cautela porque no hace lo que normalmente esperamos que hará; es decir, hacer que el dolor se aleje, calmarnos, reducir la agresión de una conversación o detener una pelea. La mayor parte del tiempo nos cerramos por conmoción, hábito, o simplemente por no saber qué otra cosa hacer. Sin embargo, en realidad es una buena idea decir que estamos enojados, frustrados, tristes, asustados, sorprendidos, emocionados, felices, tranquilos, o cualquier otra cosa. Poner nombre a nuestras emociones hace que lo que estamos pensando esté más claro para otros, y para nosotros mismos, porque con frecuencia nos sentimos más firmes y más en control cuando ponemos palabras a las emociones. Esto nos ayuda a comenzar a procesar, y les damos a otros la oportunidad de

*Mediante nuestras decisiones*
*Creamos nuestras propias emociones.*

responder y de empatizar. También evita que supongamos que sabemos lo que otros están pensando, porque no lo sabemos.

Según la experta en emociones Lisa Feldman Barrett, en su charla TED: "Las emociones no son lo que creemos que son. No son expresadas y reconocidas universalmente. No son reacciones cerebrales programadas que son incontrolables".[2] Ella explica que no nacemos con ningún circuito de emociones programado; tenemos la tendencia a lo positivo (hablé antes de este concepto de programados para el amor), pero mediante nuestras decisiones (ella las denomina "suposiciones"), creamos nuestras propias emociones. Aún más, sus veinticinco años de investigación muestran que los miles de millones de células del cerebro responden en la dirección hacia donde las enviamos: nosotros tenemos el control de construir nuestras emociones. Esto significa también que nuestra mente, no nuestro cerebro, tiene el control, y que hacemos predicciones sobre las reacciones emocionales propias y también de otros con la mente y no con el cerebro. El cerebro solamente responde. Estas predicciones de las emociones de otros, y algunas veces incluso de las propias, no serán precisas en un cien por ciento. Según las leyes de la física cuántica, que trabaja con predicciones y probabilidades, hay entre un 30 y un 50 por ciento de posibilidad de que estemos equivocados.

Reconocer que estás expresando tus emociones creadas de modo único como respuesta a una situación particular es, por lo tanto, un paso importante para desintoxicar tu mente y tu cerebro. Si sigues ocultando lo que sientes, bloquearás tu camino hacia el éxito en la vida.[3] Si el reconocimiento de las emociones está conduciendo a la ansiedad y acelerando la respuesta de estrés, cambia tu percepción y construye otra emoción sustitutiva haciendo que funcione en tu favor en lugar de contra ti. Aprende a convertir la energía negativa en energía positiva determinada: remodélala. Mediante la práctica en ciclos de veintiún días (ver los capítulos 20 y 22), puedes aprender nuevos patrones emocionales de responder.

También necesitamos dejar de pensar que podemos interpretar las emociones de alguna otra persona. Eso conduce a muchos problemas y dolor potencial, porque las emociones que parecemos detectar en otros vienen de nuestras propias percepciones emocionales creativas. Podemos detectar si son tóxicas o basadas en el amor, pero no podemos detectar el detalle exacto. Simplemente no podemos reducir las emociones a una mirada a la cara o el cuerpo de alguien; eso es solamente parte del cuadro.

El conocimiento de que tenemos control sobre nuestras emociones conlleva responsabilidad. Significa que eres responsable cuando te comportas mal o explotas emocionalmente. No estás a merced de circuitos de emoción programados que enfoques neurocéntricos intentan convencerte peligrosamente de que lo creas. Esto no significa que merezcas que te culpen por tus emociones; significa que necesitas hacerte responsable de cómo vas a manejarlas para que no se trasladen a tu futuro con efectos negativos. Tú eres el único que puede cambiarlas. Por mi experiencia clínica, descubrí que cuando mis pacientes comprendían este concepto, su progreso era rápido. He descubierto eso también en mi propia vida. Este tipo de responsabilidad emocional produce una gran libertad.

## Consejos para activar la mentalidad de las emociones controladas

1. El primer paso vital en el control de las emociones ¡es reconocer que *tú tienes control* sobre tus emociones! Las construyes en tu cerebro en una decisión creativa con tu mente. No son universales ni están programadas de antemano; son únicas para ti. Las emociones no te suceden; eres tú quien crea las emociones.

2. El segundo paso vital es reconocer que no eres responsable de la causa de la emoción, sino más bien del manejo de la emoción.

3. Es importante proteger tu mente, cerebro y cuerpo, de guardar emociones tóxicas. Replantea las emociones tóxicas y haz que operen a tu favor.

4. Detecta las señales de emociones reprimidas y reconócelas. Este es el primer paso para desintoxicar tu mente y tu cerebro de emociones tóxicas (ver mi app sobre cómo desintoxicar tus pensamientos en drleaf.com o en tu app store).

5. No tienes que mostrar abiertamente tus sentimientos o dejar que todo se muestre; pero sí tienes que ser sincero contigo mismo. Saber lo que sientes y cómo lidiar con esas emociones es un proceso que evoluciona.

6. Necesitas expresar las emociones apropiadamente, en un entorno que sea seguro, aceptador y no crítico. Sugiero que hagas listas de personas seguras, menos seguras, y no seguras. El primer grupo está formado por personas en las que sabes que puedes confiar (seres queridos, un buen amigo, un consejero). El segundo grupo son personas con las que sientes que puedes compartir hasta cierto punto, pero no todo. El tercer grupo son personas con las que seguramente no hablarás porque sabes que será contraproducente.

7. No niegues tus sentimientos. Reconócelos, enfréntalos, lidia con ellos, y nómbralos de manera positiva cuanto antes; pero lo más importante, *cuando estés preparado*. Recuerda: las emociones están vivas y son volcánicas por naturaleza, explotarán en algún lugar en algún momento, muchas veces cuando menos lo esperes o no quieras que exploten.

8. Tú eres el único que puede identificar tu emociones, pero el apoyo de otros puede darte la valentía para enfrentar y reconocer lo que sientes.

9. Finalmente, no pienses que sabes lo que otra persona está sintiendo, porque estarás equivocado entre un 30 y un 50

*No sabes lo que la otra persona está sintiendo...*

por ciento, y te causarás a ti mismo un mayor trauma emocional al anticiparte de esta manera.

personas seguras?

No niegues tus sentimientos.
. Reconócela
← . Enfréntala
. Lidia con ellas

# SEIS

# La mentalidad del perdón

C on frecuencia nos dicen "perdona y olvida" las ofensas que sufrimos, pero resulta que hay una verdad científica (y lógica) detrás de esa frase tan común. La investigación muestra que los detalles de una transgresión son más susceptibles de comenzar a olvidarse cuando la transgresión ha sido perdonada.[1]

Adoptar una mentalidad de perdón es una decisión, un acto de nuestro libre albedrío, y conlleva muchos beneficios para la salud. El perdón nos permite liberar pensamientos tóxicos de enojo, resentimiento, amargura, vergüenza, tristeza, lamento, culpabilidad y odio. Nos desenreda de la fuente del problema, eliminando la energía negativa del pensamiento tóxico.

*Key Point*

Las emociones unidas al pensamiento tóxico pueden mantener la mente dentro de una tenaza desagradable, como si fuera un tornillo. Mientras esos pensamientos tóxicos dominen nuestra mente, no podremos reconceptualizar los recuerdos; es decir, cultivar pensamientos nuevos y saludables.

¡La investigación científica muestra que el perdón y el amor son buenos para la salud de la mente, del cerebro y del cuerpo! Resultados continuados del "Estudio sobre el perdón" llevado a cabo por investigadores de la Universidad de Wisconsin descubrieron que las personas que desarrollan una capacidad de perdonar tienen mayor control sobre sus emociones; están mucho menos enojadas, defraudadas y heridas; y son mucho más sanas.[2] Es más fácil avanzar hacia un futuro con propósito cuando hemos perdonado verdaderamente.

El perdón cambia el cerebro. La investigación muestra que perdonar a alguien aumenta el tamaño del surco temporal superior anterior del cerebro (STSa).[3] De hecho, mientras mayor sea la cantidad de materia gris en esta sección de la corteza, más probabilidad tenemos de perdonar a quienes han cometido un error grave por accidente. Mientras más perdonamos, más tendencia tenemos a perdonar; ¡el cerebro cambia para acomodar una mentalidad de perdón! Esto significa literalmente que mientras más perdonamos, más fácil se vuelve hacerlo.

El perdón es increíblemente bueno para nuestra salud. Guardar rencor afecta los sistemas cardiovascular y nervioso, por ejemplo. En un estudio de la Clínica Mayo, las personas que se enfocaban en un rencor personal tenían elevados la presión arterial y los ritmos cardíacos, al igual que mayor tensión muscular y sentimientos por tener menos el control.[4] En este estudio, cuando se pedía que imaginaran perdonar a la persona que les había herido, los participantes decían que se sentían más positivos y relajados, y tenían una mayor sensación de bienestar. Otros estudios han mostrado que el perdón tiene efectos positivos en nuestra salud psicológica, la cual a su vez influye en nuestra salud física.[5]

Pero quizá pienses: *Caroline, tú no sabes lo que me sucedió.* Es cierto, no lo sé, pero sí sé que aferrarte a tu dolor puede impactar negativamente tu salud, obstaculizando tu habilidad para tener éxito en la vida. No hay un único enfoque de aprender a perdonar. Como ser humano que ha experimentado muchas situaciones dolorosas, sé que la gracia y la misericordia no siempre llegan con facilidad. Sin embargo, no es importante cómo perdones tanto como que lo hagas, por tu propia salud y también por la salud de las personas que te rodean. Hablar con un amigo, terapeuta o consejero (espiritual o de otro tipo) puede ser útil durante el proceso, permitiéndote solucionar tus sentimientos.

El perdón no excusa la conducta de alguien. Por su naturaleza, el perdón reconoce la ofensa y, al mismo tiempo, tú decides mostrar gracia y misericordia. Ciertamente, perdón no significa olvidar, justificar o excusar lo que haya sucedido. El perdón reconoce el dolor y lo reconceptualiza, soltando la pesada carga de amargura y resentimiento.

## Consejos para activar la mentalidad del perdón

1. Perdón no significa negar el dolor o la ofensa; es la *decisión* de soltar a la persona que te hizo daño.

2. Puedes sentir el perdón en tu cuerpo. Piensa en momentos en tu vida cuando has perdonado a alguien y cómo te hizo sentir eso.

3. Perdón no es debilidad, sino más bien una señal de gran valentía y amor. Piensa en cómo el perdón puede reducir la intensidad del pensamiento negativo y de situaciones negativas. Piensa en este impacto sobre las personas con quienes te relacionas.

4. Usa todas las mentalidades de las que hablamos en esta sección para ayudarte a trabajar en perdonar a quienes te han herido.

5. Deja de estar enojado y perdona, o puede que te conviertas en ese enojo; cualquier cosa en la que más pienses, crecerá.

6. Reconoce el problema, y el dolor y enojo que sientes vinculados al problema. Tienes que ser sincero contigo mismo si quieres verdaderamente perdonar a alguien.

7. Reconoce que la sanidad requiere tiempo.

8. Reconceptualiza el recuerdo. Encuentra una manera nueva de pensar en la persona que te hirió. Piensa en el *contexto*. ¿Qué estaba sucediendo en la vida de esa persona cuando se produjo la herida? ¿Por qué hizo lo que hizo? ¿Cuál es su historia? ¿Cuál es tu historia? ¿Dónde estás tú en la vida?

*Satisfacción interior = felicidad*
*felicidad = saber a dónde perteneces*
     *= saber porque estás VIVO independiente de tus*
             *circunstancias*

SIETE

# La mentalidad de la felicidad

Al desplazarme por Instagram es fácil creer que felicidad significa tener mucho dinero, cosas bonitas, estatus o privilegio. La clase más popular en Yale es sobre la "felicidad". Sin embargo, la felicidad es un concepto mucho más amplio y matizado de lo que nuestra sociedad capitalista nos quiere hacer creer. La felicidad tiene más que ver con una sensación de satisfacción interior que con consumo exterior. Es la alegría que tienes al vivir la "vida buena y con sentido", y gira en torno a tu habilidad de enfocarte en lo positivo, de conectar con otros, y de tener relaciones significativas en una comunidad. Felicidad es saber adónde perteneces y saber por qué estás vivo, independientemente de cuáles sean tus circunstancias.

No puedo enfatizar lo suficiente la importancia del vínculo existente entre felicidad y comunidad. La neurocientífica de Berkeley, Emiliana Simon-Thomas, ha descubierto que las personas más felices son las que tienen las conexiones sociales más fuertes.[1] Nuestro cuerpo responde positivamente cuando nos convertimos en miembros activos de una comunidad. Por ejemplo, el sistema mesolímbico dopaminérgico, un sistema relacionado con la adicción (lo cual significa ser consumido por algo), se enciende cuando damos a otros, brindándonos una profunda sensación de placer.[2] Esencialmente, estamos programados para amar y servir a otros, lo cual está en línea con nuestro diseño programado para amar.

También necesitamos recordar que la felicidad precede al éxito.[3] Trabajar duro y alcanzar alguna meta empresarial, académica o

73

personal no nos hará más felices automáticamente. En un metaanálisis de 225 estudios académicos, los investigadores Sonja Lyubomirsky, Laura King y Ed Diener encontraron una fuerte relación causal entre felicidad y satisfacción, y resultados exitosos en los negocios y en la vida.[4] La satisfacción que viene de ser verdaderamente feliz desempeña un papel vital en el éxito.

De hecho, cada vez que alcanzas éxito, tu cerebro cambia lo que el éxito significa para ti, transformándose con cada experiencia, momento a momento, cada día. Constantemente estás aprendiendo y creciendo. Felicidad, satisfacción y éxito no son marcadores estáticos en una vida lineal; son tan dinámicos y poderosos como tu pensamiento hace que sean. Esencialmente, tú tienes el control de tu medidor de felicidad.

Y felicidad tampoco significa una vida tranquila y sin complicaciones, si es que existe una vida así. El profesor de Harvard Shawn Achor indica que mayores niveles de felicidad en medio de un desafío, como buscar una buena inversión en una economía en decadencia, da como resultado que los niveles de éxito aumenten de manera drástica.[5] Los desafíos realmente sacan lo mejor de nosotros. Llegar al otro lado de un desafío produce un sentimiento de felicidad en el logro y prepara la escena para el siguiente reto con la suma de las nuevas habilidades que hemos obtenido del desafío.[6]

El cerebro funciona significativamente mejor cuando decidimos sentirnos felices en medio de un desafío. He descubierto en repetidas ocasiones en mi investigación y experiencia clínica y en mi vida personal que la emoción aumenta cuando adoptamos una actitud positiva y persistimos ante una tarea abrumadora. Ciertamente, uno de los mejores sentimientos en la vida es entender algo o completar una actividad después de una batalla mental, y quizá incluso física. Esto conduce a una sensación de logro al estar a la altura del desafío, contribuyendo a nuestra felicidad. Siempre me pregunto a mí misma: *¿Quiero darle energía a la situación tóxica dándole vueltas y sin soltarla, o quiero trasladar toda mi energía mental a un resultado positivo* *que mantenga alto mi medidor de felicidad?* Tu nivel de felicidad hace que te mantengas funcional y avanzando.

No somos meramente felices o infelices. Nuestra felicidad no depende de nuestras circunstancias. Como nota también Achor: "Es un mito cultural que no podemos cambiar nuestra felicidad".[7] Una mentalidad positiva y basada en el amor, y la capacidad para hacer que una situación estresante juegue a nuestro favor está *completamente* bajo nuestro control y es, esencialmente, cómo cambiamos nuestro medidor de felicidad. En última instancia, como declaraba el poema al principio de este libro, nosotros somos el "capitán de nuestra alma".

La felicidad puede parecer que llega más fácil a algunas personas, pero la felicidad es posible para todos nosotros si trabajamos en desarrollar nuestra mentalidad personalizada y programada para amar (ver sección 2). Trabajar en esta mentalidad es menos difícil de lo que imaginas. El sencillo acto de anotar cada día tres cosas por las que estás agradecido, durante veintiún días seguidos, aumenta significativamente los niveles de optimismo, ¡y se mantiene durante los seis meses siguientes e incluso más tiempo, si lo haces durante sesenta y tres días (tres ciclos de veintiún días)! 63 dias

La risa y el juego son maneras maravillosas de reducir el estrés tóxico y aumentar la felicidad. En realidad, todas las mentalidades en esta sección aumentarán nuestro medidor de felicidad. Cuando jugamos, estiramos nuestros rangos emocionales y expresivos. De hecho, a menudo se hace referencia a la risa como "correr interiormente" porque literalmente aumenta el flujo de péptidos y energía cuántica en nuestro cerebro y nuestro cuerpo.[8]

Muchos estudios muestran realmente por qué la risa merece ser conocida como "la mejor medicina". Libera un flujo instantáneo de sustancias químicas placenteras que mejoran el sistema inmunológico.[9] La risa también reduce los niveles de hormonas del estrés. Por ejemplo, una buena risa a carcajadas puede hacer que el cortisol descienda en un 39 por ciento y la adrenalina en un 70 por ciento,

*La risa y el juego*

y aumenten las "hormonas placenteras", las endorfinas, en un 29 por ciento. ¡Incluso puede hacer que las hormonas del crecimiento se disparen hasta en un 87 por ciento![10] Otras investigaciones muestran que la risa puede mejorar el sistema inmunológico al aumentar los niveles de interferón gamma, que protege contra infecciones del tracto respiratorio.[11] Algunos estudios sugieren incluso que la risa ayuda a aumentar la flexibilidad del pensamiento y es tan efectiva como el ejercicio aeróbico para mejorar la salud en cuerpo y mente. De hecho, según un estudio, reír de cien a doscientas veces al día ¡equivale a diez minutos de remar o correr! En suma, ¡no deberíamos tomarnos la vida demasiado en serio!

Según Robert Provine, "la risa es la señal social humana arquetípica, y se trata de relaciones".[12] La investigación de Provine descubrió que las personas se ríen treinta veces más cuando están cerca de otras personas que cuando se ríen solas. Esto muestra la participación que tenemos en las vidas unos de los otros.

### Consejos para activar la mentalidad de la felicidad

1. Decide ser feliz, atravesando un desafío y disfrutando el proceso de desarrollar tu entendimiento y tus capacidades. Si fracasas, levántate, ¡incluso si no tienes ganas de hacerlo! A pesar de cómo te sientas inicialmente, decidir ser feliz se convertirá en la fuente de energía que te mantiene avanzando.

2. Piensa en tener tu propio medidor de felicidad personal, y compruébalo tantas veces como sea necesario. Si está descendiendo, entonces detente, respira, y pregúntate por qué. Usa las mentalidades para ayudarte a encontrar el motivo. Después decide cambiarlo.

3. Sé proactivo en la decisión de a dónde poner tu energía: puedes escoger lamentarte y retorcerte en tu desgracia, o mover tu energía a algo constructivo. Puede que sea tan sencillo como sonreír a alguien o sacar a dar un paseo a tu perro.

4. No te permitas a ti mismo pensar: *Seré muy feliz cuando esto termine.* ¡Disfruta el comienzo, la mitad y el final! Debes decirte a ti mismo que está bien experimentar distintas emociones, avanzando hacia la aceptación pacífica. No tienes que pintarte la cara como si fueras un payaso para fingir. Sencillamente tienes que ser tú mismo, reconociendo que la felicidad es parte de nuestro diseño programado para amar.

5. Decide creer que la felicidad es una posibilidad para ti porque estás programado para el amor. Y recuerda que todos tienen su propia versión de felicidad y alegría; un solo tamaño no vale para todos.

6. Haz el esfuerzo de conectar con otros de manera profunda y con sentido. Implícate en tu comunidad. ¡Sé social!

7. Mira videos divertidos, juega un juego de mesa, mira una comedia, lee un libro de bromas, o haz ruidos divertidos con tus seres queridos para desarrollar y mantener una mentalidad positiva.[13] Incorpora diversión a tu rutina diaria y a tu vida. Divertirte mediante el juego es la manera más barata, fácil y eficaz de aumentar la felicidad. Rejuvenece la mente, el cuerpo y el espíritu, y hace que fluyan emociones positivas.

*Mueve tu energía hacia algo Constructivo.*

# La mentalidad del tiempo

Nuestra meta para los cambios positivos y el éxito debería durar toda la vida. Tenemos que considerar cómo pensamos de modo natural y cómo utilizamos nuestro pensamiento para alcanzar el éxito duradero y con sentido para el que estamos diseñados. En la cultura instantánea actual, es fácil olvidar eso.

Todos sabemos que el cambio toma tiempo y que hay desafíos en el camino hacia el éxito, pero pocos están dispuestos a perseverar. Muchos de nosotros no entendemos plenamente el tiempo que toma cambiar una conducta, razón por la cual hago hincapié en la ciencia de la memoria en este libro (ver el capítulo 21) y no solo en un programa claro, sencillo y rápido que garantizará la victoria instantánea. El éxito realmente requiere trabajo duro.

Tenemos que recordar que los recuerdos son pensamientos. Todo lo que hacemos es primero un pensamiento que construimos en nuestro cerebro. La raíz de todo lo que decimos y hacemos está basada en los recuerdos que hemos construido en nuestro cerebro mediante el pensamiento. Toma tiempo construir recuerdos (veintiún días para construir un recuerdo duradero y otros cuarenta y dos días para convertir ese recuerdo en un hábito de pensamiento).

Nada que valga la pena sucede en un instante. Podemos convertir los sueños en realidades, pero antes tenemos que entender que hacer un cambio toma más tiempo que el promedio de un segundo de vida de una publicación en Twitter. La era tecnológica ha traído con ella un deseo de ver las cosas, incluidos el cambio y el éxito, como instantáneas. Sin embargo, no hay ningún camino rápido hacia el éxito. Intentar hacer que las cosas sucedan rápidamente y después abandonar cuando no suceden a la velocidad a la que nos hemos acostumbrado no es saludable. Puede causarte angustia y llevar tu cerebro y tu cuerpo al estrés tóxico, manteniéndote atascado en un círculo tóxico. Pero puedes poner fin a eso en cualquier momento que desees.

Activar tu cerebro mediante tus decisiones te permite construir recuerdos exitosos y con sentido. Como cuando entrenas tu cuerpo para correr un maratón o dominar un ejercicio nuevo en el gimnasio, tu cerebro necesita tiempo para desarrollar y lograr el éxito, y haces este entrenamiento cerebral con tu mente; ¡considéralo como un ejercicio cardiomental! Enseguida aceptamos que toma tiempo desarrollar habilidad y destreza en un deporte, y sin embargo cuando se trata de la mente, esta sabiduría parece que desaparece de nuestra lógica mental. Tal mentalidad conduce a un ciclo interminable de quemarnos las pestañas para un examen o algo necesario para el trabajo, y después olvidar la mayor parte al día siguiente.

La investigación sobre neuroplasticidad, incluida la mía, revela que desarrollar nuevos hábitos requiere ciclos de sesenta y tres días como mínimo, y no veintiún días (ver el capítulo 20). La mayoría de las personas abandona en los primeros días.[1] En mi consulta clínica daba a todos mis pacientes un ejercicio de siete a dieciséis minutos para desintoxicar la mente, en conjunto con al menos un ejercicio diario de cuarenta y cinco a sesenta minutos para construir recuerdos (podían hacer más si lo desearan). En un periodo tan corto de tres semanas, hubo una transformación en su memoria con cambio observable en su desempeño académico, laboral, social, emocional, cognitivo e intelectual. El cambio real y duradero que conduce a vidas transformadas llega al persistir al menos durante tres ciclos de veintiún días (sesenta y tres días), ya que se necesitan al menos dos meses para que se formen células nuevas.[2] Vi esto regularmente en más de veinticinco años de consulta clínica e investigación. No hay atajos cuando se trata de un cambio mental y cerebral.

## Consejos para activar la mentalidad del tiempo

1.  No permitas que te desaliente, para no seguir adelante, el tiempo que se necesita para lograr una habilidad, cambiar una mentalidad, aprender a controlar las emociones o perdonar.

2.  No te sabotees a ti mismo por tener temor a lo que otras personas pensarán de ti o lo que dirán sobre lo que estás haciendo, a medida que atraviesas el largo proceso del cambio. No absorbas energía tóxica de otras personas.

3.  Piensa en el fracaso como conocimiento obtenido, ¡incluso si es conocimiento de qué no hacer! Nunca catalogues algo como un completo fracaso. Todo es un momento de enseñanza que desarrolla tu carácter.

4.  Llegan nuevas metas con cada nueva experiencia. Es bueno tener una meta y una visión, pero has de estar preparado para ajustarlas, cambiarlas, o incluso hacer un giro de 180 grados si es necesario. La flexibilidad te permite utilizar tu tiempo de manera eficaz, y mejora tu progreso hacia el éxito.

5.  Entiende la diferencia entre distracciones y ser flexible. La flexibilidad te mueve hacia adelante; las distracciones detienen tu progreso.

6.  Toma el tiempo para creer verdaderamente en ti mismo. Si no tienes confianza en tus habilidades, no importa cuán diestro y talentoso seas, pues tu desempeño sufrirá. Quizá tienes que comenzar tu viaje hacia el éxito con un plan de sesenta y tres días para aprender a creer en ti mismo. Puedes encontrar más sobre esto en mis libros *Enciende tu cerebro* y *Tu yo perfecto*.

7. Decide no permitir que el tiempo te controle. Tú controlas el tiempo. Aprende, todo lo posible (¡todos tenemos fechas límite!), a fluir con la secuencia natural de tiempo cuando estés completando una tarea.

8. Enfócate en el hecho de que se necesita un mínimo de sesenta y tres días para construir un cambio duradero en tu cerebro. Ver los capítulos 20 y 22 para más detalles sobre esto y aplicarlo diariamente en tu vida.

9. Si las cosas toman más tiempo del que planeaste, haz ajustes; no te desesperes. Si te desesperas, ¡puede que termines deshaciendo lo que acabas de hacer!

# NUEVE

# La mentalidad de lo posible

¿**V**es múltiples posibilidades en las situaciones? ¿O ves solamente lo que tienes delante tal como es? Si tus planes no funcionan, ¿te quedas desubicado? ¿Cómo? ¿Puedes cambiar de una posibilidad a la siguiente?

El profesor Achor muestra que la tendencia natural del cerebro al optimismo es un indicador estupendo del éxito emprendedor en la escuela, el trabajo y la vida. Este sesgo optimista es el diseño de nuestro cerebro, que nos permite utilizarlo para percibir y seguir más de una posibilidad; no tenemos que quedarnos atascados si las cosas no siempre salen como queremos, porque siempre hay otras opciones.[1] Vivimos en un mundo de probabilidades, con el poder creativo en nuestra mente para diseñar huellas o planos de todas esas posibilidades.

Un enfoque emprendedor ve múltiples posibilidades en cada situación; es una mentalidad que percibe todo tipo de probabilidades y potencialidades. Este tipo de pensamiento es intrínsecamente esperanzador; lo sigues intentando hasta encontrar el éxito. Aprecias el trayecto y el destino. Y la buena noticia es que eso es parte de la naturaleza programada para el amor de nuestro cerebro y nuestro cuerpo; ¡tan solo tenemos que desplegarla! Veamos a Thomas Edison, por ejemplo. Él lo intentó unas mil veces antes de tener éxito en inventar la bombilla incandescente. Cuando le preguntaron sobre sus "fracasos", Edison declaró: "¡He obtenido muchos resultados! ¡Conozco varios miles de cosas que no funcionarán!".[2] Edison no limitó su potencial a ideas preconcebidas de éxito. Él tenía una meta y siguió adelante hasta que la alcanzó, independientemente del número de intentos a lo largo del camino. Él no veía sus intentos como fracasos; veía sus intentos como *resultados*. Había *obtenido conocimiento que vale la pena*; fue un proceso de aprendizaje. Edison consideraba lo que no funcionó tan valioso como lo que sí funcionó. Esto es brillante, y es clave: los intentos no son fracasos; los intentos son resultados, y conocimiento que vale la pena haber obtenido. Es algo en lo que yo trabajé mucho con mis pacientes y que marcó una profunda diferencia en su progreso.

Cuando *decides* desarrollar una mentalidad que te permite percibir posibilidades, el diseño del cerebro, programado para el amor, se activa para responder, y los intentos se convierten en posibilidades en lugar de fracasos. Esta decisión es un estupendo indicador de éxito. Descubrí que eso sucedía una y otra vez con mis pacientes y alumnos en Sudáfrica, donde trabajé por casi treinta años. Cuando ellos decidían adoptar una mentalidad de lo posible, eran capaces de perseverar en circunstancias desesperadas y alcanzar sus metas. Sus circunstancias no obstaculizaban su éxito; más bien, donde estaban en la vida alimentaba su deseo de cambio. Estaban aprendiendo a aprender, y nada podía detenerlos. Su determinación impactó mi propia vida y me inspiró a continuar enseñando este mensaje por todo el planeta. De modo similar, Achor, durante su breve estancia en Sudáfrica, cuando fue a visitar algunas de las mismas escuelas, dijo que nunca había visto tal determinación y hambre de aprender en unas pocas sesiones; los niños con los que él trabajaba en zonas desfavorecidas eran más resueltos, disciplinados y agradecidos por aprender, que los privilegiados estudiantes de Harvard a los que él enseñaba para ganarse la vida (de los cuales, ¡uno de cada cuatro está deprimido y no puede lidiar con el balance entre su trabajo y su vida!).[3]

No podemos utilizar nuestras circunstancias como excusa para no tener éxito en la vida. No es nada nuevo que todos tenemos problemas con los que lidiar y retos que tenemos que enfrentar. Siempre hay algo en lo que estamos trabajando. Poder ver posibilidades en medio de nuestras dificultades es, sin embargo, un cambio sustancial; transforma nuestro pensamiento, permitiéndonos seguir corriendo la carrera. Es una mentalidad esencial para tener éxito, incluso cuando todavía no podemos ver el final del camino.

## Consejos para activar la mentalidad de lo posible

1. Declárate a ti mismo diariamente que los intentos no son fracasos; los intentos son resultados y conocimiento obtenido que vale la pena.

2. Practica de modo deliberado e intencional ver posibilidades en cada situación y anotarlas. Mientras más lo hagas, más te encontrarás aplicándolas en tu vida.

3. *Decide* desarrollar una mentalidad que te permita percibir posibilidades, de modo que el diseño programado para el amor de tu cerebro pueda activarse para responder.

4. Convierte los intentos en posibilidades. Niégate a considerarlos fracasos. Esta decisión es un indicador estupendo de tu éxito.

5. Detente a ti mismo de inmediato si te agarras pensando y diciendo que no hay salida o que eres un fracaso. Sustituye eso por una afirmación como: "No puedo ser un fracaso porque estoy programado para el éxito".

6. Haz que sea un juego ver en cuántas posibilidades puedes pensar para cualquier situación.

7. Entrénate a ti mismo para ver una posibilidad como una oportunidad, no como una amenaza de la que debes apartarte.

8. Recuerda: vivimos en un mundo de probabilidades y tenemos en nuestra mente el poder creativo para diseñar planos de todas esas posibilidades.

# DIEZ

# La mentalidad de la gratitud

H e estado diciendo a lo largo del libro, hasta este punto, que nosotros controlamos nuestra habilidad de prosperar en la escuela, el trabajo y la vida, y la gratitud desempeña un papel fundamental en cuán exitosos somos. Desde luego, todos sabemos lo bien que nos sentimos con una "actitud de gratitud". Sin embargo, ver que estudios científicos apoyan lo que sabemos instintivamente es un recordatorio útil que nos motiva a cambiar el modo en que pensamos.

Un estudio reciente investigó los efectos de la gratitud en la conducta y miró la respuesta a la mente en el cerebro.[1] Los investigadores descubrieron que los sujetos que participaron en un ejercicio de escribir una carta de agradecimiento mostraron cambios positivos en su conducta y también mayor actividad cerebral en la zona frontal del cerebro (corteza prefrontal media) hasta tres meses después.[2] Este estudio indica que si practicamos la gratitud (recordemos la mentalidad del tiempo en el capítulo 8), reavivaremos el diseño programado para el amor de nuestro cerebro, activando un ciclo que se perpetúa a sí mismo de positividad en la mente.[3]

Sin duda, deberíamos ser muy cautos con leer demasiadas cosas en los estudios de imágenes cerebrales; solamente porque algo se ilumine en una máquina bonita no significa que nuestro cerebro esté generando esas respuestas a nuestro entorno.[4] Son nuestras decisiones las que determinan cómo respondemos al entorno, y el cerebro refleja eso en respuesta: la mente cambia el cerebro.

Cuando *decidimos* ser agradecidos, contactamos con nuestro diseño natural. La investigación sobre los efectos que tiene la gratitud en nuestra biología muestra que ser agradecidos aumenta nuestra longevidad, nuestra habilidad de utilizar la imaginación, y nuestra habilidad de resolver problemas. También mejora nuestra salud general.[5]

Una actitud de gratitud conduce a la sensación de que vale la pena vivir la vida, lo cual produce beneficios de salud mental en un circuito de retroalimentación positiva que conduce a más resiliencia, la habilidad de recuperación con mayor rapidez. Yo también descubrí que mis pacientes con fuertes mentalidades de gratitud estaban más motivados a hacer las cosas que daban sentido y significado a su vida. Esto destaca en marcado contraste con el circuito de retroalimentación negativa que la falta de gratitud prepara para que haya queja; para sentirnos "tratados mal" o siempre la víctima; culpar siempre a alguien; y volvernos envidiosos, celosos y resentidos del éxito de otros. Un estudio realizado en Japón descubrió que quienes experimentaban una vida digna de vivirse (*Ikigai*) vivían vidas más largas y más sanas.[6]

Contar tus bendiciones ahora hace que sea más fácil reconocerlas después, porque tu mente irá mejorando cada vez más en el proceso de construir una mentalidad positiva y agradecida. Mientras observes el bien veas en tu vida en los momentos *presentes*, más probable será que seas más feliz y más exitoso en el futuro. Como dijo una vez Willie Nelson: "Cuando comencé a contar mis bendiciones, mi vida entera dio un giro".[7]

## Consejos para aplicar la mentalidad de gratitud

1. La gratitud comienza con la consciencia de tener una actitud de gratitud, de modo que observa tu pensamiento de modo intencional y crítico para determinar si una actitud de gratitud es parte de él.

2. ¿Pasas más tiempo contando tus bendiciones, o más tiempo enfocado en lo que falta en tu vida?

3.  ¿Eres agradecido? Emplea la próxima semana en analizar cuán agradecido eres. De algún modo, mantén un registro de cada vez que eres agradecido y cada vez que te quejas, durante un periodo de siete días. Haz un recuento de todo al final de los siete días; ¡quizá te sorprendan los resultados!

4.  ¿Dices cosas como "No pudimos ver eso o hacer eso," en lugar de "Pudimos ver eso y hacer aquello"?

5.  Piensa en lo que dices antes de decirlo, y si ya has comenzado a pensar algo negativo, vigila lo que dices y atrapa esos pensamientos, cámbialos, ¡y di algo positivo antes de comenzar a quejarte y dañar tu cerebro y tus relaciones!

# ONCE

# La mentalidad de comunidad

Los seres humanos somos animales sociales. Ya sea que nos guste o no pasar tiempo a solas, todos necesitamos la comunidad. De hecho, relacionarnos positivamente con personas en nuestra red de apoyo social tiene una correlación con varios resultados deseables, tanto físicos como mentales. La implicación en la comunidad se ha relacionado con la salud mental y la resiliencia cognitiva, reducción del dolor crónico, baja presión arterial y salud cardiovascular mejorada.[1]

El aislamiento, por otro lado, puede afectar negativamente nuestro bienestar. Trágicamente, estudios realizados con niños bajo tutela del tribunal de menores, indican que la falta de toque o contacto humano puede ser fatal para recién nacidos y niños pequeños.[2] La soledad realmente aumenta el riesgo de mortalidad prematura entre todas las edades, haciendo que sea un peligro creciente de salud pública.[3] Un estudio reciente indica incluso que el aislamiento social y la soledad matan a más personas que la obesidad.[4] Los investigadores, viendo 148 estudios separados que representan a más de 300 000 participantes, descubrieron que una mayor conexión social significaba un 50 por ciento de reducción del riesgo de muerte temprana, mientras que la soledad tenía el efecto contrario. ¡No es sorprendente que el aislamiento social se haya utilizado como un tipo de castigo o tortura![5] Deberíamos tomarnos en serio el peligro que plantea el aislamiento; muchas naciones en todo el mundo sugieren ahora que estamos enfrentando una "epidemia de soledad".[6] Hay una necesidad desesperada de que los científicos trabajen juntos para hacer que un enfoque comunitario sea una prioridad de salud pública.[7] Esto se ha convertido en una búsqueda en mi trabajo y en algo de lo que hablo extensamente: somos un equipo. Para citar a la Madre Teresa: "Yo puedo hacer cosas que tú no puedes hacer, tú puedes hacer cosas que yo no puedo; juntos podemos hacer grandes cosas".[8]

Mientras más apartados estemos de la conexión humana, más potencial hay para que acudamos al mundo de la fantasía como sustituto de la realidad, en lugar de utilizar nuestra imaginación como una herramienta para crear vidas exitosas y satisfactorias. Todos nosotros, hasta cierto punto, fantaseamos sobre cómo podrían o deberían ser las cosas, lo cual nos alienta a menudo a perseguir nuestros sueños. Sin embargo, nuestra imaginación no debería estar divorciada de la vida real, pues de lo contrario nuestras fantasías pueden volverse más importantes para nosotros que la realidad. Esto conduce con frecuencia al aislamiento social a largo plazo que puede afectar drásticamente nuestra salud y reducir nuestra esperanza de vida.

¿Cómo combatimos esta epidemia de soledad? La doctora Julianne Holt-Lunstad, investigadora principal del estudio mencionado anteriormente, refiriéndose al aislamiento social y la longevidad, argumenta que debería emplearse más dinero en espacios sociales compartidos como centros recreativos y huertos comunitarios, que son tan fundamentales para el bienestar mental y físico como comer una dieta balanceada y hacer ejercicio.[9] Ella también destaca que los individuos no solo deberían prepararse para la jubilación en el sentido económico, sino también en un sentido social; el aislamiento puede ser particularmente dañino para los jubilados.[10]

Todos podemos perseguir activamente una mentalidad de comunidad. Para este fin, yo tengo también una organización sin fines de lucro llamada *Whole Mind Project* (Proyecto Mente Completa), enseñando salud de la "mente completa" y el cuerpo con un enfoque en los huertos comunitarios, comidas comunes y terapia basada en el amor, especialmente en iglesias, instituciones, y zonas desfavorecidas.[11] Mediante estos huertos y comidas compartidas, y compartir el escuchar sin crítica, los individuos aprenden no solo a comer de maneras que los alimenten a ellos y a su comunidad, sino también a pensar de maneras que cambien sus vidas y su mundo. Nos enfocamos en que la salud espiritual, mental y física sea desarrollada por el individuo en comunidad.

Como parte de nuestros programas tenemos un banco de la Mente Completa, un lugar donde los individuos pueden ir y charlar sobre los problemas que enfrentan, en un entorno amoroso, comprensivo y pacífico. El banco de la Mente Completa está basado en mi investigación y práctica clínica, y también en el programa de amistades en el banco que se originó en Zimbabue (un lugar donde los miembros de la comunidad podían ir y dialogar acerca de sus problemas).[12] Se enfoca en el contexto de los problemas de un individuo e incorpora técnicas de sanidad basadas en la comunidad que se enfocan en el amor y la empatía.

Sin duda, la soledad por su propia naturaleza no es algo que podamos solucionar nosotros solos. Tenemos que acercarnos a todos los grupos de edades y todas las esferas de la sociedad para combatir el aislamiento social y mejorar la salud mental y física. Escuelas, universidades, y lugares de trabajo son los lugares donde los individuos pasan una parte importante de sus vidas, por eso es importante alentar la conexión social en esos entornos. Necesitamos desarrollar una mentalidad holística de comunidad si queremos tener éxito en la vida y si queremos ayudar a otros a tener también éxito en la vida.

## Consejos para activar la mentalidad de la comunidad

1. Piensa en qué podrías hacer para salir de la casa y fomentar la comunidad en tu zona. Quizá puedes comenzar un club de lectura u organizar cenas e invitar a alguien nuevo cada vez. Llega a conocer a tus vecinos e invítalos a dar un paseo o a tomar un café, o únete a una comunidad local o centro espiritual. ¡Las posibilidades son infinitas!

2. No tienes que salvar al mundo; sencillamente necesitas comenzar con propósito, y esto puede ser tan claro y directo como mirar fuera de tu casa a tu barrio, supermercado, gimnasio o iglesia. Si te sientes realizado a nivel personal, tocarás a otras personas, y eso se convertirá en un efecto mundial. Tú importas, y lo que piensas le importa a tu comunidad y al propósito mayor.

3. Únete al Proyecto Mente Completa: comienza un huerto, construye un banco, ¡u organiza una cena! Visita nuestra página web para conocer más maneras en las que puedes involucrarte en lo que hacemos.

4. ¡Ofrécete como voluntario! Servir a otros es una manera maravillosa de ser parte de una comunidad con sentido, mejorando tu propia salud y también la salud de tu comunidad.

# DOCE

# La mentalidad del apoyo

Un componente esencial de la mentalidad de la comunidad de la que hablamos antes, es el poder de la sanidad en grupo y acercarnos para ayudar a otros, contrario a tan solo obtener ayuda para uno mismo. Niveles elevados de apoyo social predicen longevidad al menos con tanta fiabilidad como lo hacen comer sano y el ejercicio regular, mientras que niveles bajos de apoyo social son tan dañinos como la presión sanguínea elevada.[1] Para individuos que enfrentan dificultades en sus vidas (por ej., *todo el mundo*), el aislamiento puede ser letal. El apoyo social es crucial si queremos aprender a manejar nuestras emociones y lidiar con los antojos de la vida.

Las relaciones de apoyo nos permiten perseverar en los momentos difíciles.[2] Un estudio reciente descubrió que el apoyo social era el principal indicador de felicidad durante periodos de estrés elevado.[3] El estrés puede operar a favor de nosotros o contra nosotros, según sea nuestra percepción de la situación. El apoyo social nos ayuda a lidiar con los retos que enfrentamos, porque entendemos que no enfrentamos esos retos nosotros solos: *vemos* nuestras dificultades bajo una luz diferente. De hecho, en este estudio la correlación entre el apoyo social positivo y la felicidad era casi el doble de la correlación entre fumar y el cáncer.[4] Esta es una comparación interesante, porque el vínculo causativo entre fumar y el cáncer no es generalmente cuestionado. Sin embargo, el vínculo causativo entre apoyo y felicidad es casi el doble, ¡pero no capta tanta atención! De hecho, la investigación muestra que cuando nos acercamos a otros de forma que mostramos apoyo, aumentamos nuestra propia sanidad en un factor del 63 por ciento.[5] ¡Estamos diseñados para apoyarnos unos a otros! El apoyo es crucial en un ambiente de aprendizaje. Un estudio del año 2011 descubrió que mientras más apoyo *daba* un estudiante en vez de *recibirlo*, más positivo era su ambiente de aprendizaje.[6] Sin embargo, ¿cuán a menudo ayuda un estudiante a otros cuando está con muchas tareas? Lo más probable es que no lo haga con bastante frecuencia, pero quienes lo hacen son los más felices, lo cual mejora su desempeño académico. De igual manera, las personas que ayudan con el trabajo a otros, invitan a almorzar a compañeros de trabajo, organizan actividades en la oficina, se aseguran de que nadie quede fuera, y siempre están dispuestos a escuchar y ayudar, tienen diez veces más probabilidades de estar involucrados en el trabajo que las personas que son reservadas, y tienen un 40 por ciento más de probabilidad de conseguir un ascenso.[7]

En mi consulta clínica, siempre incluía un aspecto de "ayudar a alguien" como parte de cualquier tratamiento. Ese es el principio de "tener una sesión, dar una sesión". Ser de apoyo era un componente esencial en la propia sanidad del paciente y un medio de aumentar su desempeño intelectual (esto es parte del quinto paso integral del Proceso de Aprendizaje de 5 pasos Enciende tu Cerebro, del que aprenderás en el capítulo 20). Mi esposo Mac y yo hemos criado a nuestros cuatro hijos para que hagan lo mismo. Como familia, es nuestro segundo ADN ser ayudadores y organizadores; siempre estamos escuchando y sirviéndonos unos a otros y a las personas con las que estamos en contacto. Siempre tenemos una casa llena de personas, ¡y no renunciaría a eso por nada del mundo! Somos una familia muy alegre y, obviamente, pasamos por los "asuntos" de la vida, pero lidiamos con esos problemas de manera que muestra apoyo y amor. Pero eso no *sucedió* porque sí. Mac y yo decidimos vivir nuestras vidas de ese modo, y trabajamos duro en ello como familia diariamente. Basándome en mi experiencia profesional y personal, puedo decir con certeza que aplicar el principio espiritual y científico de ayudar a otros es increíblemente poderoso, terapéutico, y esencial para prosperar y tener éxito.

## Consejos para activar la mentalidad del apoyo

1. Busca cada oportunidad de apoyar a las personas que están en tu círculo de amistades, conocidos y comunidad.

2. Cuando te sientas cargado de trabajo, desafiado emocionalmente, o estés atravesando alguna situación, intenta detenerte por un momento y ayudar a otra persona, aunque sea solamente para escuchar, darle un abrazo o alentarla. Envía un correo electrónico o mensaje de texto a alguien, diciéndole que estás pensando en esa persona, o invita a alguien a cenar en lugar de hacerlo solo.

3. Cuando estés en un espacio pequeño con un desconocido, como en un elevador, sonríe y saluda en lugar de mirar al piso o a tu teléfono.

4. Decide despertarte cada mañana y preguntarte: *¿A quién puedo ayudar hoy?*

5. Escucha a otros de manera no crítica, amorosa y de apoyo, con tanta frecuencia como puedas. De hecho, haz que este sea tu modus operandi y observa cómo tus problemas dan un giro. Por lo tanto: mira a la otra persona, y solamente *escucha* y respira hasta que termine de hablar, y entonces pregunta: ¿cómo puedo ayudarte? ¿Qué necesitas?".

6. Supón siempre lo mejor desde un principio. Crea esa energía positiva, ese "amor". No saques conclusiones rápidamente y supongas lo peor sobre una situación o persona.

7. Si no estás seguro de lo que otra persona piensa de ti, o de lo que esa persona quiso decir con sus palabras, piensa siempre lo mejor. Esto te ayudará a sentirte tranquilo y firme.

8. No creas que sabes lo que otra persona está pensando o que puedes adivinar sus emociones por sus expresiones faciales.

Siempre pregunta antes. De esta manera, la persona siente que es importante para ti y que te interesas. Todos necesitamos esto, de modo que dale el 100 por ciento y observa cómo regresa a ti.

9. Todo el mundo está ocupado, de modo que necesitamos hacer tiempo de manera consciente para las personas que queremos, porque las relaciones requieren tiempo y estrategia, y no podemos agradar a todo el mundo. Por lo tanto, prioriza y crea estrategias, pero sé siempre amable con todos.

# TRECE

# La mentalidad del
estrés saludable

¿Está el vaso medio lleno o medio vacío? Como todo en la vida, el modo en que vemos las situaciones estresantes puede afectar el modo en que lidiamos con esas situaciones. Pero el estrés es estrés, ¿no? Sí y no. La vida puede ser increíblemente estresante, y sin embargo el modo en que veamos el estrés puede hacer que una situación difícil obre a favor o en contra nuestra.[1]

Si enfrentas una situación difícil con la actitud de "el vaso medio lleno", los vasos sanguíneos que rodean tu corazón se dilatan. Un mayor flujo sanguíneo da como resultado que fluya más oxígeno a tu cerebro, lo cual, a su vez, aumenta tu fluidez cognitiva y claridad de pensamiento; es decir, tu habilidad no solo para enfrentar un reto, sino también para vencerlo.[2] Este mayor flujo sanguíneo también equilibra los sistemas nerviosos simpático y parasimpático, permitiendo que varios procesos neurofisiológicos y genéticos trabajen a tu favor, alimentando el crecimiento intelectual.[3] Un cambio genético se prenderá en el interior del hipocampo de tu cerebro, que fortalece tu cuerpo, permitiéndote lidiar con una situación difícil.[4] Se activarán muchas respuestas neurofisiológicas, permitiéndote mantenerte fuerte en medio de la adversidad.[5] Pero si ves el vaso medio vacío, sucederá lo contrario y el estrés operará en tu contra.

No puedo exagerar la importancia de la percepción. Un estudio del año 2013 utilizó dos videos: uno de ellos mostraba el estrés como debilitante para el desempeño y el otro detallaba las maneras en las que el estrés mejora el cerebro y el cuerpo humano.[6] Los participantes que vieron el segundo video obtuvieron una puntuación más alta en la escala de mentalidad del estrés; vieron el estrés como algo que mejoraba en lugar de disminuir su desempeño, y su salud y su felicidad mejoraron. Sin embargo, el desempeño intelectual y la felicidad de quienes vieron el video que describía el efecto debilitante del estrés tóxico, sufrieron. Preocuparnos por el estrés en realidad llevará nuestro cuerpo al estrés tóxico, el cual influirá en nuestra salud mental y física. Si estás constantemente preocupado con respecto al estrés, este se convertirá en un obstáculo en tu camino hacia el éxito. Cambiar tu actitud hacia el estrés es, por lo tanto, esencial para un régimen saludable de cuidado mental y físico.

Pero si el estrés puede ser bueno para nosotros, ¿por qué parece como si todo el mundo se pusiera como loco al respecto? ¿Por qué incluso se venden en los supermercados libros de colorear para adultos para aliviar el estrés? Diariamente somos bombardeados con noticias acerca de los peligros del estrés. Cuando leemos sobre los efectos negativos para la salud del estrés tóxico, ¡sin duda alguna podemos estresarnos por estar estresados! Es como cuando leemos sobre los peligros de no dormir y lo malo que es para nosotros, ¡y entonces no podemos dormir porque nos preocupamos por no dormir! Con frecuencia se hace tanto énfasis en lo que es malo para nosotros y lo que puede salir mal, que olvidamos enfocarnos en lo que es bueno para nosotros y lo que puede salir bien.

Pero la buena noticia es que tú *puedes decidir* cómo ves el estrés. *Puedes* aprender a enfrentar un reto y manejarlo. ¡*Puedes* aprender a no permitir que el estrés te derrote! Puedes -como me gusta decir- ¡estar como loco en la zona del amor!

## Consejos para activar la mentalidad del estrés saludable

1. Considera el estrés como algo que mejora tu desempeño en lugar de disminuirlo. Visualiza esos vasos sanguíneos

alrededor de tu corazón dilatándose y bombeando sangre y oxígeno a tu cerebro. Visualiza que se liberan neurotransmisores y míralos trabajando conjuntamente para ayudarte a enfocarte y pensar con claridad para reaccionar de la mejor manera.

2. Mira la situación que estás enfrentando como algo que *puedes* manejar, contrario a algo que no puedes manejar; haz que el estrés trabaje a tu favor y no contra ti.

3. Cada vez que sientas que te estás tambaleando al borde del estrés tóxico, habla con tus amigos o familiares (¡incluso si es solamente una llamada telefónica!) para ayudarte a obtener perspectiva. Y recuérdate a ti mismo que puedes manejar la situación.

4. Quizá anota los beneficios de una reacción saludable al estrés y tenla cerca, leyéndola cuando te sientas desafiado. Recuerda: ¡tienes una mente increíblemente poderosa!

5. Cuando enfrentes un reto, di para ti mismo cuán bueno puede ser el estrés para ti. Piensa en todos los beneficios positivos (mencionados anteriormente) que puede tener el estrés bueno en tu cuerpo. Di para ti mismo que tendrás más claridad de pensamiento si haces que el estrés obre a tu favor.

# CATORCE

# La mentalidad de la expectativa

Las expectativas son parte de la vida cotidiana. Consideremos la consciencia aumentada y la emoción que se producen al encontrarnos con un ser querido en el aeropuerto en las vacaciones, o al recibir un regalo de cumpleaños anticipado, una fiesta, o el resultado de un examen. Imaginemos la satisfacción intensa si la expectativa se cumple, o la decepción intensa si las cosas no salen como se esperaba.

Debido a la conexión mente-cuerpo, la expectativa produce resultados neurofisiológicos reales en nuestro cuerpo. La investigación indica que *esperar* que tu trabajo físico produzca beneficios para la salud como la pérdida de peso, por ejemplo, ¡produce beneficios para la salud como la pérdida de peso! En un estudio, se dividió en dos grupos a 84 empleados de hoteles en siete hoteles.[1] A uno de los grupos le dijeron que la actividad física de limpiar su promedio de quince habitaciones al día, empleando de veinte a treinta minutos por habitación, cumplía la cantidad recomendada de ejercicio diario del Cirujano General. Los otros, como grupo de control, no necesariamente consideraban que su trabajo fuera ejercicio. Tras cuatro semanas se compararon los dos grupos, y los resultados mostraron que quienes estaban en el primer grupo habían perdido peso, porcentajes de grasa corporal, proporción de cintura y cadera, y la presión sistólica habían disminuido. Los empleados de habitaciones del hotel en el grupo de control, sin embargo, no mostraron ninguna mejora. Estos cambios se produjeron *a pesar* del hecho de que la cantidad de trabajo de los empleados del hotel, la cantidad de ejercicio fuera del trabajo, y la dieta se mantuvieron exactamente igual en ambos grupos.[2] Las expectativas pueden afectar potencialmente el resultado de cualquier situación dada. Si tienes expectativa, puedes cambiar tu cerebro y tu cuerpo de manera positiva, aumentando la probabilidad de que lo que esperas que sucederá, suceda realmente.

¿Cómo podemos utilizar nuestras expectativas para nuestro beneficio? Esperar que el esfuerzo que realizas para preparar un examen o un trabajo dé resultados, o esperar que tendrás un buen día, o esperar que las cosas salgan bien en una relación puede cambiarte mentalmente y físicamente, y aumentar la probabilidad de que se produzca lo que esperas.

Pensemos en el efecto placebo, que es un fenómeno bien documentado en el cual los pacientes se sienten mejor tras recibir un placebo, como una medicina que en realidad no es medicina sino más bien una solución inocua.[3] El estudio de Jon Levine en 1978 con respecto a los placebos fue revolucionario en la época, porque sugería que los pacientes no solo imaginan o fingen que su dolor es aliviado con los placebos. Su investigación mostraba que se produce un cambio físico medible con los placebos, mediado por la liberación en el cerebro de opiáceos endógenos llamados endorfinas. Los placebos pueden activar endorfinas, endocannabioides (que se enlazan a los mismos receptores que los constituyentes psicoactivos del cannabis), o dopamina, a la vez que reducen los niveles de prostaglandinas (que dilatan los vasos sanguíneos y aumentan la sensibilidad al dolor). Esencialmente, "los placebos pueden modular los mismos caminos bioquímicos que son modulados por los medicamentos".[4]

Los descubrimientos de Levine han sido corroborados por varios estudios de imágenes cerebrales.[5] La mera idea de que un tratamiento ha sido recibido causa una respuesta física beneficiosa debido a la *expectativa* de que el tratamiento funcionará.[6] Los pensamientos y sentimientos del individuo causan cambios físicos a corto plazo en el cerebro o el cuerpo, debido a la conexión mente-cuerpo, ¡incluso si él o ella sabe que es un placebo![7] Para algunas personas, tomar placebos incluso *sabiéndolo* puede hacerles más conscientes del rol que tiene la mente, por ejemplo, para controlar el dolor, y se inclinan más a creer que sus pensamientos podrían afectar positivamente su bienestar mental y físico.[8] Lo fascinante en todos estos estudios es que las sustancias inertes no están creando cambios biológicos; ¡el ingrediente activo es la mente de la persona![9]

Los placebos están formados por palabras, rituales, símbolos y significados, y todos estos elementos están activos en moldear el cerebro creando expectativas.[10] El efecto placebo es, por lo tanto, un efecto expectativa, y tiene que ver con el contexto psicosocial que caracteriza la relación entre una sustancia inerte y el paciente y la persona en la vida diaria.

El efecto placebo, sin embargo, también puede operar en la dirección contraria. En este caso se conoce como el efecto nocebo (negativo).[11] Mientras que *placebo* significa "agradaré" en latín, *nocebo* significa "dañaré". Sin duda alguna, una persona puede experimentar efectos secundarios dañinos, desagradables o no deseados tras la administración de un placebo, *si* él o ella creen que el tratamiento o la medicina no funcionarán o producirán efectos secundarios negativos. Las malas expectativas pueden crear malas realidades.

Nuestras expectativas cambian la estructura de nuestro cerebro. Por lo tanto, las asociaciones aprendidas se dirigen hacia resultados fisiológicos y cognitivos reales, como mayor energía,[12] función inmunológica mejorada, y salud mental y física mejorada, *si* esas asociaciones son positivas. En esencia, cuando aprendemos a esperar cosas buenas, comienzan a suceder cosas buenas, como un mejor desempeño mental y físico. Sin embargo, también lo contrario es cierto; pensar que van a suceder cosas malas, ¡permite con frecuencia que sucedan cosas malas! El temor es real y puede construir asociaciones negativas aprendidas en el cerebro, lo cual puede afectar nuestros futuros pensamientos, palabras y acciones.

## Consejos para activar la mentalidad de la expectativa

1. Analiza tus expectativas. ¿Cómo te han afectado tus expectativas con respecto a un evento o circunstancia en particular?

2. Entrénate cada día para pasar a modo superposición al menos siete veces al día, y analiza si estás creando un efecto placebo o nocebo en tu vida. Hazlo para las cosas grandes y las pequeñas. Conviértelo en un hábito.

3. Hazte las preguntas: *¿Espero que las cosas salgan bien? ¿Espero que las cosas salgan mal? ¿Por qué?*

4. Toma tiempo para reentrenar tu cerebro hacia una mentalidad de expectativa (consulta la mentalidad del tiempo anteriormente y los capítulos 20 y 22 para más información sobre esto).

5. Recuerda: ¡el ingrediente activo de la expectativa es tu mente! Esto es tan poderoso, que te beneficiarás enormemente solo con pasar tiempo pensando en lo que esto significa para ti en tu vida.

# QUINCE

# La mentalidad de la fuerza de voluntad

¿Eres una de esas personas que ponen diez alarmas en intervalos de tres minutos solamente para levantarse en la mañana? ¿Cuánta fuerza de voluntad se necesita para hacer que salgas de tu cama caliente y cómoda? ¡Mucha, lo sé! Con frecuencia tenemos que impulsarnos a nosotros mismos a hacer algo que no tenemos ganas de hacer. Todos tenemos fuerza de voluntad, porque todos tenemos cosas que debemos hacer y que no queremos hacer. La fuerza de voluntad es la mentalidad que nos permite perseverar, incluso si no tenemos ganas de perseverar.

Si aprovechamos nuestra capacidad natural para perseverar, desarrollando nuestra "voluntad de hierro" como deportistas antes de una competición, podemos utilizar nuestra mente, es decir, nuestra capacidad para pensar, sentir y decidir, para alcanzar nuestras metas y ser exitosos. Si *esperas* que sabrás las respuestas a las preguntas en un examen porque has estudiado duro, por ejemplo, es más probable que estudies duro incluso si no tienes ganas de hacerlo, porque tu determinación te alienta a seguir perseverando.[1] Una mentalidad de fuerza de voluntad está relacionada íntimamente con la perseverancia y, por lo tanto, está vinculada directamente con la mentalidad de la expectativa que describimos anteriormente; lleva la expectativa al siguiente nivel. Pensar que estás limitado en tu conocimiento es un factor limitador en sí mismo, que afecta tu fuerza de voluntad y tu capacidad para concentrarte y aprender.[2] Es importante recordar que tu fuerza de voluntad solamente es limitada *si tú piensas que es limitada.*

La fuerza de voluntad es especialmente importante si queremos mantener un estilo de vida saludable. Existe la tendencia a pensar que solamente perderemos o mantendremos nuestro peso si hacemos ejercicio físico y comemos menos, Sin embargo, no desarrollaremos patrones sanos de comida y ejercicio si no tenemos la fuerza de voluntad para seguir haciendo ejercicio y comiendo bien incluso cuando no tenemos ganas de hacerlo. En realidad, perder peso está más relacionado con nuestra mente y cuánta fuerza de voluntad tenemos, que meramente con lo que comemos o si hacemos yoga o CrossFit.[3]

Podemos utilizar nuestra fuerza de voluntad para cambiar nuestros *pensamientos* con respecto a un acto físico o mental. Estas decisiones impactan nuestro cerebro y nuestro cuerpo, dándonos la energía para seguir una tarea, alcanzar nuestras metas y tener éxito.

## Consejos para activar la mentalidad de la fuerza de voluntad

1. Piensa en que enchufamos algo a una pared para que funcione. Ahora piensa en maneras en que puedes desarrollar tu fuerza de voluntad para hacer cosas que no siempre tienes ganas de hacer. ¿Cuáles son tus "enchufes"? ¿Cómo puedes motivarte a ti mismo a comenzar, o terminar, una tarea? Recuerda que esto es una decisión.

2. Observa tus pensamientos y observa cuando tengas ganas de abandonar. Piensa en cuán poderosa es tu mente y *decide* perseverar. ¡No permitas que tus sentimientos te controlen!

3. Recuerda cuando has tenido expectativa y después utilizaste tu fuerza de voluntad para seguir adelante. Revívelo en detalle. Analiza lo que hiciste, cuándo, dónde y cómo. Trabaja en tu patrón de expectativa-fuerza de voluntad, ¡y observa el cambio en tu vida!

# DIECISEIS

# La mentalidad espiritual

Para muchas personas, la espiritualidad es algo que da propósito a sus vidas y moldea sus pensamientos, palabras y acciones. Da color a sus sueños y les permite enfrentar cualquier cosa que la vida lance a su camino. Puede ser una fuente de consuelo durante los momentos difíciles, de paz cuando las cosas no van como se habían planeado, y de motivación cuando enfrentan un reto.

De hecho, la espiritualidad puede ayudar a vivir una vida larga y exitosa. En las "zonas azules", las regiones del mundo con las mayores concentraciones de centenarios, la espiritualidad es uno de los componentes clave relacionados con la salud y la longevidad.[1] Puede fomentar un fuerte sentimiento de comunidad, ayudando a las personas a sentir que viven para algo mayor que sí mismas y, por lo tanto, mayor que sus problemas. Donde hay propósito, hay esperanza.

La espiritualidad no es un "delirio".[2] Asistir a la iglesia, por ejemplo, puede fortalecer el sistema inmunológico y disminuir la presión sanguínea a la vez que proporciona una fuente estupenda de consuelo mental y físico.[3] Como todo en la vida, podemos utilizar la espiritualidad en sentido negativo, pero el consuelo y la paz que se producen al ser parte de una comunidad espiritual pueden ser muy valiosos.

He descubierto que la ciencia no es antagonista de la espiritualidad. Para mí, personalmente, es como entiendo la existencia y la naturaleza eterna del amor, que creo que es Dios.[4] Mi espiritualidad es el principio que guía mi vida. Me da esperanza en un mundo que con frecuencia no tiene esperanza, y un sentido de verdad en relación con un mundo donde todo parece ser relativo. Motiva mi trabajo, permitiéndome tener éxito en la vida. Personalmente he descubierto el significado del amor y de Dios en la ciencia, y me ha ayudado a ver que el amor es el modo supremo de ser verdaderamente humano.

## Consejos para activar la mentalidad espiritual

1. Si te sientes aislado y deprimido, piensa en visitar un lugar de adoración local, o un grupo o institución espiritual. Si buscas lugares de reunión locales, puedes encontrar al menos un grupo de personas cuya filosofía espiritual puede resultarte atractiva. ¡Explora!

2. Si ya formas parte de un cuerpo o movimiento espiritual, intenta participar en más actividades basadas en la comunidad.

3. Lee sobre diferentes religiones y espiritualidades, y explora la filosofía que hay detrás de sus creencias. Piensa en maneras en que esas creencias pueden impactar positivamente en lo que hacen las personas y cuán satisfechas están con sus vidas.

4. Pero, sobre todo, decide vivir en amor. Decide vivir una vida de amor que haga que otros se sientan amados. Tu cosmovisión o cultura no te define. El amor es lo que lo hace. Hagamos la pregunta: ¿cómo se ve el amor?

---

### ¿Cuál es el paso siguiente?

Las mentalidades descritas anteriormente hacen hincapié en la conexión mente-cerebro/cuerpo. Las mentalidades son poderosas e influyentes; pueden ser vigorizantes o agotadoras; pueden ayudarte o también obstaculizarte en el camino hacia el éxito.

Cada uno de nosotros tiene su propio "sabor" único, su propia manera única de pensar, sentir y decidir, y esto se refleja mediante nuestras mentalidades. Saber sobre la conexión existente entre mente y cerebro, y el poder de una mentalidad, es central para entender lo que conlleva vivir exitosamente; pero en realidad, la *aplicación* de mentalidades saludables a tu vida solamente sucederá cuando entiendas tu identidad. Un modo poderoso de encontrar tu identidad es entendiendo tu patrón de pensamiento *personalizado* o tu *modo de pensamiento personalizado*, que es el propósito de la sección siguiente.

Este pensamiento personalizado, el modo en que cada uno pensamos, sentimos y decidimos de manera única, caracteriza nuestra identidad, y la identidad desempeña un papel importante a la hora de darnos un sentido de propósito en la vida. Este sentido de propósito es crítico si queremos tener éxito en la vida, porque nos ayuda a reflexionar en quiénes somos de manera profunda y con sentido. Encontrar la identidad es un proceso continuo pero necesario y, por lo tanto, no tiene límite de tiempo. Es esencial que nos esforcemos intencionalmente en entender y desarrollar nuestra identidad debido a múltiples razones, porque no solo nos ayudará a activar mentalidades saludables y encontrar propósito, sino que también aumentará nuestra salud y longevidad.[5] Según la investigación, las personas que sienten que sus vidas tienen propósito y significado redujeron su riesgo de muerte en un 15 por ciento.[6] Además, según este estudio, una mentalidad positiva equilibra los niveles de cortisol, que son importantes para la función cerebral sana y la regulación del sistema inmunológico.

Viktor Frankl, un neurólogo y psiquiatra judío que pasó tres años en un campo de concentración nazi, vio el propósito y la identidad como un salvavidas. Más adelante desarrolló una forma de psicoterapia basada en sus experiencias.[7] Los nazis intentaban descaradamente deshumanizar a sus víctimas arrebatándoles su identidad y, por lo tanto, su significado y propósito. Incluso la arquitectura en los campos de Auschwitz y Bergen-Belsen está moldeada con una profunda sensación de falta de propósito, falta de significado y desesperanza. El frío aún inunda cada rincón de cada sala; me dan escalofríos cuando pienso en el día que visité el campo de concentración de Auschwitz, en Polonia. Sin embargo, a pesar de esos entornos terribles y a pesar de las tácticas deshumanizadoras de los nazis, Frankl observó que algunas personas eran capaces no solo de sobrevivir, sino también de aferrarse a su identidad y sentido de propósito en un mundo que se desmoronaba. Su sentido de propósito les ayudó a enfrentarse y a sobrevivir a una de las peores atrocidades en la historia humana.

El propósito es increíblemente poderoso. A finales de la década de 1980 comencé a ayudar a mis pacientes a entender su identidad, su modo de pensar personalizado, a fin de darles propósito en un mundo que les hacía sentir que ellos no estaban a la altura, que no eran lo bastante buenos. Su conflicto interior se había transformado en confusión, haciéndoles perder la esperanza. Su pérdida de esperanza con frecuencia se convertía en mentalidades tóxicas, las cuales a menudo conducían precisamente a los fracasos que ellos consideraban que eran. Cuando comenzaron a darse cuenta de que el modo en que pensaban era increíblemente único y poderoso, fueron motivados a cambiar sus mentalidades para aprender a pensar y aprender, y ese fue el punto en el cual comenzaron a ver éxito en la escuela, el trabajo y la vida.

Motivada por las transformaciones de las que fui testigo en mi consulta, desarrollé una serie de Perfiles del Don, basándome en mi investigación y mi teoría, que permitía a los individuos explorar su modo de pensar personalizado y dotado. Cuando mis pacientes (y ahora miles de personas globalmente que utilizan mis perfiles) entendieron cuál era su pensamiento personalizado, fue mucho más fácil para ellos activar el poder de las mentalidades correctas.

Y ahora es tu turno de descubrir tu pensamiento personalizado, el modo maravilloso en que *tú* piensas, de modo que puedas volver a descubrir tu propósito y liberar el poder de tus mentalidades. En la siguiente sección he adaptado uno de los perfiles que desarrollé para mi consulta clínica (el Perfil del Don) para que puedas llenarlo e interpretarlo tú mismo. Este perfil te ayudará a entender el modo en que piensas, permitiéndote aplicar a tu vida, *a tu manera única*, el poder de las mentalidades del que hablamos en la sección 1. Comenzará a empoderarte para encontrar significado y propósito en tu vida.

# El Perfil del Don

# DIECISIETE

# El propósito del Perfil del Don

Cada uno de nosotros tiene un esquema exclusivo de pensamiento, un modo de pensar que necesita ser diseñado por nosotros *para nosotros*. Se denomina nuestro "pensamiento personalizado", y es un don porque el modo en que pensamos es poderoso y distinto, pero complementario al pensamiento de todos los demás; literalmente estamos creando materia personalizada de nuestra mente. Cuando pensamos, creamos esas realidades personalizadas exclusivas. Necesitamos entender y aprovechar nuestro pensamiento personalizado para crear realidades significativas llenas de propósito. Entender nuestro modo de pensar personalizado es, de hecho, esencial para entendernos a nosotros mismos: nuestra identidad.

Pensar es un proceso y atraviesa un ciclo, igual que la digestión. Del mismo modo en que la comida es digerida y el contenido nutritivo es utilizado por nuestras células para que tenga lugar la vida, la información tiene que ser digerida mediante nuestro pensamiento antes de poder ser utilizada de una manera "nutritiva" y con sentido, formando memoria. La información que llega a través de nuestros sentidos es procesada mediante nuestro modo de pensar personalizado. Mi pensamiento personalizado es distinto al tuyo; no es mejor, sino diferente e igualmente maravilloso. Lo completo está en estas diferencias personalizadas.

Comenzarás a descubrir tu pensamiento personalizado cuando llenes tu Perfil del Don. Cuando comiences el viaje de entender y aplicar tu modo de pensar personalizado, pensarás con más claridad y sabiduría, activarás mentalidades saludables, construirás recuerdos más fuertes, moldearás y desarrollarás tu inteligencia, mejorarás tu capacidad de comunicación, y añadirás propósito y sentido a tu vida.

En este capítulo te ayudaré a comenzar a entender tu modo de pensar personalizado. En el capítulo siguiente hablaremos del Perfil del Don, y en el último capítulo de esta sección mejorarás tu identidad y autoestima, verás cómo este "contenido nutritivo" (tu pensamiento personalizado) puede utilizarse de manera significativa en términos de activar mentalidades y prepararte para construir memoria sostenible. Vale la pena hacer hincapié en que nuestra capacidad para pensar, sentir y decidir a nuestra manera personalizada es un verdadero don, que nos capacita para dirigir el rumbo de nuestra vida con el poder del propósito: la "buena" vida con sentido.

## Pensamiento personalizado y el cerebro

Nuestro modo de pensar personalizado es la manera única en que nuestra mente en acción se mueve por el cerebro. Aunque todos tenemos las mismas partes y neurofisiología del cerebro, parece haber exclusividad en el cómo y cuándo distintas áreas del cerebro son activadas, al igual que diversidad en el crecimiento resultante de las dendritas o neuronas como respuesta a esta actividad (hablaremos más sobre esto en el capítulo 22). Es casi como si nuestro tejido cerebral estuviera organizado de una manera particular, que encaja con nuestra habilidad personalizada para procesar y digerir la información.[1] Como el modo en que pensamos, aprendemos y construimos memoria mejora o daña el cerebro y el cuerpo, es sabio entender el modo en que opera nuestro pensamiento personalizado y cómo utilizarlo para activar el poder contenido en las mentalidades saludables.

Necesitamos aprender a aprovechar cómo funciona nuestro pensamiento personalizado en nuestro cerebro, para así poder operar en el nivel más elevado posible para alcanzar el éxito en la vida. Cuando entendamos y aprendamos a hacer uso del modo único y personalizado en que pensamos, nos sentiremos en paz con nosotros mismos al echar mano del poder de las mentalidades saludables, convirtiéndonos en mejores comunicadores y mejorando nuestras relaciones personales y profesionales. Experimentaremos un profundo sentimiento de claridad y descubriremos nuestro propósito; tendremos un mayor entendimiento del por qué deberíamos levantarnos de la cama en la mañana, realizar actividades diarias que nos resultan significativas e interesantes, y que nos dan dirección para nuestras vidas. Entender nuestro modo de pensar personalizado es esencial, no opcional, para una vida bien vivida. Activa el poder de las mentalidades e impulsa la sostenibilidad de la memoria.

No hay dos individuos iguales. Estudios de gemelos, por ejemplo, nos muestran que aunque ellos tienen un ADN idéntico, son diferentes porque *piensan* diferente.[2] Su modo de pensar personalizado, que resulta en una manera distintiva de construir memoria y, por lo tanto, de aprender, cambia su expresión genética, cambiando así lo que dicen y hacen.[3] Los gemelos, incluso si son idénticos, pueden tener diferentes gustos, conductas, y decisiones en la vida. ¡Incluso tienen diferentes susceptibilidades a la enfermedad! Sus diferencias pueden estudiarse viendo su epigenética, de la cual es parte el pensamiento personalizado.[4] La epigenética muestra que los cambios impulsados externamente, como el modo en que pensamos y reaccionamos a los acontecimientos de la vida, influenciará la conducta de nuestros genes.[5] ¡No somos meramente nuestros genes o nuestra biología!

## Pensamiento personalizado y expresión genética

Cambiar la actividad de la mente puede alterar el modo en que se implementan instrucciones genéticas básicas.[6] El modo en que piensas es tan poderoso que cambia tu expresión genética, reestructurando constantemente tu cerebro.[7] Es emocionante, empoderador y desafiante reconocer que *tú* eres quien tiene control sobre tus pensamientos; tú ejercitas este poder *mediante* el modo en que piensas, sientes y decides.

Si no operas en tu modo de pensar personalizado, lo fundamental es que trabajarás en contra de quien eres. Tu salud mental y física se verá comprometida, porque tus pensamientos pueden afectar el modo en que se expresan tus genes. Puedes experimentar frustración, perdiendo tu claridad de pensamiento y dirección. Puedes perder tu sentimiento de paz interior, lo cual a su vez afecta tu sentimiento de logro. Tu habilidad para comunicar, aprender y operar en la escuela, en el trabajo y en la vida puede verse influenciada negativamente.

Sin embargo, siempre hay esperanza. Por fortuna, cuando regresas a tu modo de pensar personalizado, puedes literalmente reparar tu cerebro y tu cuerpo mediante tus pensamientos, debido a la naturaleza neuroplástica del cerebro.[8] Cada célula de tu cuerpo contiene tu constitución plena de ADN.[9] Nuestro pensamiento en realidad puede encender genes, influyendo en cómo opera el ADN.[10] El funcionamiento eficaz de nuestros genes depende en gran parte del funcionamiento eficaz de nuestro pensamiento, que entra en juego cuando aprendemos a utilizar nuestro modo de pensar personalizado.

En lugar de intentar pensar como Einstein, por ejemplo, deberíamos reconocer que Albert Einstein abrazó su propia manera única de pensar sobre el mundo y de interactuar con él. Su don de pensamiento le permitió desarrollar su memoria y liberar su genialidad, transformando el mundo de la ciencia. ¿Quién sabe lo que tú puedes lograr cuando piensas y aprendes a tu manera personalizada y excelente, según tu don? Serías un Einstein torpe, ¡pero serías un tú mismo estupendo! Necesitas entender que eres maravilloso tal como eres. Necesitamos reconocer la genialidad en nosotros mismos y también los unos en los otros.

## Pensamiento personalizado y comunicación

En el mundo actual, con frecuencia parece que no sabemos cómo hablar unos con otros. Todos tenemos distintas opiniones; todos pensamos diferente; todos hablamos y actuamos de modo diferente. Sin duda alguna, uno de los mayores retos puede ser interactuar con las personas, ¡porque no piensan como nosotros! Podemos entender mal lo que otra persona intenta comunicarnos, y viceversa. Este malentendido conduce muchas veces a discusiones o cosas peores.

Cuando entendemos cómo pensamos, sin embargo, podemos reconocer y apreciar también que otros piensen, sientan y decidan de modo diferente. Reconocemos que esas diferencias no son inherentemente malas, ¡sino más bien maravillosamente buenas! Aprendemos a no sentirnos amenazados por personas que no piensan, actúan o hablan como nosotros. Dale la vuelta a eso y considéralo como mejora de tu propia genialidad, y eso es exactamente lo que nos está mostrando la investigación sobre la ciencia de la mente y el cerebro. Llegaremos a ser más comprensivos, permitiéndonos desarrollar y mantener un fuerte sentido de comunidad, lo cual, como vimos en la sección de las mentalidades, es fundamental para la felicidad y el éxito del ser humano. Como animales sociales, no podemos operar bien si no podemos comunicarnos.

### Pensamiento personalizado y enfoque

Cuando aprendes el modo en que piensas y aprendes de modo único, tu pensamiento personalizado, puedes maximizar cualquier situación sabiendo cómo dirigirte a ti mismo al enfoque, a prestar atención y a concentrarte en la tarea que tienes a la mano. Podrás tomar mejores decisiones, aprendiendo cómo opera este modo óptimo en cada situación. Esta habilidad para enfocarte en una tarea y prestar atención es una clave esencial para el éxito en la vida, el trabajo y la escuela.

Sin duda, entender tu modo de pensar personalizado, cómo digieres la información, te ayuda a entender cómo funciona tu mente, activando así mentalidades correctas. Te permite utilizar todos tus talentos, habilidades y capacidades únicas, lo cual no solo te conducirá al éxito, sino que también te ayudará a definir cómo se ve el éxito en tu propia vida.

## Pensamiento personalizado y neurorreduccionismo

La mente está separada del cerebro. La mente funciona mediante el sustrato del cerebro, el cual, a su vez, responde a la mente. Existe una relación compleja, integrada e interdependiente entre el cerebro y la mente que aún no ha sido entendida en su totalidad. El cerebro es como una compleja computadora cuántica que refleja y expresa la mente o la vida interior de un ser humano. Cada día aprendemos más y más sobre la naturaleza de la consciencia y el modo en que afecta al funcionamiento cognitivo. ¡Ciertamente es una época emocionante en el mundo de la ciencia!

Este modo de pensar sobre la relación entre mente y cerebro es, sin embargo, muy distinto del concepto materialista de que el cerebro produce la mente (conocido también como fisicalismo).[11] En esta última perspectiva, la mente es meramente el resultado del disparo de neuronas; cuando estas neuronas finalmente obtienen energía suficiente, producen una ráfaga consciente de mente como efecto secundario. Este modo de pensar sobre la conexión entre mente y cerebro se conoce como *neurorreduccionismo*, porque el cerebro se considera la respuesta final a todo. Todo queda reducido a las partes del órgano que hay en el interior del cráneo humano.

En esta cosmovisión reduccionista, somos solamente el disparo de nuestras neuronas.[12] El libre albedrío y los modos de pensar personalizados son irrelevantes para el cuadro general, porque estamos limitados y definidos por nuestras funciones físicas. Sin embargo, como observa la psiquiatra y defensora de la salud mental Joanna Moncrieff:

> Los estados mentales son propiedades de personas vivas dentro de formas humanas de vida expresadas en una actividad que es internacional, interactiva, y cuyo significado es inextricable de su contexto social. No son entidades abstractas e independientes del contexto como funciones matemáticas o elementos químicos.[13]

No somos solamente autómatas biológicos. Somos seres humanos complejos y dinámicos que vivimos en sociedades complejas y dinámicas. Moldeamos nuestros entornos, y nuestros entornos nos moldean a nosotros. Decidimos lo que dejamos entrar en nuestra cabeza; decidimos quién queremos ser o llegar a ser. Tenemos un sentimiento de propósito muy asentado que nos impulsa hacia adelante, permitiéndonos cambiar nuestra sociedad para mejor. Por lo tanto, tu *amígdala* no te obligó a hacerlo. ¡Un momento! Hacer ¿qué? Tú no eres tus estructuras cerebrales. Tu amígdala, o cualquier otra parte del cerebro, si vamos al caso, no pueden obligarte a decir o hacer nada. No pueden controlarte; son sencillamente estructuras dentro del cerebro con funciones fisiológicas específicas que se vuelven más activas *como respuesta a* tu expresión de "lo que sientes en tu interior". Son activadas por tu percepción única, tu modo de pensar personalizado.

### Llaves en la oscuridad

Imagina que estás en un estacionamiento en la noche y se te caen tus llaves.[14] Intentas buscarlas, manteniéndote bajo la tenue luz de la farola porque es la única zona donde realmente puedes ver lo que hay en el suelo. Mirar bajo la luz de la farola, ¿significa que las llaves no podrían estar en otro lugar en la oscuridad? No, claro que no. De modo similar, nuestro entendimiento del cerebro es así de limitado. Con frecuencia tan solo miramos bajo la "luz de la farola", pensando que un escáner cerebral puede decirnos todo lo que necesitamos saber sobre ser humano, como si pudiera decirnos dónde encontrar la "llave". Necesitamos tener en mente que, a pesar de los increíbles avances recientes en tecnología cerebral, neurobiología cuántica e investigación neurocientífica, los científicos siguen sin entender totalmente cómo funciona el cerebro, cómo responde a la mente, y cómo somos diferentes, razón por la cual a menudo se hace referencia a la consciencia como "la pregunta difícil de la ciencia", un término acuñado por David Chalmers.[15]

Necesitamos ejercitar la cautela cuando leemos estudios o artículos sobre el cerebro. No deberíamos quedar atrapados en la emoción de impresionantes imágenes por resonancia magnética funcional (fMRI), esperando que explicarán por qué pensamos lo que pensamos y hacemos lo que hacemos.[16] De hecho, un reporte de la Universidad Johns Hopkins mostró que, de los más de cuarenta mil estudios que se han publicado usando tecnología de imagen por resonancia magnética funcional, hay un índice del 70 por ciento de falsos positivos en lugar del 5 por ciento esperado.[17] Un falso positivo puede hacer parecer que una zona está iluminada cuando de hecho no lo está, cuestionando cualquier conclusión sacada de ese estudio.

Incluso el escáner por resonancia magnética funcional más detallado no puede mostrar ninguna otra cosa que la base física de la percepción.[18] Tenemos que ser muy cautos al interpretar la tecnología cerebral como una herramienta que describe el modo único en que pensamos. No somos el disparo de neuronas en un escáner a color. La tecnología cerebral solamente demuestra la actividad global en el cerebro como respuesta a cuando pensamos. De hecho, un estudio acerca de la imagen por resonancia magnética funcional sobre un salmón muerto fue galardonado recientemente con el premio Ignoble.[19] Los investigadores mostraron fotografías de peces muertos, y esta actividad se registró en un escáner por resonancia magnética funcional. En esencia, ¡parecía que el salmón muerto estaba *pensando* sobre las fotografías que se habían mostrado! Este estudio destaca el ridículo de emparejar una a una el área cerebral y los procesos moleculares con la naturaleza única y compleja del pensamiento humano.[20] Si este tipo de tecnología no siempre puede decir si algo está vivo o muerto, no deberíamos utilizarlo para hacer grandiosas predicciones sobre la conducta humana.

### El cerebro completo y el pensamiento

Lo que sí indica la actual investigación neurocientífica es que podemos causar cambios estructurales en nuestro cerebro mediante el modo en que pensamos, sentimos y decidimos. Mediante nuestro modo de pensar personalizado podemos crear materia con nuestra mente.

Cuando pensamos, están implicadas todas nuestras habilidades cognitivas, no solo las zonas que se iluminan en un escáner a color. Por ejemplo, cuando somos introspectivos, empleando lo que se denomina una *función ejecutiva*, la parte frontal del cerebro se ilumina más que otras partes del cerebro.[21] Sin embargo, eso no significa que este sea el único lugar donde ocurre actividad cuando realizamos este tipo de habilidad ejecutiva. El escáner no es una ventana única y exclusiva para ver lo que se siente en el interior cuando pensamos profundamente sobre algo.

La tecnología cerebral registra la actividad del cerebro *en respuesta* a la mente. Nos ayuda a saber sobre el cerebro, pero no nos dice nada sobre nuestra persona interior: quiénes somos en lo más profundo. Nuestro modo de pensar único y maravilloso no puede ser bien empacado en partes separadas que trabajan independientemente unas de otras. Intentar localizar una zona específica en el cerebro, con sus procesos moleculares, como un pensamiento o mentalidad es neurorreduccionismo en su máximo esplendor, y encaja dentro de las esferas de los neuromitos de los que hablé anteriormente.

## La naturaleza cuántica del pensamiento

A medida que progresa la ciencia, los investigadores están obteniendo destellos de las estructuras diminutas y complejas del cerebro que destacan la naturaleza compleja y cuántica del cerebro. Esta naturaleza cuántica responde a nuestro modo de pensar personalizado, nuestra humanidad innata e intangible, que es imposible captar en un escáner fMRI. Como explica Henry Stapp, profesor en Berkeley y uno de los principales físicos cuánticos del siglo XX, no podemos utilizar las mismas medidas que utilizamos para medir el mundo físico y medir con ellas el mundo no físico.[22]

Los físicos clásicos no tienen ningún lugar natural para la consciencia o la explicación de la mente. Está basada en un concepto local y determinista de la naturaleza que solamente funciona dentro del ámbito del físico, del uno al 10 por ciento de lo que podemos ver.[23] Pero ¿qué de la parte no física que forma del 90 al 99 por ciento de quienes somos como humanos?[24] ¿Qué hay del mundo no físico, que es la parte integral más grande de nuestro universo? Cuando hablamos sobre mente y consciencia, y cuando hablamos sobre el cerebro y la sustancia física, estamos refiriéndonos a dos entidades completamente diferentes que requieren conceptualizaciones y física completamente diferentes.[25] La mente requiere una manera totalmente nueva de hacer ciencia.

Sir Roger Penrose de la Universidad de Cambridge, aclamado como uno de los más grandes matemáticos de este siglo, argumenta que la realidad tiene un carácter cuántico porque los pensamientos comparten las mismas características que los estados cuánticos.[26] Esencialmente, un modo de pensar personalizado es tu estado cuántico exclusivo. Como una orquesta sinfónica, cada estructura en tu cerebro tiene un papel único que desempeñar para hacer que se escuche la música de tus pensamientos.[27] Existe una combinación infinita de posibilidades que pueden producir un sonido que es único cada vez que se toca y se escucha. De hecho, la experiencia de la sinfonía anterior da color a la sinfonía actual, proveyendo un nuevo nivel de complejidad y calidad.

Igual que la afinación previa de una orquesta no tiene una melodía identificable, pero aún así es un proceso organizado, así es también el ciclo de calentamiento de nuestro pensamiento: eventualmente emerge un producto que es hermosamente completo, una sinfonía magnífica y un pensamiento magnífico.

Un modo de pensar personalizado nunca puede ser replicado porque cada experiencia que has tenido no puede repetirse. Sin duda, revivir viejos recuerdos o experiencias añade una capa nueva

de experiencia, y la vieja queda relatada de nuevo o reconceptualiza-
da. *Tu* experiencia ya ha cambiado *tu* pensamiento.

Esencialmente, cada pensamiento que tienes es una pieza de música compleja que has escrito con tus decisiones, una pieza que se
toca en tu cerebro y en tu vida. Mozart, describiendo cómo creaba
una composición musical, dijo:

> Yo sigo ampliándola, concibiéndola cada vez más claramen-
> te hasta que tengo terminada la composición completa en
> mi cabeza aunque puede que sea larga. Entonces mi mente
> la capta como una mirada de mis ojos, un cuadro hermoso
> o un joven bien parecido. No llega a mí sucesivamente, con
> varias partes detalladas, como sucederá más adelante, sino
> que mi imaginación me permite oírla en su totalidad.[28]

Tu imaginación, como se reproduce en tu modo de pensar personalizado, te permite oírte, verte y experimentarte *a ti*, igual que el
modo de pensar de Mozart le permitía imaginar y oír algunas de las
composiciones musicales más grandes de la historia humana. Nadie
puede entrar en tu modo de pensar y en tus experiencias. Tu imaginación desafía las leyes y explicaciones de la física clásica. No puede
limitarse a las reglas o límites del mundo natural que todos podemos
experimentar, porque es tu experiencia exclusiva; es *tu* imaginación.

Penrose utiliza el teorema de Gödel, la teoría de lo inacabado del
lógico, para describir la naturaleza cuántica del pensamiento.[29] En
el sentido más simple, este teorema muestra que ciertas cosas, como
la comprensión, están por encima de la capacidad predictiva de las
ecuaciones. A una computadora, por ejemplo, se le puede enseñar
a jugar al ajedrez, pero no entiende el juego. La comprensión es un
proceso complejo que no puede ser computarizado o mecanizado;
es único para cada uno de nosotros. Tras una cantidad adecuada de
preparación, como leer, pensar, hablar o escuchar algo, percepciones
únicas se expresan mediante tus pensamientos, palabras y acciones,
que no son medibles ni están restringidos a una zona en tu cerebro
que es común para todos los seres humanos. Como dijo el Dr. Seuss:

"Hoy tú eres Tú, eso es más veraz que lo veraz. No hay nadie vivo que sea más tú, que tú mismo".[30]

## Los siete módulos del pensamiento

El cerebro es una máquina compleja. Además de los dos hemisferios, cuatro lóbulos y numerosas estructuras del cerebro, existe una organización adicional teorizada de siete módulos que discurren desde arriba hacia abajo y de izquierda a derecha por el cerebro. Está teorizado que nuestro modo de pensar personalizado es moldeado por el modo en que interactúan estos siete módulos del pensamiento.

Pensemos en los siete módulos de pensamiento como los componentes necesarios para que un pensamiento sea procesado. Igual que nuestro proceso digestivo o los instrumentos de la orquesta en el ejemplo anterior, estos siete módulos son activados de una manera que es exclusiva para nosotros cuando pensamos. Nuestra singularidad está determinada por el modo en que *cada uno* de nosotros utiliza *cada uno* de estos módulos y el modo en que interactúan, que es diferente para cada uno de nosotros, porque somos distintos y tenemos diferentes percepciones y experiencias. Utilizando la analogía de la orquesta, cada violinista tiene un modo único en que toca y también interactúa con su violín, al igual que lo hace cada uno de los otros músicos.

Tenemos que utilizar los siete módulos del pensamiento para construir un pensamiento completo. Debemos tener a todos los músicos en la orquesta tocando su parte; Debemos tener todas las partes del sistema digestivo trabajando. Si no las utilizamos adecuadamente (lo cual puede suceder con el pensamiento incorrecto), entonces no construimos el pensamiento correctamente. Esto puede dar como resultado embotamiento mental, falta de claridad, confusión, mala memoria, e incluso tensión emocional, muy parecido a lo desafinada que se oye una orquesta que toca fuera de tono; muy parecido al dolor que experimentamos cuando no digerimos bien la comida.

## Digerir la información

El modo en que tu cerebro responde a tus pensamientos tiene una estructura específica, que puede describirse a grandes rasgos como tus siete módulos del pensamiento trabajando juntos de manera personalizada para construir recuerdos. Para regresar a la analogía utilizada al principio de esta sección, cada pensamiento es como una comida en tu sistema digestivo. Del mismo modo en que las varias partes del sistema digestivo tienen papeles específicos y funciones específicas que te permiten digerir una comida, así también un pensamiento tiene partes específicas y funciones específicas que te permiten digerir un pensamiento y construir memoria.

Los siete módulos del pensamiento son como las distintas partes del sistema digestivo, como la boca, la lengua, el estómago, el páncreas y el colon. La boca es la primera parte del sistema digestivo, la lengua y las glándulas salivares son la parte siguiente del sistema digestivo, y así sucesivamente. De modo parecido, los siete módulos del pensamiento son como las "estructuras" donde se producen diferentes *etapas* del pensamiento. Los pensamientos se desarrollan a medida que pasan por estos siete módulos. Igual que la comida no puede digerirse adecuadamente a menos que pase por todas las etapas de la digestión, así también los pensamientos tienen que pasar por todas las etapas a fin de ser "procesados" completamente. Este proceso de digestión es único para cada uno de nosotros, razón por la cual yo lo denomino nuestro modo de pensamiento *personalizado*.

## La ciencia de los siete módulos del pensamiento

Los siete módulos del pensamiento están basados en investigaciones que muestran las zonas generales en que se divide el cerebro y cómo responden a la mente en acción.[32] La parte frontal del cerebro responde al tipo de pensamiento intrapersonal, y la parte trasera al tipo de pensamiento visual/espacial, mientras que otras zonas del cerebro responden al tipo de pensamiento interpersonal, lingüístico, cenestésico, lógico/matemático y musical.

En mi trabajo, examino la relación existente entre los siete módulos del pensamiento y la ley de la diversidad en el cerebro (ver mi teoría en el capítulo 22).[33] No hay dos personas que tengan los mismos pensamientos acerca del mismo acontecimiento o la misma cosa. Las percepciones de cada persona difieren; cada uno tiene la capacidad de crear su propia realidad. A su vez, los cambios estructurales que se producen en el cerebro como respuesta a esas percepciones únicas serán diferentes en cada persona. Cada uno de nosotros cultiva sus propios pensamientos únicos a su propia manera única. Esto permite una infinidad de diseño dentro de cada uno de los siete módulos del pensamiento.[34]

La evidencia más fuerte de diversidad en el cerebro es nuestra propia consciencia instintiva del yo.[35] Si pensamos en el millón y una cosas que sabemos y en las que pensamos, y que podemos hacer que ninguna otra persona en el planeta sabe, piensa o puede hacer exactamente del mismo modo que nosotros, es necio intentar mapear cómo pensamos sobre *x* o *y* en una zona específica en el cerebro. Si hay zonas en el cerebro que se iluminan de manera similar en alguien que es completamente distinto a ti, ¿qué te hace ser diferente?

## Medir tu modo de pensamiento personalizado

No hay ninguna manera infalible de medir de modo preciso cuánto de cada uno de los siete módulos del pensamiento utilizas cuando digieres información. Sin duda, no sabemos exactamente cómo trabajan juntos. Sin embargo, podemos tener cierto nivel de perspectiva del modo en que pensamos, y podemos utilizar esa perspectiva para nuestro beneficio. Incluso si intentáramos utilizar técnicas de imagen cerebral para descifrar nuestras percepciones, lo que veríamos en esos escáneres es el resultado de un patrón general de pensamiento que en un principio llevó un pensamiento a la conciencia. No nos muestra el modo de pensar personalizado y en tiempo real de un individuo. Más bien, esos escáneres muestran el enfoque principal de una tarea, como la lectura o el dibujo, pero no el proceso de pensamiento que conduce a la tarea; pensar en tiempo real es extraordinariamente rápido (aproximadamente $10^{27}$ operaciones por segundo) y es prácticamente imposible verlo con la actual tecnología cerebral. Después de todo, la naturaleza del pensamiento es infinita.

El Perfil del Don que desarrollé hace veinte años atrás y he ampliado a lo largo de los últimos diez años es una manera de obtener perspectiva sobre el mundo misterioso del pensamiento. Cada módulo de pensamiento es increíble, un verdadero universo de pensamientos constantemente cambiantes, y tiene características que son distintivas para cada individuo, reflejando sus experiencias momento a momento. Esta es una de las muchas razones por las que las descripciones y preguntas en mi Perfil del Don son amplias y con final abierto. Puedes utilizar el Perfil para obtener una sensación de tu propio modo de pensar personalizado, en lugar de descubrir que eres "este tipo de pensador" o que "haces esto debido a aquello". Las etiquetas nos limitan, produciendo lo contrario al aprendizaje.

La puntuación en el perfil te muestra el orden de tu ciclo de pensamiento (cómo te mueves por los módulos metacognitivos), que es tu modo de pensar personalizado.

Cada uno de nosotros piensa diferente, ¡pero no me necesitas para decirte eso! La clave es aprender a entendernos a nosotros mismos y aplicar deliberadamente esta singularidad a nuestra vida cotidiana, ya que esas diferencias afectarán el modo en que utilizamos nuestras mentalidades, y aprendemos y manejamos lo que nos sucede. Necesitamos entender quiénes somos, porque necesitamos ser *nosotros mismos*, y no otra persona, para tener éxito en la vida. Serás un tú mismo estupendo, pero una mala versión de otra persona.

### Cómo funcionan los siete módulos

Los siete módulos del pensamiento son Intrapersonal (introspección), Interpersonal (interacción), Lingüístico (palabras), Lógico/Matemático (racionalización), Cenestésico (sentidos), Musical (intuición), y Visual/Espacial (imaginación).[36] Se teoriza que el tejido cerebral está agrupado en estos siete módulos, que se extienden desde arriba hacia abajo y de izquierda a derecha por el cerebro. No son secciones fijas; los módulos metacognitivos discurren el uno en el otro, trabajando juntos, especialmente cuando el cerebro ha sido dañado.

Cada módulo metacognitivo tiene una función general de tipo paraguas. La parte frontal del cerebro se vuelve más activa con la introspección, la toma de decisiones, la planificación, el análisis profundo, el cambio entre pensamientos, la formación de metas y aferrarse a ellas, el desarrollo de estrategias, y otras cosas. Se denomina módulo de pensamiento *Intrapersonal*. Justamente detrás de esta zona está el módulo de pensamiento *Interpersonal*, que se vuelve más activo en respuesta a la interacción social, la comunicación, la toma de turnos, y al sintonizar con las necesidades de otros. Está seguido por el módulo de pensamiento *Lingüístico*, que se vuelve más activo con el lenguaje hablado y escrito. Después llega el módulo de pensamiento *Lógico/Matemático*, que se vuelve más activo con el razonamiento, la lógica, el pensamiento de tipo científico, los números y la resolución de problemas. Después está el módulo de pensamiento *Cenestésico*, que es más activo con la actividad física y la consciencia corporal. El módulo *Musical* implica instinto, talento musical y leer entre líneas. Finalmente, está el módulo de pensamiento *Visual/Espacial* en la parte trasera del cerebro, que es más activo cuando imaginamos y formamos mapas mentales en nuestra mente.

Al procesar la información se produce acción cuántica, activando una respuesta única que se refleja en el modo en que utilizamos nuestros siete módulos del pensamiento. ¿Cuál es el resultado? Utilizamos los siete módulos a nuestra propia manera personalizada, como un filtro o un camino muy transitado. Resulta "natural" pensar de esa manera.

Al pensar a tu propia manera personalizada, tu cerebro pasa a toda marcha y operas como si fueras un auto bien preparado con los siete tipos de pensamiento integrados para pensar bien en "ello".

Cuando esto sucede, fluyen todo tipo de sustancias químicas maravillosas por tu cerebro, ¡y comienza una frenética construcción de pensamiento y memoria de alto nivel!

Mi teoría, la Teoría Geodésica de Procesamiento de Información (ver capítulo 22), mira el impacto neurológico de este proceso de pensamiento; es decir, la conexión mente-cerebro/cuerpo. Toma en consideración el hecho de que el cerebro puede cambiar (neuroplasticidad). En lugar de describir a una persona según una faceta en particular, como lingüística o auditiva, la Teoría Geodésica de Procesamiento de Información, que está detrás del Perfil del Don, describe al individuo en términos de su combinación de los siete módulos del pensamiento: el todo formado por las partes.

## Un ejemplo de pensamiento personalizado en el mundo corporativo

Con frecuencia me piden que ayude a líderes de negocios a desarrollar su pensamiento y aprender habilidades. Una de las experiencias más interesantes que he tenido fue en medio de una actividad de resolución de problemas en una empresa. Se hizo muy obvio que algunos de los individuos con los que trabajaba tenían poca comprensión o aguante hacia las diferencias mutuas. Esta empresa en particular también estaba atravesando un periodo de gran estrés, y se hizo muy obvio que algunos de los problemas que enfrentaba como negocio podían remontarse a los problemas que estaban teniendo los empleados entre ellos.

A un lado de una inmensa mesa de conferencias estaba sentado un hombre que medía unos seis pies y ocho pulgadas (1,95 metros) y parecía que podía jugar al fútbol americano profesional. Era obvio que le disgustaba un colega que estaba sentado justamente frente a él y que medía unos cinco pies y dos pulgadas (1,60 metros). Había una clara desventaja física entre los dos hombres. Mientras trabajábamos en varios ejercicios de resolución de problemas, la tensión entre los dos hombres no dejaba de aumentar cada vez más. Finalmente, el más alto de los dos se inclinó sobre la mesa, enojado por algo que el hombre más bajo había dicho. Me di cuenta de que para evitar una pelea podría ser sabio utilizar el momento como una ilustración de cuán importante es entender que aunque cada uno estamos constituidos de modo distinto, todos estamos constituidos para el éxito.

Pedí a ambos hombres que miraran sus Perfiles del Don para ver las diferentes maneras que tenían de pensar y aprender con el Perfil del Don. Resulta (quizá sin ser una sorpresa) que eran totalmente opuestos. Uno de los hombres se enfocaba y prestaba atención con movimiento e imaginación, comunicando mediante la acción que veía en los ojos de su mente. Su colega, por otro lado, utilizaba razonamiento y palabras. El caballero más bajo siempre intentaba hablar persuasivamente, pero lo único que lograba al hablar era poner histérico al caballero grande que estaba al otro lado de la mesa. Cuando les mostré las diferencias en la estructura de sus patrones de aprendizaje y cómo entenderse mejor el uno al otro, se encendieron las bombillas, y al final de la sesión de formación iban caminando agarrados del brazo ¡y hablando sobre un problema en su departamento!

Hacer que esos dos caballeros entendieran que ambos pensaban y aprendían de modo diferente les ayudó a comprender que no eran una amenaza mutua, lo cual fue clave para cambiar su relación. Fueron radicalmente capaces de mejorar el modo en que se comunicaban entre ellos, incluso obteniendo valiosa sabiduría de lo que el otro tenía que decir.

La investigación muestra que cuando pensamos adecuadamente, es decir, cuando pensamos según nuestro modo personalizado, somos mejores para analizar una situación difícil. Somos capaces de generar conocimiento nuevo y categorizar hechos de modo rápido, sin permitir que nuestras emociones se apoderen de nosotros. Si todos pudiéramos aplicar esto en nuestras vidas, ¡imagina el tipo de mundo en el que viviríamos!

# DIECIOCHO

# El Perfil del Don

**¡A**hora estás preparado para adentrarte en tu propio Perfil del Don!

Para aprovechar al máximo este Perfil del Don, necesitas realmente pensar en tu pensamiento, razón por la cual la primera sección de este libro habla de las *mentalidades*.

Es también increíblemente importante recordar que ninguno de los siete módulos del pensamiento opera aislado; sin duda, su poder viene de su interacción. Como dice la frase, el todo es mayor que la suma de las partes. El reto es cómo descubrir cuál es tu combinación, tu "historia de la suma", en el Perfil del Don. Para una exploración en profundidad de tu identidad utilizando los siete módulos del pensamiento, puedes consultar mi libro *Tu Yo Perfecto*, que incluye la Herramienta de Evaluación Cualitativa Única (CU), otro cuestionario que te enseñará a hacer una autorreflexión de un modo cuantitativo y abierto. También te ayudará a entender tu identidad única como un mapa que se desarrolla con el tiempo. En este libro, sin embargo, utilizo estos siete módulos del pensamiento de una manera diferente para ayudarte a explorar y entender tu pensamiento personalizado usando el Perfil del Don.

Cuando se trata de llenar cualquier tipo de perfil, necesitamos tener siempre en mente que no hay ni una sola evaluación de perfil o prueba que pueda definir la complejidad de la humanidad. El pedazo de información que se mide en cualquier forma de evaluación es muy delgado comparado con la totalidad y complejidad que es verdaderamente cada uno de nosotros. El movimiento CI (Cociente de Inteligencia) nos ha llevado confusamente a pensar que o bien tenemos un CI alto o un CI bajo, que podemos o no podemos ir a la universidad, que estamos por debajo del promedio, somos del promedio, o somos brillantes. Sin duda, muchas personas han sido incorrectamente guiadas a creer que la inteligencia queda determinada entre los cinco y siete años de edad, y que nada puede cambiar eso. Por fortuna, esa perspectiva sombría es incorrecta.

A menudo somos agrupados erróneamente en cajas como inhabilitado para el aprendizaje, TDAH, dotado, de cerebro derecho, de cerebro izquierdo, sobresaliente, de bajo rendimiento, inteligente, o que opera con lentitud; y estas definiciones pueden convertirse rápidamente en parte de cómo nos vemos a nosotros mismos: nuestro sentimiento de autoestima. Las etiquetas pueden fácilmente encajonarnos y restringirnos. Sin embargo, nuestro modo de pensar personalizado es mucho más de lo que cualquier etiqueta puede decir sobre nosotros. No somos un número o una categoría; no tenemos competición.

Afortunadamente, el mundo de la ciencia está cambiando. La investigación muestra que la inteligencia es única para cada uno de nosotros. El talento no es fijo; crece y se desarrolla con nosotros a medida que lo usamos. ¡Tú eres tan inteligente como quieras ser! Has tenido en tu interior este poder natural todo el tiempo; solamente tienes que aprender a utilizarlo. Dondequiera que estés en tu vida, puedes crecer y desarrollarte para ser quien fuiste diseñado para ser.

## Cómo usar e interpretar el Perfil del Don

Las tres tablas siguientes te ayudarán a entender y utilizar el Perfil del Don. La primera tabla contiene las definiciones de los siete módulos del pensamiento. Después de esta tabla hay una imagen que te ayudará a visualizar los módulos en el cerebro. La segunda tabla describe las siete etapas de cómo se digiere un pensamiento; es

*# 3*

decir, el ciclo del pensamiento. La tercera tabla describe el método de puntuación para el perfil. También incluye una *explicación* de cómo llenar e interpretar el perfil debajo de las tablas. Estas tablas están seguidas por el Perfil del Don en sí.

## Tabla I: Los siete módulos del pensamiento

| Módulo de pensamiento | Descripción |
|---|---|
| Intrapersonal (Introspección) | Pensamiento profundo, analizar, pensar bien las cosas en tu cabeza. |
| Interpersonal (Interacción) | Comunicación, conversaciones, y compartir información |
| Lingüístico (Palabras) | Palabras dichas y escritas |
| Lógico /Matemático (Racionalización) | Razonamiento científico y estratégico, orden y planificación |
| Cenestésico (Sentidos) | Movimiento, experiencial, y consciencia del cuerpo |
| Musical (Intuición) | Instinto, leer entre líneas, y talento musical |
| Visual/Espacial (Imaginación) | Imaginación, o ver "con los ojos de la mente" |

### El ciclo de pensamiento

Como explicamos en las secciones anteriores, cada uno de nosotros tiene siete etapas por las que nuestros pensamientos pasan en secuencia para digerir la información. Esta secuencia se llama el *ciclo de pensamiento*. Nuestra singularidad entra en cuál módulo del pensamiento utilizamos para cuál etapa del ciclo. El proceso es diferente para cada uno de nosotros. Por ejemplo, una persona quizá usa Intrapersonal para la etapa uno, y otra persona puede usar Cenestésico para la etapa uno. Sin embargo, hasta que nos movamos por *todas* estas siete etapas, cada uno, a nuestra manera, el pensamiento no será procesado completamente. En otras palabras, no estaremos pensando adecuadamente hasta que nos movamos por todas las siete etapas del ciclo de pensamiento.

Obviamente, este proceso es increíblemente rápido, de modo que no *sentirás* que sucede. Según el anestésico e investigador Dr. Stuart Hameroff, tenemos ráfagas conscientes de actividad aproximadamente cuarenta veces por segundo.[1] Experimentamos estas ráfagas como una tira cómica donde todos los marcos individuales se experimentan como un evento consciente cada diez segundos más o menos, en cierto modo parecido a ver una película de dibujos animados. Se calcula que tenemos seis de estas ráfagas conscientes en un minuto, unas 360 por hora (6 x60), y 8.640 cada veinticuatro horas (360 x 24). En el nivel no consciente de la mente, el pensamiento inteligente ocurre aproximadamente a un millón de operaciones por segundo (y la actividad general ocurre a unas $10^{27}$ operaciones por segundo).[2]

Imagen 18.1

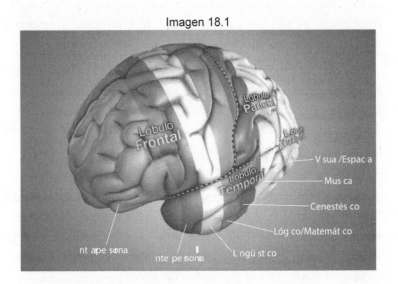

Los siete tipos de pensamiento diferentes

Recuerdos con energía suficiente pasan a la mente consciente a un ritmo aproximado de cinco a siete en aproximadamente cinco a

*50,000 pensamientos cada 24 horas*

diez segundos, a veces con más rapidez, lo cual supone unos ocho mil pensamientos cada veinticuatro horas.[3] Estos pensamientos son desencadenados por recuerdos interiores y estimulación exterior del ambiente; son parte de tu percepción y proveen contexto. *16,000 a 18,000 K*

En total, ¡tenemos un cálculo entre dieciséis a dieciocho *mil* pensamientos moviéndose por nuestra cabeza cada día! Estos pensamientos incluyen pensamientos de procesamiento (convertir en memoria información nueva) y pensamientos contextuales (informativos). Según la *National Science Foundation*, tenemos cincuenta mil pensamientos por día.[4] Esto puede ser posible, especialmente a la luz de lo que sabemos sobre el poder de la mente no consciente, y sin embargo, es necesario investigar mucho más en esta área.[5]

No hay necesidad de preocuparte, por lo tanto, si no sientes que un pensamiento pasa por los siete módulos. De hecho, si lo sientes, ¡tal vez quieras preocuparte porque tu pensamiento es demasiado lento! Tampoco podemos recordarlo todo, y no hemos de hacerlo; recordamos aquello a lo que prestamos atención y lo que sentimos que necesitamos recordar en el momento.

Aunque es interesante conjeturar sobre las cifras, lo cual subraya cuán importante es controlar lo que permitimos que entre en nuestra cabeza, no deberíamos quedar demasiado inmersos o preocupados por ellas. En cambio, deberíamos enfocarnos en la enormidad de la capacidad que hay en nuestra mente no consciente y aprender a utilizar esa capacidad con más eficacia.[6]

Es importante recordar que aunque nuestra vida pensante es un "flujo de consciencia", con miles de pensamientos individuales mezclándose, podemos controlar lo que permitimos que entre en nuestra cabeza. Somos capaces de evaluar los marcos de pensamiento individuales autorregulando nuestro flujo de consciencia. Sin embargo, cuando somos distraídos por influencias externas y reacciones tóxicas a la vida, nuestra capacidad de autorregularnos puede verse afectada con consecuencias negativas para nuestra salud mental y física. Al entrenarnos a nosotros mismos para entender nuestro modo de pensar personalizado, estamos *reentrenando* nuestra función autorregulatoria, lo cual nos permite monitorear y observar nuestro pensamiento.

En términos del ciclo de pensamiento, en realidad solamente serás consciente de tus dos primeros tipos de pensamiento entre los siete módulos, y quizá tus dos últimos en tu orden. El proceso es demasiado rápido y suceden demasiadas cosas como para poder ser consciente de todo. Por eso a menudo las personas se describen a sí mismas como aprendices "visuales" o "auditivos", porque eso es de lo que son conscientes; pero eso no es lo que sucede realmente. Esta manera estrecha de enfocar el aprendizaje se conoce como *teoría de estilos de aprendizaje*. Estos tipos de afirmaciones y creencias son incorrectos y reduccionistas; es imposible usar solamente un módulo de pensamiento al aprender y desarrollar memoria.

Según la teoría de estilos de aprendizaje, si un estudiante se identifica a sí mismo como un aprendiz visual, el contenido se le debería presentar visualmente y no auditivamente. Sin embargo, las diferencias que vemos entre nosotros mismos no son nunca tan blanco y negro como "esta persona aprende de modo visual" y "esta persona aprende de modo auditivo".

Un metaanálisis reciente evaluó descubrimientos de varios estudios que probaban las teorías de estilos de aprendizaje.[7] Los investigadores concluyeron que había una base de evidencia insuficiente para apoyar la aplicación de los estilos de aprendizaje a los contextos educativos. La teoría común de estilos de aprendizaje VAC (visual, auditivo, cenestésico), por ejemplo, sugiere que cada estudiante tiene una modalidad de aprendizaje favorecida y que los maestros deberían identificar los estilos de aprendizaje preferidos de los estudiantes y crear planes de lecciones dirigidos a esos estilos de aprendizaje. Sin embargo, esto es casi imposible de implementar considerando el tamaño de las clases y las demandas de un día educativo, y se ha demostrado que tiene un valor mínimo en términos de formación de memoria.[8] Además, hay una dolorosa falta de evidencia empírica para evaluar esas supuestas preferencias de estilo de aprendizaje. Debido a esta falta, utilizar los estilos de aprendizaje para fundamentar la enseñanza a fin de mejorar los resultados de los estudiantes en la escuela y la universidad, plantea preocupaciones sobre la generalización de la teoría. Su impacto casi universal en el actual salón de clase y los entornos corporativos es un problema.[8] El tiempo limitado y los recursos disponibles en el mundo de la educación deberían estar dirigidos a desarrollar e implementar intervenciones y enfoques verdaderamente basados en evidencias.[10]

He entrenado a miles de maestros en mi carrera en los Estados Unidos, Sudáfrica, y otras partes del continente africano. Uno de mis objetivos generales ha sido disipar este neuromito del estilo de aprendizaje y liberar a los aprendices. No deberíamos enfocar el aprendizaje con la idea preconcebida de que hay un aprendizaje de "pensar dentro del molde" y un aprendizaje de pensar "fuera del molde". Como dice el "pandillero de la jardinería" Ron Finley, cuando se trata de la imaginación humana no hay un molde con el que comenzar.[11] Tu mente es increíblemente poderosa y compleja; no eres una sola cosa. Tus pensamientos poderosos y complejos son una combinación de al menos siete procesos que utilizas a tu manera propia y única. Tu fortaleza cognitiva reside en la suma de *todas* tus partes, y nadie en este planeta piensa como tú.

Hay un orden, una estructura hermosa, en cómo utilizas los módulos para pensar a tu modo personalizado. Tu cerebro está diseñado para reflejar este modo de pensamiento y aprendizaje, que es lo que comenzarás a descubrir en el Perfil del Don. A medida que seas consciente de este orden, utilizando tu modo de pensar personalizado, comenzarás a reconocer cómo "piensas" la información, lo cual te ayudará a usar y desarrollar intencionalmente tu patrón de pensamiento en la escuela, en el trabajo y en la vida.

## Tabla II: El ciclo del pensamiento

| Pasos | Descripción | Cómo se siente |
|---|---|---|
| **1. Enfoque** Estar atento conscientemente de asimilar información. | La información entra mediante los cinco sentidos y activa pensamientos existentes en tu mente. | Se experimenta como una consciencia de reunir información y la activación de pensamientos en tu mente justo al borde de la consciencia. Es de modo literal la entrada que permite información en tu mente. |
| **2. Atención** Estar atento conscientemente de ser absorbido por la información | Construyes conexiones a esta información de información y recuerdos existentes. Estas conexiones ayudan a tu mente a darle sentido a la información nueva. Comienzas a construir un recuerdo temporal. | Se siente como una decisión deliberada e intencional de fijar tu mente en la información entrante. |
| **3/4/5. Análisis** Consolidar/confirmar/ integrar a nivel no consciente; no plenamente alerta. | Consolidas esta información en los "árboles" (redes neuronales) en la corteza de tu cerebro. Confirmas esta información y decides si sientes que es veraz y/o precisa. Integras la información en las redes de tus recuerdos. | Quizá experimentas esto o no como una ráfaga rápida de pensamiento, sentimiento y decisión porque es muy rápida. |
| **6. Aplicación** Estar atento conscientemente de la nueva información | La información entrante y saliente adopta significado. | Lo experimentas como un Sentimiento de "Esto tiene sentido; puedo usar esto o hacer esto". |

| Pasos | Descripción | Cómo se siente |
|---|---|---|
| **7. Conclusión** Estar atento conscientemente de la necesidad de hacer algo. | Tienes una sensación de terminación que conduce a cierto tipo de acción que reinicia el ciclo. | Lo experimentas como cierto tipo de acción. |

## Cómo llenar el Perfil del Don

Si te sientes un poco confuso en este punto, ¡no hay problema! Cuando llenes el Perfil del Don, las cosas comenzarán a encajar en su lugar. Solo te estoy dando información en este punto para prepararte para el Perfil, que está en la sección siguiente. Te aliento a que vayas adelante y atrás, releyendo estas partes descriptivas y las primeras secciones de este libro junto con el Perfil del Don para ayudarte a entender esta magnífica verdad: tienes un modo de pensar único y personalizado.

He creado un perfil sencillo con setenta preguntas, que denomino mi Perfil del Don abreviado. El Perfil del Don más completo está fuera del alcance de este libro, pero puede encontrarse en mi aplicación en la Internet: *Perfectly You*[12] (Perfectamente tú). Ambos están adaptados del perfil original (¡de más de mil preguntas!), el cual desarrollé y utilicé en mi consulta clínica por veinticinco años. Me encanta este Perfil del Don por muchas razones, en particular porque ha ayudado a muchas personas a entender la capacidad y singularidad de sus mentes, pero la parte divertida es que *no hay respuestas incorrectas*. Respondes sí o no, y ambas son correctas porque esta no es una prueba de tu base de conocimiento. El Perfil es una exploración de cómo piensas, sientes, decides y aprendes: tu modo de pensar personalizado. Cualquier puntuación que obtengas es buena porque sencillamente refleja el *orden* de tu ciclo de pensamiento y no tu nivel de capacidad. Por lo tanto, el 30 por ciento es tan correcto como el 100 por ciento; solamente muestra el orden por el que te mueves por el cerebro.

Recuerda: utilizamos *todos* los siete tipos de pensamiento en nuestro pensamiento personalizado. Tu puntuación más alta es el tipo de pensamiento al que acudirás primero; es literalmente la entrada a cómo introduces información en tu mente. La segunda puntuación más alta es el pensamiento al que acudes cuando decides intencionalmente fijar tu mente en la información entrante. La tercera, cuarta y quinta puntuaciones acuden a los tipos de pensamientos que darán comienzo a la parte de análisis de la digestión del pensamiento, y es tan rápido que puede que lo experimentes o no como una ráfaga rápida de pensamiento, sentimiento y decisión. La sexta puntuación es cómo aplicas la nueva información. Lo experimentas como una sensación de algo como: "Esto tiene sentido; puedo usar esto o hacer esto". Finalmente, la séptima puntuación te muestra cómo das conclusión a un ciclo de pensamiento a medida que comienza a formarse comprensión; puede que lo experimentes como cierto tipo de acción.

Es realmente importante entender que tu mayor puntuación *no* describe la totalidad de quien eres. Las siete puntuaciones son los ingredientes de cómo piensas y cómo responde tu cerebro a cómo piensas. Tienes que utilizar los siete módulos para pensar, y mientras más eficientemente los uses, mejor te desempeñarás en la escuela, el trabajo y la vida. El Proceso de Aprendizaje de 5 pasos Enciende tu Cerebro, del que aprenderás en el capítulo 20, activa tu pensamiento personalizado para producir los recuerdos más fuertes y, por lo tanto, es muy complementario al desarrollo de tu mente.

### Cómo llenar el Perfil del Don abreviado

A continuación tenemos varios detalles para recordar al llenar tu Perfil del Don.

- El Perfil del Don en esta sección es la versión abreviada de uno de mis perfiles originales. Es la versión más breve y, por lo tanto, es tan solo una indicación o muestra de tu ciclo de pensamiento; no es exhaustivo (para un perfil más exhaustivo, ver el programa en la Internet *Tu Yo Perfecto*, www.perfectlyyou.com).

- Está en formato de cuestionario, organizado en siete categorías diferentes, cada una de las cuales representa uno de los siete módulos que constituyen tu modo de pensar personalizado.

- *No* hay respuestas incorrectas. Todas las respuestas son correctas.

- Mientras más rápidamente respondas al Perfil, más precisa será la respuesta. Si te encuentras debatiendo si eso te identifica o no, entonces lo más probable es que no sea así, y deberías marcar el no.

- No estás intentando impresionar a nadie; lo que se requiere es pura sinceridad.

- No se supone que tengas que obtener una puntuación alta en todo. Estás usando las puntuaciones para ver tu orden de pensamiento, no tu nivel de habilidad, de modo que cualquier puntuación que obtengas es brillante, ¡porque te describe como eres!

- La puntuación más elevada es el punto de entrada de información, el modo en que recopilas información; las cinco puntuaciones del medio son cómo construyes memoria a corto plazo y analizas; la última puntuación es cómo cierras el ciclo. Entonces comienza de nuevo el proceso, y después otra vez; durante todo el día, a medida que acumulas conocimiento en tu cerebro a tu manera personalizada.

- Las puntuaciones variarán desde elevada hasta baja, mostrándote dónde comienza y termina tu ciclo de pensamiento; reflejan tu orden y qué pilar en el cerebro está siendo activado como respuesta.

- Como hay diferencias incluso dentro de las similitudes, dos personas pueden tener fortalezas similares, pero al hacerte a ti mismo preguntas más concretas, las diferencias dentro de las singularidades serán obvias.

- Al responder las preguntas, selecciona sencillamente una respuesta con sí o no a cada pregunta. Marca "sí" en el caso de que creas que la pregunta se aplica a ti. Marca "no" si crees que no se aplica. Algunas preguntas pueden parecer ambiguas, en cuyo caso deberías seguir tu instinto, marcando "sí" o "no" según tu reacción inicial.

- Cuando termines, sencillamente suma tus marcas por sección (hay siete secciones, una para cada tipo de pensamiento), y conviértelo en un porcentaje (por ej., 7/10 = 70 por ciento).

- Ordena las puntuaciones desde la más alta a la más baja para descubrir tu modo de pensamiento personalizado.

- Si tienes la sensación de que piensas de modo diferente en distintas áreas de tu vida (como cuando estás en casa comparado con cuando estás en la oficina o la escuela), has detectado algo muy interesante en el corazón de tu pensamiento personalizado. Cada uno de nosotros tiene un yo verdadero, y cada uno también tiene un yo adaptado que ha sido influenciado por nuestro ambiente y circunstancias. Hemos aprendido distintas habilidades; estamos diseñados para adaptar nuestros talentos a nuestro ambiente particular. Por lo tanto, quizá desees completar dos veces el Perfil del Don, una desde un punto de vista personal y otra desde una perspectiva profesional y/o académica. Por ejemplo, cuando estés completando el Perfil del Don podrías encontrarte pensando: *En realidad no me gusta hacer esto, pero he tenido que aprender la habilidad*, o *Esto no me resulta natural, pero he desarrollado esta habilidad con los años*. El perfil más preciso será el personal. La mayoría de las veces serán casi idénticos. Si son muy diferentes, quizá estés siguiendo el camino equivocado, parecido a intentar encajar un cuadrado en la silueta de un círculo, y es algo en lo que debes pensar.

- Si tienes la misma puntuación en dos o más de los módulos del pensamiento, entonces lo único que necesitas es volver a las preguntas una segunda vez, y de manera muy deliberada e intencional preguntarte a ti mismo algo como lo siguiente: *¿Es así como soy realmente, o es así como he tenido que aprender a pensar/actuar debido a mi ambiente o mis circunstancias?* De este modo sacarás tu verdadero yo, el cual debería alterar las puntuaciones. Quizá tengas que hacerlo un par de veces porque a menudo tenemos conductas por hábito, porque necesitamos adaptarnos, pero no te dan la sensación de ser tu yo verdadero.

- Al completar el perfil, intenta mantenerte fuera de ti mismo y observar tu propio pensamiento. Realmente estás diseñado para hacerlo. El lóbulo frontal responde y dispara cuando piensas sobre tu pensamiento. Yo lo denomino VMP (ventaja de múltiple perspectiva; ver el capítulo 3). Usa estas preguntas a medida que utilizas tu VMP:

  - ¿Qué me gusta hacer? (Si no te gusta, ¡no lo selecciones!)

  - ¿Qué me resulta natural?

  - ¿Qué me atrae?

  - ¿Qué siento como cómodo y normal?

  - ¿Qué siento como típico de mí cuando estoy pensando bien las cosas?

- La segunda vez que completes el perfil, sigue teniendo en mente las siguientes preguntas:

  - ¿Qué he tenido que desarrollar para desempeñar mejor en la escuela, el trabajo o la vida? (por ejemplo, quizá por naturaleza no seas rígidamente organizado, pero has tenido que entrenarte a fin de poder lidiar en tu empleo).

- ¿Cómo se ha desarrollado una habilidad o cualidad en particular debido a la naturaleza de las demandas de mi trabajo, mi escuela y la vida?

- ¿Qué es lo que no me gusta hacer, pero he tenido que hacer o he aprendido a hacer en mi entorno de trabajo, escuela o la vida?

En resumen:

- No hay respuesta correcta o incorrecta.

- No estás intentando impresionar a nadie.

- Lo que se requiere es pura sinceridad.

- No se supone que debes obtener una puntuación alta en todo; no es un examen ¡y no te están calificando! Simplemente estás buscando cómo te mueves por el ciclo del pensamiento.

La mayoría de los módulos del pensamiento probablemente tendrán puntuaciones en el entorno del 40 al 70 por ciento, algunos estarán en torno al 70 u 80 por ciento, y dos o tres puede que sean más elevados. Algunos módulos pueden estar tan bajos como en el 15 al 20 por ciento; ¡esto no es ningún problema, debilidad o fracaso! Recuerda: el Perfil del Don simplemente te dice el orden en que te mueves por el ciclo del pensamiento. No hay respuestas correctas o incorrectas. La puntuación más baja te dice cómo cierras tu ciclo de pensamiento, lanzándote al ciclo siguiente; la puntuación más elevada te dice cómo te enfocas y así sucesivamente (ver la Tabla II a continuación). Si tienes una puntuación elevada en la mayoría de las áreas, habrás mezclado tus perfiles personales y académicos, ¡o no habrás sido totalmente sincero! Si eso sucede, vuelve a llenar el Perfil, tomando tiempo para responder deliberadamente las preguntas.

Cuando hayas llenado y anotado tu perfil, regresa y llena la siguiente tabla (Tabla III).

## Tabla III: La secuencia de tu ciclo del pensamiento

| Orden/Secuencia | Porcentaje | Módulo de pensamiento |
|---|---|---|
| Primero más alto | 90 % | musical en intuición |
| Segundo más alto | 80 % | lingüístico Palabra |
| Tercero más alto | 70 % | intrapersonal introspección |
| Cuarto más alto | 70 % | interpersonal/interacción |
| Quinto más alto | 70 % | visual/espacial/imaginación |
| Sexto más alto | 60 % | lógico/matemático/racional |
| Séptimo más alto | 50 % | cenestésico/sensorial |

¡Ahora finalmente puedes completar la versión abreviada del Perfil del Don!

## El Perfil del Don

### 1. Módulo de pensamiento intrapersonal/introspección

*NO* 1. ¿Te resulta fácil salir de ti mismo y observar tu rango de emociones? SÍ/NO

*SÍ* 2. ¿Ves que necesitas varias maneras de expresar tus emociones? SÍ/NO

*SÍ* 3. ¿Te resulta fascinante tu vida interior? SÍ/NO

*SÍ* 4. ¿Te encuentras enfocándote en tus pensamientos interiores con bastante frecuencia, apagando lo exterior y encendiendo lo interior? SÍ/NO

*SÍ* 5. ¿Trabajas bien a solas? SÍ/NO

*SÍ* 6. ¿Te encuentras meditando en las preguntas profundas? SÍ/NO

*NO* 7. ¿Te gusta pasar tiempo pensando? SÍ/NO

8. ¿Te resulta fácil pasar tiempo a solas? SÍ/NO

*NO* 9. ¿Te resulta necesario apartar la mirada mientras procesas información? SÍ/NO

10. ¿Estás determinado a marcar una diferencia en la vida? SÍ/ NO

**Puntuación:**

1. Cuenta el número de síes.

2. Multiplica por 10.

3. Añade el signo de porcentaje.

**Ejemplo:**

1. 7 síes

2. 7 x 10 = 70

3. 70%

## 2. Módulo de pensamiento interpersonal/interacción

*No* 1. ¿Te sientes sintonizado con otros? SÍ/NO

*Sí* 2. ¿Eres sensible a las emociones y cambios de humor de otros hasta el punto de agarrarlos tú mismo, casi agotándote al sentirlos? SÍ/NO

*Sí* 3. ¿Te encuentras observando a las personas y sus reacciones? SÍ/NO

*Sí* 4. ¿Puedes ponerte en el lugar de otras personas? SÍ/NO

*Sí* 5. ¿Puedes motivar a otros? SÍ/NO

*Sí* 6. ¿Se te da bien trabajar en red con y entre otros? SÍ/NO

*NO* 7. ¿Te gusta mucho tener gente a tu alrededor? SÍ/NO

*NO* 8. ¿Te gusta negociar? SÍ/NO

*Sí* 9. ¿Eres un pacificador? SÍ/NO

*Sí* 10. ¿Notas si otros no te comprenden, y puedes revisar lo que dices y/o explicarlo si observas que no te comprenden? SÍ/ NO

**Puntuación:**

1. Cuenta el número de síes.
2. Multiplica por 10.
3. Añade el signo de porcentaje.

### 3. Módulo de pensamiento lingüístico/palabra

1. ¿Te gusta jugar con las palabras? SÍ/NO
2. ¿Prefieres la mayoría de las veces el correo electrónico o el texto en lugar de hablar por teléfono? SÍ/NO
3. ¿Te considerarías diestro en el uso del lenguaje para comunicar? SÍ/NO
4. ¿Sientes que necesitas usar muchas palabras para comunicar? SÍ/NO
5. ¿Necesitas expresarte o explicarte mediante hablar y escribir muchas palabras? SÍ/NO
6. ¿Lees mucho? SÍ/NO
7. ¿Te gusta contar historias? SÍ/NO
8. ¿Consideras que tienes un buen conocimiento general? SÍ/NO
9. ¿Parece que usas mucha palabrería cuando explicas cosas? SÍ/NO
10. ¿Sientes que necesitas proveer mucho contexto con palabras cuando hablas? SÍ/NO

**Puntuación:**

1. Cuenta el número de síes.
2. Multiplica por 10.
3. Añade el signo de porcentaje.

147

### 4. Módulo de pensamiento lógico/matemático/racional

*No* 1. ¿Te encuentras de modo natural razonando lo que sucede en tu vida? SÍ/NO

*Sí* 2. ¿Te interesa cómo funciona el mundo? SÍ/NO

*2.* 3. ¿Te gusta comprender cómo funcionan los principios subyacentes de las cosas? SÍ/NO

*Sí* 4. ¿Ves orden y significado en la vida y las cosas cotidianas? SÍ/NO

*No* 5. ¿Eres bueno en la administración del tiempo? SÍ/NO

*No* 6. ¿Te gusta cuantificar? SÍ/NO

*Sí* 7. ¿Ves significado en los números? SÍ/NO

*Sí* 8. ¿Te gusta interpretar datos y/o cosas? SÍ/NO

*Sí* 9. ¿Te gusta hacer hipótesis? SÍ/NO

*No* 10. ¿Te gusta planificar? SÍ/NO

**Puntuación:**

1. Cuenta el número de síes.
2. Multiplica por 10.
3. Añade el signo de porcentaje.

### 5. Módulo de pensamiento cenestésico/sensorial

*Sí* 1. ¿Necesitas experimentar algo para darle sentido? SÍ/NO

*Sí* 2. ¿Necesitas sentir, tocar o agarrar algo en tus manos para procesarlo en tu mente? SÍ/NO

*2.* 3. ¿Te gusta que te muestren cómo hacer cosas, en lugar de que te digan cómo hacer cosas? SÍ/NO

*Sí* 4. ¿Usas muchos movimientos de manos y del cuerpo para comunicar cosas a personas? SÍ/NO

*Sí* 5. ¿Ves que levantas la voz o tu entonación cambia cuando parece que las personas no te comprenden? SÍ/NO

6. ¿Necesitas levantarte y/o moverte de algún modo mientras procesas información? SÍ/NO

7. ¿Bostezas mucho mientras te enfocas y piensas profundamente? SÍ/NO

8. ¿Tienes un buen sentido del momento oportuno cuando se trata de actividades físicas? SÍ/NO

9. ¿Te resulta fácil participar en una actividad grupal que implique una secuencia coordinada de movimientos, como aeróbicos y danza? SÍ/NO

10. ¿Te gusta el movimiento y el deporte, aunque quizá seas diestro en ello o no? SÍ/NO

**Puntuación:**

1. Cuenta el número de síes.

2. Multiplica por 10.

3. Añade el signo de porcentaje.

### 6. Módulo de pensamiento musical/intuición

1. ¿Te encuentras respondiendo e incluso apoyándote en tu intuición al procesar/digerir información? SÍ/NO

2. ¿Te encuentras con frecuencia haciendo referencia a tu instinto en la conversación? SÍ/NO

3. ¿Captas las actitudes de otros fácilmente y correctamente? SÍ/NO

4. ¿Te resulta fácil leer entre líneas? SÍ/NO

5. ¿Puedes sentir fácilmente el impacto del pensamiento tóxico en tu mente y tu cuerpo? SÍ/NO

6. ¿Te encuentras prediciendo cosas intuitivamente? SÍ/NO

7. ¿Se te da bien juzgar el carácter? SÍ/NO

8. ¿Sientes instintivamente cuando algo es correcto o incorrecto? SÍ/NO

9. ¿Ves que no dices o haces algo hasta que sientas que es correcto? SÍ/NO

10. ¿Sientes que necesitas música en el entorno de aprendizaje? SÍ/NO

**Puntuación:**

1. Cuenta el número de síes.

2. Multiplica por 10.

3. Añade el signo de porcentaje.

### 7. Módulo de pensamiento visual/espacial/imaginación

1. ¿Te encuentras notando el color, la luz, la profundidad y la forma que te rodea? SÍ/NO

2. ¿Notas el desorden y te preocupa? SÍ/NO

3. ¿Notas las cosas que no están alineadas, como un cuadro que está torcido en la pared? SÍ/NO

4. ¿Notas cuán bien aseadas están o no las personas? SÍ/NO

5. ¿Necesitas expresarte artísticamente en dibujos, pintura, nuevas teorías, ideas, negocios, o cualquier otra forma de creatividad? SÍ/NO

6. ¿Tienes muchas ideas dando vueltas en tu mente? SÍ/NO

7. ¿Ves "películas" casi literales en tu cabeza mientras escuchas hablar a alguien? SÍ/NO

8. ¿Eres capaz de mover muebles, habitaciones o cosas físicas en tu cabeza? SÍ/NO

9. ¿Puedes sortear fácilmente tu camino por el espacio, por ejemplo, cuando te mueves por huecos, moviendo un auto entre el tráfico, estacionando un auto, etc.? SÍ/NO

10. ¿Te gusta y se te da bastante bien producir diversas obras de arte como ilustraciones, dibujos, bocetos, pintura y escultura? SÍ/NO

**Puntuación:**

1. Cuenta el número de síes.
2. Multiplica por 10.
3. Añade el signo de porcentaje.

Cuando hayas llenado tu perfil y trabajado en tus puntuaciones, inclúyelas en la Tabla III anterior.

## Ejemplo de aplicación

Mira la tabla siguiente para ver un ejemplo de cómo aplicar el Perfil del Don a tu vida cotidiana.

### Tabla IV: Ejemplo de aplicación

Pasos de digestiónMódulo de pensamientoDescríbete a ti mismo

| Pasos de digestión | Módulo de pensamiento | Descríbete a ti mismo |
|---|---|---|
| 1. Para enfocarme, necesito (nivel consciente) | Mayor puntuación: Intrapersonal 90% | Me enfoco usando la introspección al menos el 70-80% del tiempo. Me encuentro alejando la mirada cuando alguien comienza a hablar para "entrar en mi propia cabeza" y enfocar. |
| 2. Para prestar atención necesito (nivel consciente) | Segunda mayor puntuación: visual/ espacial 80% | Presto atención haciendo dibujos y garabateando |

151

| Pasos de digestión | Módulo de pensamiento | Descríbete a ti mismo |
|---|---|---|
| 3/4/5. Para analizar (consolidar/confirmar/ integrar), necesito (nivel no consciente) | Tercera mayor puntuación: z lingüístico 75% <br><br> Cuarta mayor puntuación: z cenestésico 70% <br><br> Quinta mayor puntuación: z Musical 60% | Analizo con palabras e intuición, y siento que sucede algo en mi mente. |
| 6. Para aplicarlo, necesito: | Sexta mayor puntuación: interpersonal | Comienzo a hacer preguntas o comentarios. |
| 7. Para concluir, necesito: | Séptima mayor puntuación: lógico/ matemático | Comienzo a hacer algo de modo lógico y ordenado. |

Llena la tabla siguiente con tu perfil del don. Puedes usar las Tablas I y II anteriores para ayudarte. Siéntete libre para usar tus propias palabras.

## Tabla V: Tu aplicación

| Pasos de digestión | Módulo de pensamiento | Descríbete a ti mismo |
|---|---|---|
| 1. Para enfocarme, necesito (nivel consciente) | Mayor puntuación: | lo musical. intuir buscar en mi espíritu... |
| 2. Para prestar atención necesito (nivel consciente) | Segunda mayor puntuación: | lingüístico Palabra |

| Pasos de digestión | Módulo de pensamiento | Descríbete a ti mismo |
|---|---|---|
| 3/4/5. Para analizar (consolidar/confirmar/ integrar), necesito (nivel no consciente) | Tercera mayor puntuación: z | *intra personal, introspección* |
| | Cuarta mayor puntuación: z | *interpersonal, interacción* |
| | Quinta mayor puntuación: z | *visual, espacial, imaginación* |
| 6. Para aplicarlo, necesito: | Sexta mayor puntuación: | *lógico, matemático, racional* |
| 7. Para concluir, necesito: | Séptima mayor puntuación: | *cenestésico/sensorial* |

## Cómo usar tu perfil

Entender tu modo de pensar personalizado te permite ser *tú*. Te capacita para trabajar estrategias que maximicen tu capacidad para pensar, aprender y tener éxito a tu manera única. Es el modo de activar el poder contenido en las mentalidades.

Podemos aprender a adaptar nuestro entorno a nuestras necesidades. Si te gusta juguetear o moverte mientras te estás enfocando y prestando atención, puedes sentarte en un balón de ejercicio en lugar de en un sillón de escritorio. Incluso puedes conseguir un balón pequeño para tu asiento que te permita balancearte de lado a lado, que es fácil de llevar de una habitación a otra. Podrías utilizar un atril con una base para los pies. Es interesante que el movimiento suave de un lado a otro en un escritorio vertical realmente permite que la información entre en tu cerebro de modo más eficaz en la secuencia utilizada según la composición de tu cerebro. ¡Un sencillo cambio puede ser revolucionario! Descubrí que estos pequeños cambios marcaron una diferencia inmensa en las vidas de mis pacientes.

Incluso el movimiento, para utilizar el ejemplo anterior, es único para cada individuo. Algunas personas pueden moverse de modo muy obvio; otras quizá se mueven de una manera que apenas se nota. Otras personas que utilizan el movimiento para enfocarse y prestar atención se moverán al inicio de un ciclo de pensamiento y después dejarán de moverse, y otras personas puede que analicen utilizando el movimiento. Usar estimulación cenestésica en el punto incorrecto de tu ciclo de pensamiento puede frustrar tu capacidad de aprender y comunicar, razón por la cual es tan importante entender cómo aprendemos. Cuando comprendemos nuestro modo de pensar personalizado y cómo está formado nuestro cerebro, es decir, cómo estamos diseñados para movernos por el mundo, aprenderemos más rápidamente, pensaremos con más claridad, procesaremos información con más rapidez, lograremos más, ¡y tendremos éxito!

Sin duda, podemos tomar a cada personalidad "tipo A" en el planeta y descubrir que cada uno de ellos tiene una combinación distinta de los siete módulos del pensamiento. Somos más que una etiqueta o una prueba. Nuestras diferencias son lo que nos hacen ser como somos en lo más profundo. Y es en nuestras diferencias donde radican nuestro pensamiento personalizado y la genialidad resultante.

# DIECINUEVE

# Características de los
# siete módulos

¿**C**ómo se ve cada módulo de pensamiento en el mundo real? A continuación tenemos varias características de cada uno de los siete módulos del pensamiento. Puedes usar estas descripciones para ayudarte a entender cómo se verá tu modo de pensamiento personalizado y usarlas también para añadir y editar tu Perfil del Don. Algunas puede que se apliquen y otras quizá no, porque son solamente una muestra y no está todo incluido; estas características simplemente te ayudan a describirte a ti mismo.

### Módulo de pensamiento intrapersonal

El módulo de pensamiento intrapersonal incluye pensamiento profundo, toma de decisiones, poner las cosas juntas, enfoque, análisis y decisión. El pensamiento intrapersonal es, básicamente, la capacidad para salir de nosotros mismos y analizar nuestro propio pensamiento. Es esencialmente el asiento de nuestra capacidad de decidir, o nuestro libre albedrío. Podemos analizar información entrante y existente, tomando decisiones sobre qué pensar, decir y hacer.

Este módulo de pensamiento es fundamental para la introspección, el conocimiento de uno mismo, y para entender nuestros propios sentimientos, pensamientos e intuición. La capacidad de tener acceso al conocimiento de nosotros mismos nos permite guiar nuestra conducta, entender nuestras fortalezas y debilidades, imaginar conceptos, planear actividades y solucionar problemas. Este módulo del pensamiento, por lo tanto, incorpora autodisciplina.

*En resumen, con el pensamiento intrapersonal:*

- Eres introspectivo y consciente de tu rango de emociones.

- Tienes la capacidad de controlar y trabajar con tus pensamientos y emociones.

- Se te da bien encontrar maneras de expresar tus pensamientos.

- Estás motivado para identificar y perseguir metas.

- Disfrutas de trabajar independientemente.

- Eres curioso acerca del significado de la vida.

- Puedes manejar el aprendizaje personal y el crecimiento continuados.

- Intentas entender experiencias interiores.

- Empoderas y alientas a otros.

- Deseas la soledad.

- Disfrutas pensar estrategias, escribir un diario, relajarte, y de estrategias de autoevaluación.

- Entiendes tus limitaciones.

- Calibras y evalúas situaciones.

## Módulo de pensamiento interpersonal

El módulo de pensamiento interpersonal implica interacción social, escuchar, compartir, construir relaciones, dar y recibir amor. El pensamiento interpersonal nos da la capacidad de entender a las personas y trabajar con ellas.

Este módulo de pensamiento incorpora sensibilidad y empatía hacia otros, particularmente por sus estados de ánimo, deseos, motivaciones, sentimientos y experiencias. También nos permite responder apropiadamente a otros y leer el estado de ánimo de otras personas; es decir, ponernos en su lugar. Nos permite captar inconsistencias cuando escuchamos a personas persuasivas, de modo que sabemos en quién confiar. También se refiere a buenas habilidades de gerencia y mediación, y a la capacidad de motivar, liderar, guiar y aconsejar a otros.

*En resumen, con el pensamiento interpersonal:*

- Eres un líder fuerte.

- Eres bueno en las redes de relaciones.

- Sabes negociar.

- Sabes enseñar.

- Te gusta lanzar ideas a otras personas.

- Te encanta charlar.

- Te gusta organizar.

- Medias con gusto en disputas y eres bueno en la resolución de conflictos.

- Te gusta actuar como mentor para otros.

- Tienes la habilidad de enfocarte hacia otras personas.

- Sientes el estado de ánimo de otras personas, su temperamento, motivaciones e intenciones.

- Tienes la capacidad de influenciar a otros.

- Sobresales en el trabajo en grupo, los esfuerzos conjuntos y el trabajo colaborativo.

- Estableces vínculos con la gente.

- Formas relaciones sociales duraderas.

## Módulo de pensamiento lingüístico

El módulo de pensamiento lingüístico trata de cómo utilizas el lenguaje para expresarte. También se refiere a tu sensibilidad al significado de palabras, sonidos, ritmos, y distintos usos del lenguaje. Esto se expresa de diferentes maneras, como ser elocuente o tener la habilidad de pensar en palabras y utilizar las palabras eficazmente cuando hablas y/o escribes.

Los dominios que constituyen el lenguaje, su estructura y uso, son:

Semántica: los significados o connotaciones de las palabras.

Fonología: los sonidos de las palabras y sus interacciones unas con otras.

Sintaxis: las reglas que gobiernan el orden en el que se usan las palabras para crear frases comprensibles. Un ejemplo es que una frase siempre debe tener un verbo.

Pragmática: cómo puede utilizarse el lenguaje para comunicar con eficacia.

*En resumen, con el pensamiento lingüístico:*

- Te expresas y te explicas escribiendo y/o utilizando muchas palabras.
- Te gusta argumentar, persuadir, entretener y enseñar.
- Te gusta escribir, jugar con las palabras, leer y contar historias.
- Tienes un buen conocimiento general.
- Haces muchas preguntas.
- Te gusta liderar y/o participar en discusiones.
- Te gustan los guiones gráficos, los procesadores de texto y las grabadoras de voz.
- Te encanta la lectura y necesitas muchos libros cerca de ti.
- Deletreas bien.
- Aprendes idiomas fácilmente.
- Tienes buena memoria para nombres, fechas y lugares.

## Módulo de pensamiento lógico/matemático

El módulo de pensamiento lógico/matemático trata del razonamiento científico, la lógica y el análisis. Este tipo de pensamiento involucra tu capacidad de comprender los principios subyacentes de un sistema de conexión, reconocer patrones lógicos y numéricos, manejar cadenas largas de razonamiento de modo preciso, y manipular números, cantidades y operaciones. Este módulo también incluye la habilidad de hacer cálculo mental y procesar ecuaciones y problemas lógicos, muy parecido a los tipos de problemas que la mayoría de nosotros encontramos en las pruebas estandarizadas de elección múltiple.

Los dominios que constituyen la lógica y las matemáticas son:

Números: la habilidad para manipular y usar los números eficazmente.

Reconocimiento de patrones: la habilidad para categorizar, organizar y hacer asociaciones en la naturaleza, los números, palabras, historias, y la vida.

Identificación: el intento de encontrar significado en las cosas.

*En resumen, con el pensamiento lógico/matemático:*

- Eres intuitivo y disciplinado en tu pensamiento.

- Te gusta calcular y cuantificar.

- Quieres razonar las cosas.

- Quieres saber qué viene a continuación.

- Te encanta vagar por la esfera de los números imaginarios e irracionales.

- Las paradojas te resultan desafiantes.

- Te encanta crear teorías sobre cómo funcionan las cosas.

- Te gusta procesar y entender por completo secuencias complejas.

- Necesitas prueba sistemática de algo antes de utilizarlo.
- Muestras la habilidad de reconocer y después solucionar problemas.

## Módulo de pensamiento cenestésico

El módulo de pensamiento cenestésico incluye movimiento, sensación somática y moverse de un lado a otro. El pensamiento cenestésico te ayuda a jugar al fútbol, correr, sentarte en una silla sin caerte o recorrer un pasillo. Este módulo de pensamiento incluye también integrar las sensaciones desde dentro de tu cuerpo. Por definición, es un tipo de pensamiento muy táctil, energético y multisensorial que involucra el control de movimientos corporales, la habilidad para coordinarte tú mismo y la capacidad de manejar con habilidad objetos y cosas que te rodean. Incorpora la necesidad de tocar, sentir y mover las cosas, de maniobrar o experimentar lo que se está aprendiendo.

*En resumen, con el pensamiento cenestésico:*

- Tienes buena coordinación.
- Muestras un buen sentido del momento oportuno.
- Enfocas los problemas físicamente.
- Exploras tu entorno mediante el toque y el movimiento.
- Te gusta manipular y hacer cosas.
- Te estiras con frecuencia.
- Te gusta el juego de rol y el drama.
- Te encanta bailar.
- Necesitas moverte cuando piensas.
- Te gusta hacer ejercicio.
- Disfrutas de las manualidades y los pasatiempos.

- Demuestras balance, destreza, gracia y precisión en las tareas físicas.

- Inventas nuevos enfoques de habilidades físicas.

## Módulo de pensamiento musical

Podría parecer que el módulo de pensamiento musical solamente implica la habilidad para cantar o tocar un instrumento musical pero, sorprendentemente, también incluye la habilidad para leer patrones, identificar ritmo, manejar instintos y, lo más importante, *leer entre líneas*. Funciona muy ampliamente con la parte de tu cerebro que se llama la ínsula, que está en lo más profundo del módulo del pensamiento musical y te ayuda a desarrollar tu instinto, permitiéndote leer entre líneas en varias situaciones.

El pensamiento musical te permite sentir significado y verificarlo. Por ejemplo, cuando le preguntas a una amiga si está bien y ella dice: "Sí, estoy bien" (con voz un poco temblorosa), este módulo te permite interpretar realmente que no está bien. Es la habilidad para leer a las personas mediante su tono de voz y lenguaje corporal, en lugar de tan solo escuchar lo que dicen.

Este módulo de pensamiento incorpora sensibilidad al tono, la melodía, el ritmo y la afinación en sonidos y movimientos, al igual que la habilidad para producir ritmo, tono, y formas de expresión musical. También está relacionado con la intuición, el instinto, y leer el lenguaje corporal. En un extremo de la escala humana está el nivel de pensamiento musical atribuido a la interpretación de la conversación, y en el otro extremo de la escala está el nivel atribuido a genios musicales como Mozart.

Algunos tipos de pensamiento tienen un periodo crítico para su desarrollo óptimo, y el pensamiento musical es uno de ellos. Los años entre las edades de cuatro a seis son se conocen como el tiempo óptimo para desarrollar sensibilidad al sonido y el tono. Por lo tanto, es durante este periodo cuando mejor se desarrolla la habilidad musical. Esto no significa, desde luego, que nunca podrás desarrollar tu habilidad pasados esos años. Todos los seres humanos tienen la capacidad de desarrollar su pensamiento musical.

La música puede ayudarte a aprender. La música clásica en particular ha demostrado ser beneficiosa en los salones de clase y en otros entornos de aprendizaje.

*En resumen, con el pensamiento musical:*

- Sientes instintivamente cuando las cosas son correctas o incorrectas.
- No haces cosas a menos que las "sientas" correctas.
- No siempre puedes explicar por qué, pero sabes cuándo se puede confiar en alguien o si esa persona no es fiable.
- Eres muy sensible a tus entornos y te sientes cómodo o incómodo en ciertos lugares.
- Eres capaz de leer entre las líneas de lo que las personas dicen.
- Te encuentras interpretando el significado que hay detrás de las cosas.
- Tratas de localizar el sonido.
- Respondes a la música.
- Te gusta componer música.
- Tocas un instrumento.
- Sabes cantar afinado.
- Sigues el ritmo de la música.
- Instintivamente escuchas música de modo crítico.
- Escuchas sonidos de ambiente y responds a ellos.
- Reúnes canciones, instrumentos y música.
- Creas instrumentos musicales.

- Utilizas el vocabulario y la notación de la música.

- Tarareas con frecuencia.

- Tiendes a dar golpecitos con el pie, el dedo o una pluma cuando estás trabajando o escuchando.

- Ofreces interpretaciones del significado de la música.

- Tienes una intuición muy desarrollada.

## Módulo de pensamiento visual/espacial

El módulo de pensamiento visual/espacial trata de la habilidad para ver color, luz, forma y profundidad. Puedes cerrar los ojos y usar tu imaginación para ver cosas que no tienes realmente delante de tu vista; por ejemplo, puedes imaginar a un ser querido y evocar una imagen visual de tu mente no consciente hacia tu mente consciente. Esta es la habilidad para visualizar en cuadros y/o imágenes, para ver con los ojos de la mente, para hacer mapas mentales, para percibir con precisión el mundo visual/espacial, y para actuar según percepciones iniciales.

El pensamiento visual/espacial involucra representar internamente el mundo externo y espacial en tu mente y ser capaz de orientarte en el espacio tridimensional con facilidad. Los artistas tienen un elevado pensamiento visual/espacial, que se expresa en grandes obras de arte como las obras maestras de Leonardo da Vinci y Miguel Ángel.

Sin embargo, este tipo de pensamiento no está restringido a las artes. Sir Isaac Newton y Albert Einstein, por ejemplo, expresaron su elevado pensamiento visual/espacial de manera más científica.

Este modo de pensamiento tampoco está restringido al sentido físico de cómo se ve algo. Si este tipo de pensamiento ocupa un lugar alto en tu secuencia, entonces construyes memoria mediante el lenguaje abstracto y las imágenes.

Las personas con discapacidades visuales tienen un pensamiento visual/espacial muy desarrollado, porque se apoyan en lo que ven con los ojos de su mente.

*En resumen, con el pensamiento visual/espacial:*

- A menudo te quedas mirando al espacio mientras escuchas.
- Te gustan las actividades prácticas. Es decir, aprendes viendo y haciendo.
- Reconoces rostros, pero quizá no reconoces nombres.
- Navegas bien por los espacios; por ejemplo, encuentras tu camino entre el tráfico fácilmente.
- Piensas en imágenes y visualizas los detalles fácilmente.
- Percibes patrones obvios y sutiles, y ves cosas de distintas maneras o desde nuevos ángulos. Eres bueno en el diseño representativo y también abstracto.

**Un ejemplo de los módulos de pensamiento**

Veamos mi perfil. Mi puntuación más alta es Interpersonal. El primer paso en la secuencia de pensamiento (para todo el mundo) es el enfoque.

Por lo tanto, si mi puntuación más alta es Interpersonal, si estuviera en un salón de clase o una sala de juntas, me concentraría mejor si me estuviera enfocando a la vez que interactúo con el maestro o con las personas que me rodean. Procesaría mejor la información si hiciera preguntas, porque eso daría inicio a la secuencia de mi cerebro de procesar información entrante. Trabajando yo sola, realmente "hago" muchas preguntas sobre el material que estoy escuchando o leyendo, ¡a menudo bombardeando a mi esposo Mac o a mis hijos con millones de hechos y preguntas!

Por otro lado, si mi puntuación más alta fue Interpersonal, probablemente me sentiría muy frustrada si tuviera que preguntar a las personas para enfocarme. Me estaría concentrando profundamente en la información que necesitaría entender; las preguntas interrumpirían mi modo de pensamiento personalizado. A la hora de determinar tu propio pensamiento personalizado, puedes determinar los desencadenantes que te permiten maximizar tu función cerebral.

Recuerda que lo alta que sea tu puntuación en cada uno de los módulos simplemente determina cuán fuerte es esa característica en tu don y su posición en tu ciclo. Si tienes una puntuación realmente alta en una de las áreas, lo más probable es que esas características sean aspectos muy dominantes de tu personalidad. Por ejemplo, si mi puntuación fuera de más de setenta en el cuestionario Interpersonal, lo más probable es que no necesitaría mucha interacción durante este paso en la secuencia del pensamiento, como lo necesitaría si mi puntuación estuviera en noventa. Si tu puntuación más alta fue Intrapersonal, y estuvo en torno a noventa, lo más probable es que necesites mucho tiempo al principio para procesar la información internamente. Si tu puntuación fuera de unos setenta, necesitarías menos tiempo.

La parte más importante de entender la estructura de tu don es la *libertad*. Cuando entiendes cómo piensas, serás libre de cualquier etiqueta; cualquier etiqueta que tú mismo te hayas puesto, cualquier etiqueta que el mundo te haya puesto y, especialmente, cualquier etiqueta que *creas* que el mundo te ha puesto.

Al analizar tu perfil, recuerda que no te pueden meter en un molde. Si resulta que lógico/matemático está en lo más bajo del orden de tus dones, *eso no importa*. A medida que trabajas en desarrollar tu mente mediante desarrollar los siete módulos, mejoras tu cognición de varias maneras. Estoy pensando en uno de mis pacientes en mi consulta clínica en Sudáfrica que se enfocaba usando su pensamiento musical y prestaba atención mediante su pensamiento cenestésico. Este alumno reprobaba las matemáticas; sin embargo, estaba desesperado por tocar un instrumento musical, pero sus padres no le permitían hacerlo hasta que mejorara su nota en matemáticas. Le hice un perfil y mostré a sus padres que la manera de mejorar sus calificaciones era mejorar su enfoque, que para él era mediante su pensamiento musical. Lo llevamos a un teclado, después a tocar la batería, a cantar y a tocar en una banda. Como resultado su pensamiento mejoró radicalmente; ¡no pasó mucho tiempo hasta que sus calificaciones en todas sus materias subieron como la espuma! El punto es que si no puedes enfocarte y prestar atención, no vas a aprender muy bien, ¡no está entrando nada para que lo aprendas!

Utilizar tu pensamiento personalizado puede ser tremendamente satisfactorio. Cuando conectas con cómo piensas, sientes: ¡*Vaya! En realidad soy bastante inteligente. Entendí eso. ¡No soy tan malo, después de todo!* Se trata de los momentos de "revelación" de la vida; todos hemos tenido esos momentos de emoción y satisfacción, y deberíamos tenerlos todo el tiempo.

Cuando de repente te sientes tan bien porque has entendido algo, es una evidencia de que estás utilizando tu pensamiento personalizado; has usado tu cerebro del modo en que debería usarse. Agarra ese momento, agarra esa sensación, guárdala, enmárcala, y asegúrate de ser muy consciente de esa sensación. Eres *tú* en *tu mejor* momento.

Ciertamente, tu modo de pensar personalizado opera un poco como un dominó. Imagina que hay siete dominós representando los siete módulos del pensamiento. Empujas uno, después cae el siguiente en la línea, y el siguiente, y el siguiente, y así sucesivamente, en ese orden particular. Tu orden no cambia con experiencia y madurez, pero la interacción entre los siete módulos que constituyen tu pensamiento personalizado mejora con el desarrollo de tu pensamiento, tu sabiduría.

### Otro ejemplo del Perfil del Don

Puedes recorrer tu pensamiento personalizado en este orden:

1. Intrapersonal
2. Interpersonal
3. Lingüístico

4. Visual/Espacial

5. Cenestésico

6. Musical

7. Lógico/Matemático

Tu pensamiento involucraría un flujo de actividad eléctrica y química por las distintas partes del cerebro en este orden (ver Imagen 18.1). Este es un ciclo de tu pensamiento.

Ahora, digamos que cambiamos el 1 y el 2, como en el siguiente ejemplo:

1. Interpersonal

2. Intrapersonal

3. Lingüístico

4. Visual/Espacial

5. Cenestésico

6. Musical

7. Lógico/Matemático

Esto produciría un tipo de patrón de pensamiento totalmente distinto y una percepción completamente diferente del mundo, porque es un patrón de pensamiento personalizado completamente distinto: un modo de pensar totalmente diferente.

Esencialmente, hay un número infinito de patrones de pensamiento, y cada uno da lugar a otro patrón de pensamiento o don. Tu pensamiento personalizado no es una entidad estática; el orden permanece igual, pero tú eres un ser pensante y dinámico, constantemente en desarrollo y creciendo a medida que utilizas tu pensamiento personalizado, lo cual significa que tu inteligencia *está en tus manos*. Cuando piensas para entender, estás utilizando tu pensamiento personalizado, y esto aumenta las ramas y la capacidad de interconexión en tu cerebro. Estas conexiones en las redes neuronales entrelazadas (grupos de pensamiento) aumentan la eficiencia del cerebro. Mientras más utilizas tu pensamiento personalizado, más conexiones estableces y más eficiente se vuelve tu cerebro.

Cuando usas continuamente tu pensamiento personalizado, puedes mejorar y preservar las capacidades del cerebro al moverte por la vida. El cerebro continúa cambiando y creciendo hasta la ancianidad, haciendo que sea un órgano extremadamente único entre estructuras biológicas y mecánicas porque no se desgasta. ¡No hay fecha de caducidad de tu potencial!

**Combinaciones únicas**

En mi propia familia, veo cada día cómo cada una de nuestras combinaciones únicas tiene un potente impacto en cómo operamos. Mi esposo Mac y yo tenemos cuatro hijos. Aunque todos compartimos muchos valores y tenemos muchas cosas en común, son nuestras diferencias las que hacen que nuestra vida sea emocionante como familia. Hemos llegado al punto de ser capaces de reconocer nuestras diferencias como nuestras fortalezas; estamos en paz con pensar, hablar y actuar de diferentes maneras, y confiamos los unos en los otros incondicionalmente.

El concepto del don nos ayuda a vernos mutuamente como distintos y únicos. Entendemos que nuestras diferencias no son una amenaza. Es liberador entender que no tenemos que competir unos con otros. Nuestras diferencias facilitan la comunidad, lo cual, como discutimos en la sección de la mentalidad, es esencial para el éxito.

**Pensamiento personalizado y propósito**

Para crecer como ser humano y para utilizar nuestro potencial innato, necesitamos alejarnos de lo que yo denomino un "enfoque en la discapacidad", es decir enfocarnos en nuestras debilidades y olvidar nuestras fortalezas. Necesitamos enfocarnos en lo que podemos hacer, en lugar de hacerlo en lo que no podemos hacer. Cuando hagamos eso, descubriremos que nuestro pensamiento personalizado se fortalecerá de modo natural. Necesitamos dejar de desear tener el pensamiento personalizado de otra persona y, en cambio, enfocarnos y desarrollar nuestra propia manera de percibir y entender el mundo.

Desgraciadamente, uno de los aspectos más preocupantes en la educación actualmente es el enfoque en la debilidad. Con frecuencia, se hace que los estudiantes se enfoquen en lo que no pueden hacer y no se les da la libertad de enfocarse en sus fortalezas. Educadores y padres, probablemente no por su propia culpa, con frecuencia no toman el tiempo para descubrir cuáles son las fortalezas de sus estudiantes o de sus hijos. En muchos casos, puede que ni siquiera reconozcan que algunos de sus estudiantes tienen fortalezas, especialmente si resulta que no son fuertes en los dominios Lógico/Matemático y Lingüístico, las supuestas inteligencias escolares. Y no está limitado a la educación académica; también se aplica al trabajo y a la vida.

El Perfil del Don redirige nuestra atención a nuestro pensamiento personalizado. En lugar de intentar categorizar a las personas, podemos aprender a reconocer y celebrar sus diferencias. La sociedad en conjunto solo puede progresar si entendemos que no todos tenemos que encajar en un molde en particular. Todo el mundo tiene un papel que desempeñar.

Sin duda, *todos* somos creativos. Quizá nos han enseñado que solamente quienes tienen un pensamiento dominante visual/espacial o musical son creativos, y tendemos a considerar "creativas" a las personas solamente si resultan ser artísticas o musicales en un sentido convencional. Sin embargo, la creatividad se expresa mediante los siete módulos del pensamiento; estamos siendo creativos cuando operamos dentro de nuestro pensamiento personalizado.

Pocas personas relacionarían fácilmente el pensamiento analítico con ser creativo y, sin embargo, hay muchos ejemplos en los que es extremadamente creativo. El gran artista italiano Leonardo da Vinci era claramente "creativo". Dejó a sus espaldas muchas obras de arte que atestiguan de sus prodigiosos talentos, y también tenía un fuerte pensamiento lógico/matemático, el cual muchos educadores no vincularían fácilmente a la idea de creatividad. Él diseñó el primer helicóptero, y completó y registró la primera disección anatómica. Albert Einstein es otro ejemplo. Estaba claro que tenía dones matemáticos y lógicos, y además -era sin duda- "creativo". Quizá no produjo obras de arte como da Vinci, pero nos dio muchas perspectivas asombrosas del universo. Su capacidad de visualizar el mundo natural era increíble. ¡Nadie describiría nunca a Einstein como carente de creatividad!

Cada uno de nosotros es una parte especial de este rompecabezas maravillosamente único que es la vida. Para encontrar nuestro lugar en él, nuestro propósito, necesitamos pensar según nuestra propia manera personalizada. Cuando permitimos que los siete tipos de nuestro pensamiento trabajen juntos a su manera única, comenzamos a operar en nuestro don y a movernos hacia conocer, ser y aceptar quienes realmente somos. Nos alejamos de intentar ser lo que no somos; dejamos de intentar cumplir las expectativas de otras personas; dejamos de sentir que tenemos que ponernos máscaras. Nos convertimos en alguien que es capaz de

- Planear
- Trazar estrategias
- Imaginar
- Escuchar
- Razonar
- Guiar
- Reflexionar
- Seguir
- Evaluar
- Intelectualizar
- Analizar
- Actualizar

- Considerar

- Crear

Y cuando hacemos todo lo anterior (¡al menos la mayoría de las veces!), podemos llegar a ser un gran

- Líder

- Padre/madre

- Seguidor

- Amigo

- Educador

- Cónyuge

- Administrador

- Profesional

- Humano

- ¡Cualquier cosa que queramos ser!

En otras palabras, ¡seremos un *éxito*!

## Pautas para emplear y desarrollar tu don

A continuación tenemos varias pautas que te ayudarán a usar y desarrollar tus distintos modos de pensamiento. La idea de esta sección es enfocarnos en desarrollar *todos* los siete módulos del pensamiento, porque todos son necesarios para que pienses adecuadamente a tu propia manera personalizada; es decir, el modo en que utilizas tus módulos, que es distinto al de todos los demás. Recuerda: todos utilizamos los siete módulos del pensamiento, pero de modo diferente. Como seres humanos crecemos, cambiamos y maduramos en la vida, lo cual se refleja en el desarrollo de estos siete módulos del pensamiento. Evolucionan a medida que evolucionamos nosotros. Por lo tanto, es una gran idea desarrollar y mejorar cada módulo como parte de tu estilo de vida, a pesar de cuál sea su orden en tu perfil, y debes recordar que eso solamente muestra cómo *utilizas* los módulos y *no tus habilidades* en el dominio de los módulos. No estás intentando mejorar una debilidad; estás desarrollando y afilando tu pensamiento personalizado.

*Mejoras tu pensamiento intrapersonal cuando:*

- Desarrollas la consciencia de ti mismo escuchando y siendo consciente de lo que estás pensando.

- Analizas tu intuición cuando ha demostrado ser correcta.

- Desarrollas tus sentidos, los cuales aumentan tu consciencia.

- Tienes tiempo a solas en quietud.

- Escribes tus sueños.

- Asocias ideas nuevas y únicas con ideas antiguas.

- Ves las cosas desde distintos puntos de vista.

- Respondes a objetos atractivos estéticamente, tan plenamente como puedes.

- Resuelves problemas y encuentras soluciones.

- Siempre ves una situación como un reto, sin importar cuán mala sea, y encuentras soluciones para resolverla.

- Eres sincero contigo mismo.

- Haces el esfuerzo de escuchar profundamente a otros y lo que realmente intentan decir.

- Utilizas el Proceso de Aprendizaje de 5 pasos Enciende tu Cerebro.

*Mejoras tu pensamiento interpersonal cuando:*

- Haces trabajo en grupo.

- Relatas historias o cuentos.

- Utilizas un diccionario de sinónimos.

- Practicas involucrar a un grupo en tu presentación o lección y sintonizar con otros.

- Practicas hacer sentir tranquilidad a las personas en situaciones desafiantes.

- Pasas tiempo con las personas.

- Escuchas sin interrumpir y planeas tu propia respuesta.

- Escuchas el doble de lo que hablas.

- Te pones en el lugar del otro e intentas pensar como esa persona piensa.

- Tomas un curso de habilidades de presentación.

- Juegas a juegos "¿Y si...?".

- Tomas tiempo para ser coach o mentor de otros en algo que se te da bien.

- Utilizas el Proceso de Aprendizaje de 5 pasos Enciende tu Cerebro.

*Mejoras tu pensamiento lingüístico cuando:*

- Lees, lees, ¡y lees más! Este es el modo más rápido y más eficaz de construir pensamiento lingüístico. Lee literatura variada, desde periódicos a novelas, revistas de noticias, e incluso cómics. Lee una variedad de temas diversos.

- Aumentas tu vocabulario aprendiendo una palabra nueva al día. En un año habrás aumentado tu vocabulario en 365 palabras. Practica el uso de esas palabras en diferentes contextos.

- Aplicas técnicas de lectura eficaces para mejorar tu concentración y comprensión.

- Juegas a juegos de palabras como *Trivial Pursuit, Scrabble, Cluedo* y *General Knoeledge* (Conocimiento General).

- Haces crucigramas.

- Aprendes un idioma nuevo.

- Utilizas el Proceso de Aprendizaje de 5 pasos Enciende tu Cerebro.

*Mejoras tu pensamiento lógico/matemático cuando:*

- Practicas el cálculo.

- Practicas recordar estadísticas, como las de tu equipo deportivo favorito.

- Eres consciente de cómo utilizas los números automáticamente día a día. Por ejemplo, calculas cuánto tiempo queda hasta el almuerzo o antes de que termine el trabajo.

- Utilizas números para organizar y priorizar.

- Haces juegos de cálculo mental. Por ejemplo, si eres el pasajero en un auto, suma los números que ves en las matrículas de otros vehículos en la carretera.

- Usas tu calculadora como un aparato de entrenamiento, ¡y no como una muleta!

- Separas en partes información que quieras recordar.

- Juegas a juegos que sean un "deporte mental" eficaz, como *Backgammon* o ajedrez.

- Creas historias con números; deja que ellos te hablen.

- Memorizas los números telefónicos de familiares y amigos.

- Utilizas el Proceso de Aprendizaje de 5 pasos Enciende tu Cerebro.

*Mejoras tu pensamiento cenestésico cuando:*

- Te sientas en una bola en lugar de en una silla cuando estás aprendiendo algo.

- Te estiras frecuentemente.

- Haces teatro, incluyendo teatro formal, juegos de rol y simulaciones.

- Haces movimiento creativo, danza y rutinas de estiramiento.

- Participas en pequeñas tareas manipulativas; por ejemplo, utilizando fichas y sellos.

- Fabricas cosas.

- Juegas a juegos como búsqueda del tesoro y *Twister*.

- Aprendes a tocar o a hacer un instrumento musical.

- Practicas la cerámica o la talla en madera.

- Utilizas el Proceso de Aprendizaje de 5 pasos Enciende tu Cerebro.

*Mejoras tu pensamiento musical cuando:*

- Pones música clásica ambiental cuando trabajas.

- Tienes disponibles instrumentos musicales (o los haces) y los tocas periódicamente.

- Haces rutinas de aeróbicos al ritmo de la música.

- Sigues con tus pies el ritmo de tus dedos cuando tecleas en la computadora.

- Cantas o tarareas mientras trabajas, incluso si es en un murmullo para no molestar a otros.

- Lees poesía.

- Finges que eres un DJ mientras estás aprendiendo o trabajando.

- Eres consciente de utilizar inflexión en tu voz y notar la inflexión en las voces de otras personas.

- Haces un esfuerzo para leer el lenguaje corporal.

- Escuchas a tu intuición.

- Utilizas el Proceso de Aprendizaje de 5 pasos Enciende tu Cerebro.

Piensa, aprende y ten éxito

*Mejoras tu pensamiento visual/espacial cuando:*

- Lees y creas tus propias caricaturas.
- Examinas anuncios y carteles publicitarios.
- Usas pósteres en tu oficina o salón de clase para ayudarte a pensar y expresar ideas.
- Trabajas con diagramas de flujo.
- Usas sistemas nemotécnicos, como la técnica Sala Romana, partes del cuerpo, números y sistemas de ritmos para recordar, planear y crear historias vinculadas.
- Haces dibujos o garabatos cuando piensas.
- Practicas diferenciar entre colores.
- Tomas un curso de arte.
- Practicas desarrollar tu memoria visual haciendo el ejercicio da Vinci; es decir, mirar fijamente un objeto complejo, memorizarlo, y entonces cerrar los ojos e intentar recordarlo con todo el detalle posible.
- Juegas a juegos imaginarios.
- Construyes estructuras LEGO complejas.
- Tomas un curso de robótica.
- Utilizas el Proceso de Aprendizaje de 5 pasos Enciende tu Cerebro.

### La mente única y el cerebro único

Al utilizar la ciencia, podemos considerar cómo la mente impacta y cambia el cerebro. Si el cerebro es el sustrato físico mediante el cual trabaja la mente, y el lugar donde se almacenan nuestros pensamientos y desde los cuales hablamos y actuamos, entonces cada cerebro humano está sintonizado de modo único con cada persona. Investigadores de la Universidad de Binghamton han descubierto, incluso, que pueden identificar a distintas personas por sus respuestas de

176

ondas cerebrales distintas.[1] Sin duda, cada uno de nosotros tiene incluso su propio sentido único del olfato, llamado una huella olfativa.[2]

Nuestras perspectivas del mundo se reflejan en la arquitectura de nuestro cerebro.[3] Desde el macronivel de la estructura de cada parte del cerebro, hasta el micronivel de las neuronas, el nivel subatómico y el nivel cuántico de vibraciones, todos somos diferentes. El genoma básico es casi el mismo en todos nosotros, pero es utilizado de modo diferente en el cerebro y el cuerpo, y entre individuos. Incluso nuestras proteínas vibran de diferentes maneras.[4]

Nuestro modo de pensar personalizado se expresa mediante nuestro cerebro personalizado. Esto es lo que has estado descubriendo mediante el Perfil del Don. En efecto, tus respuestas a ciertos estímulos como películas, alimentos, celebridades y palabras pueden parecer triviales, pero dicen mucho de ti porque están basadas en *cómo piensas*: tu don personalizado. Si sintonizamos *conscientemente* con nuestra capacidad de pensar, sentir y decidir (es decir, este pensamiento personalizado), y decidimos prestar atención a nuestro pensamiento personalizado y a nuestros pensamientos, podemos entender cómo pensamos, ¡el núcleo mismo de quiénes somos! Tu pensamiento impregna todas tus decisiones, y es una singularidad poderosa que necesitas emplear y utilizar para tu beneficio.

En la sección siguiente aprenderás cómo construir memoria que es útil y tiene sentido, memoria que te ayudará a tener éxito en obtener el conocimiento que necesitas para prosperar en la escuela, el trabajo y la vida. ¡Vas a *aprender cómo aprender* a tu manera personalizada y exclusiva!

# El Proceso de Aprendizaje de 5 pasos Enciende tu Cerebro

el cuidado propio mental

# VEINTE

# ¿Qué es el aprendizaje?

¿**P**or qué recuerdo algunas cosas y olvido otras? ¿Hay una manera de mejorar mi memoria? ¿Cómo aprendo yo? ¿Cómo puedo ser *más* eficaz en mis reuniones de negocios, en el trabajo y en la vida en general? ¿Empeora mi memoria a medida que me hago más viejo? ¿Puedo prevenir que eso suceda?

Estas son tan solo algunas de las preguntas que me hacen con frecuencia. Ciertamente, ¿quién no quiere ser más inteligente, mejorar sus calificaciones o recibir reconocimiento en el trabajo? Durante los últimos treinta años he descubierto que responder esas preguntas implica un aspecto increíblemente importante del cuidado propio mental, que denominé *más allá de la concientización* al comienzo de este libro.

Concientización (concepto de *mindfulness* acuñado en inglés) es la habilidad de prestar atención a la conciencia de nosotros mismos, reconocer cómo estamos pensando o sintiendo en cualquier momento dado. Es un paso revolucionario en cambiar el modo en que pensamos, y se está volviendo cada vez más popular en el mundo occidental. Una investigación reciente ha mostrado los muchos beneficios de la concientización, al igual que ha expresado cautela en cuanto a la robustez de la base de evidencia para la eficacia de la concientización por sí sola.[1]

Sin embargo, ir *más allá* de la concientización significa que rediriges el estado calmado, organizado y perceptivo obtenido de la

181

concientización hacia un proceso muy productivo de obtención de conocimiento, un proceso que mejora y cultiva la información que recibes de un modo exitoso para cualquier propósito que la necesites. Si utilizas la técnica de cinco pasos de esta sección, literalmente estarás usando tu mente para entrenar a tu cerebro para que cultive redes eficaces y útiles de memoria. Recuerda: la concientización es el primer paso; para ir más allá de la concientización necesitas recorrer otros cuatro pasos para echar mano de tu pensamiento personalizado (sección 2) para activar el poder de las mentalidades (sección 1). ¡Estarás encendiendo tu mente para pensar, aprender y tener éxito!

Sin duda, ir más allá de la concientización requiere tiempo y esfuerzo considerables, lo cual nos permite llevar una vida bien vivida. Aprender cómo aprender y construir memoria sostenible no solo te llevará adonde quieres ir, sino que también mejorará tu salud mental y física. Sí, el aprendizaje, y de ahí la construcción eficaz de memoria ¡tiene beneficios para la salud mental y física! Lo fundamental: tenemos que recordar la memoria *útil* a fin de operar exitosamente y tener un cerebro saludable.

Como hablamos en la sección de la mentalidad al inicio de este libro, la revolución tecnológica, a pesar de sus muchos beneficios, ha impactado también el modo en que pensamos. Es casi como si muchas personas hubieran olvidado cómo pensar profundamente e intensamente sobre el conocimiento. Es el efecto: "Si puedo sacar la información de Google, ¿por qué necesito aprenderla y recordarla?". Un exceso de confianza en las computadoras y los motores de búsqueda está debilitando el enfoque de las personas, el pensamiento profundo, la atención y la memoria. Maria Wimber de la Universidad de Birmingham, entre otros, ha mostrado que la memoria a largo plazo no se construye adecuadamente cuando las personas buscan información de manera pasiva y repetidamente en su teléfono o computadora. Este hábito tendrá un efecto negativo a largo plazo sobre la mente y el cerebro, incluso preparándonos potencialmente para las demencias.[2] Este apoyo cada vez mayor en la Internet está cambiando nuestros procesos de pensamiento para la memoria necesaria para resolver problemas y aprender; se supone que construyamos memorias en nuestro cerebro y no en nuestro teléfono. Investigadores han descubierto que "la descarga cognitiva", o la tendencia a confiar en cosas como la Internet como ayuda para la memoria, aumenta tras cada uso.[3] Nuestra conexión a la red está afectando cómo pensamos, hasta el punto en el que las personas están menos dispuestas a confiar en su conocimiento y decir que saben algo cuando tienen acceso a la Internet con el clic de un botón.

Las plataformas digitales, por lo tanto, tienen el potencial de inhibir el aprendizaje, la retentiva, el recuerdo y el reconocimiento de información. De ahí que literalmente tengamos que aprender a usar la tecnología adecuadamente para así no dañar nuestra mente y el proceso de construcción de memoria. Este proceso es crítico para una sana función cerebral y éxito en la escuela, el trabajo y la vida.[4]

Debido a que nos fundimos con nuestros entornos, este es un problema importante que ninguna cantidad de concientización corregirá por sí sola. Tenemos que comenzar en la concientización, pero debemos ir más allá de ella para crear nuevos recuerdos significativos, o no crearemos en nuestras vidas un cambio sostenible y permanente.

La investigación indica que cuando dependemos más de la tecnología, el intelecto se debilita y surgen adicciones tóxicas. Por ejemplo, la acción de actualizar en los teléfonos inteligentes está diseñada deliberadamente como una máquina tragamonedas.[5] Cambia el sistema de recompensa de nuestro cerebro (parecido a las drogas y a la dieta americana moderna), creando un deseo de actualizar constantemente nuestros teléfonos. Incluso en conversaciones breves de diez minutos o menos, la presencia de teléfonos inteligentes obstaculiza el desarrollo de una sensación de intimidad, confianza y empatía, impactando nuestra capacidad de formar relaciones significativas.[6] El primer presidente de Facebook, Sean Parker, es, de hecho, uno de muchos en la industria de la tecnología a quien actualmente le preocupan estas influencias de las plataformas de redes sociales que ellos han creado en parte.[7]

## ¿Qué es el aprendizaje?

Necesitamos hacer que las plataformas de tecnología digital trabajen para nosotros y no contra nosotros. Necesitamos conseguir que nuestra mente vuelva a trabajar adecuadamente. El cuidado mental incorpora la comprensión y el uso del poder de las mentalidades, activando nuestro modo de pensar personalizado (ver la sección 2), lo cual, a su vez, nos permite edificar el cerebro mediante el aprendizaje para utilizar la memoria útil. En esta sección nos enfocaremos en edificar el cerebro mediante el Proceso de Aprendizaje de 5 pasos Enciende tu Cerebro, una técnica que investigué y desarrollé hace más de treinta años atrás.

Utilizo la palabra *aprendizaje* en todo este libro para indicar lo que es pensar y construir memoria útil con comprensión. No es un aprendizaje por memorización o trucos de memoria. El aprendizaje saludable y productivo es buen trabajo duro, a la antigua usanza, que acude a la asombrosa capacidad que tenemos como seres humanos de pensar y aprender, lo opuesto a lo que hace el uso incorrecto de la tecnología.

Necesitamos hacernos responsables de pensar y aprender para tener éxito. Nadie lo hará por nosotros. No deberíamos ser tentados a caer en las redes de artilugios, aparatos, trucos o manuales para hacerlo tú mismo que prometen hacernos más listos y más inteligentes de la noche a la mañana. Nada sustituirá nunca al trabajo duro diligente, intencional, consciente y correctivo. *Solamente la actividad mental cambiará el cerebro*, lo que producirá cambios en lo que decimos y hacemos. Este cambio requiere diligencia y disciplina. Los peligros del entorno actual en el que vivimos nos ha hecho ser impacientes, sentirnos con derechos, y principalmente poco dispuestos a sacrificarnos y a trabajar duro. Y, tristemente, muchas escuelas lo están reforzando mediante el uso excesivo de tecnología, neuromitos.

y enseñanza para hacer exámenes. Tiempo y esfuerzo son maneras honorables y demostradas por el tiempo para tener éxito.

## Los pensamientos son reales

Cuando aprendemos, estamos construyendo pensamientos. Los pensamientos ocupan terreno mental. Son los correlativos de la actividad mental. Las potentes tecnologías han establecido que estos correlativos biofísicos de la memoria, que se llaman engramas de memoria, nuestros pensamientos, tienen representación real, sólida y física y están formados por proteínas.[8] Estos pensamientos siguen cambiando como respuesta a nuestro pensamiento; esencialmente controlan nuestra capacidad para construir pensamientos, y esta construcción nos permite determinar en nuestra cabeza cómo se ve nuestro cerebro y lo que queremos y necesitamos.

La representación física de los pensamientos en el cerebro se parece a árboles, pero en realidad son grupos de neuronas con dendritas. Las dendritas sostienen la información de nuestra mente y pasan por cambios (plasticidad) durante las experiencias de momento a momento en la vida. Esto es *aprendizaje en acción*. Estos pensamientos son necesarios para la expresión de la memoria y son las raíces de lo que decimos y hacemos[9] (ver el capítulo 21 para ver la ciencia actualizada de la formación de memoria). No podemos decir ni hacer nada sin antes construir un pensamiento, de modo que cualquier cosa que decimos y hacemos es primero un pensamiento que construimos. Sin duda, estamos aprendiendo todo el día y expresando estos pensamientos todo el día. El aprendizaje es parte de estar vivos y de tener consciencia de la vida. El aprendizaje construye recuerdos, y los recuerdos se utilizan para expresar nuestras mentalidades, nuestra cosmovisión y, lo más importante, nuestro "yo único".

*Decide tu Enfoque* (handwritten)

Imagen 20.1

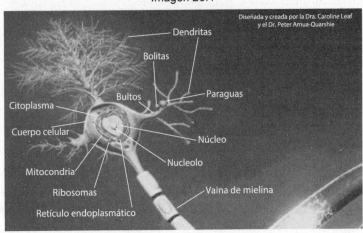

Diseñada y creada por la Dra. Caroline Leaf
y el Dr. Peter Amua-Quarshie

Dendritas
Bolitas
Paraguas
Bultos
Citoplasma
Cuerpo celular
Núcleo
Mitocondria
Nucleolo
Ribosomas
Vaina de mielina
Retículo endoplasmático

Vista de cerca de las dendritas

*Focus* (handwritten)

Cualquier cosa en la que más pienses crece en tu mente. Aquello en lo que decides enfocarte quedará grabado en tu cerebro, afectando lo que dices y haces. De hecho, lo que dices y haces es un reflejo de lo que está pasando en tu mente: ¡un pensamiento aleccionador! Es importante recordar que el modo en que aprendes y lo que aprendes conducirá al éxito o al fracaso. El poder de la mente conlleva una gran responsabilidad.

La investigación indica que el modo en que pensamos, es decir, el modo en que utilizamos nuestro pensamiento personalizado, determinará si recordamos u olvidamos información.

¡Como pensamos determinará si construimos salud o daño en nuestro cerebro! Si quieres recordar exitosamente, necesitas pensar de tal manera que involucre tus dendritas, las pequeñas ramas en lo alto de las neuronas en el cerebro que se parecen a árboles de Navidad (ver Imagen 20.1), y no solo las conexiones sinápticas entre las células nerviosas (ver Imagen 20.2). Es probable que no hayas pensado en la memoria o en tu pensamiento en términos de sinapsis y dendritas, pero esto es lo que estás a punto de descubrir en este capítulo. ¿Por qué? Porque una construcción de pensamiento precisa conduce a la salud mental y cerebral, lo cual conduce a éxito y felicidad. Las teorías sobre cómo funcionan las cosas influyen en nuestra salud mental, nuestro estilo de vida, nuestra educación y nuestro trabajo. Cuando utilizamos nuestro pensamiento personalizado, las mentalidades correctas, y la técnica en esta sección, construiremos fuertes memorias dendríticas, las cuales, créeme, ¡son buenas para nosotros!

Percepciones incorrectas por teorías incorrectas sobre la memoria y el aprendizaje (los neuromitos de los que hablamos anteriormente) tendrán una influencia negativa en cómo percibimos el aprendizaje, lo cual afecta cómo aprendemos. A la luz del hecho de que la memoria forma el núcleo de tu consciencia y los sistemas de creencia que te forman *a ti*, percepciones correctas de cómo funciona la memoria también te ayudarán a entender la importancia de *pensar a tu modo personalizado*. Esto es empoderador porque comenzarás a ver, con los lentes de la ciencia, que tienes *control de tu memoria y de tu vida*, y que *siempre* puede cambiar y mejorar. Entender la memoria es una parte crucial de tu régimen de cuidado mental.

*Cualquier cosa en la que pienses más crece en tu mente!*

*Tú decides en qué te enfocas·*

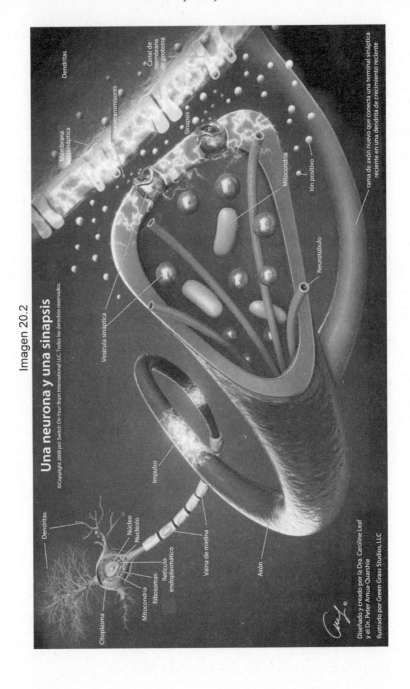

Imagen 20.2

## Una neurona y una sinapsis

©Copyright 2008 por Switch On Your Brain International LLC. Todos los derechos reservados.

Denditas

Canal de
membrana
de proteína

Neurotransmisores

Membrana
postsináptica

Sinapsis

Mitocondria

Ión positivo

rama de axón nuevo que conecta una terminal sináptica
reciente en una dendrita de crecimiento reciente

Neurotúbulo

Vesícula sináptica

Impulso

Denditas

Núcleo
Nucléolo

Retículo
endoplasmático

Vaina de mielina

Mitocondria
Ribosomas

Citoplasma

Axón

Diseñado y creado por la Dra. Caroline Leaf
y el Dr. Peter Amua-Quarshie
Ilustrado por Green Grass Studios, LLC

## El Proceso de Aprendizaje de 5 pasos Enciende tu Cerebro

Mi investigación inicial se centró en la lesión cerebral traumática (TBI, por sus siglas en inglés) y en las personas con discapacidades de aprendizaje, autismo, encefalopatía traumática crónica (CTE, por sus siglas en inglés) y parálisis cerebral, y también en quienes sufrían patologías y demencias cognitivas, comunicativas y emocionales.[10] Las técnicas que presento en esta sección bajo el nombre de Proceso de Aprendizaje de 5 pasos Enciende tu Cerebro son las técnicas que investigué científicamente, desarrollé y utilicé en mi investigación y consulta clínica, y han estado utilizando exitosamente cientos de miles de personas en todo el mundo.[11] Observé cambios incrementales positivos en el funcionamiento académico, cognitivo, intelectual, emocional y social entre mis pacientes cuando utilizaron este programa. ¡Y tú puedes lograr lo mismo!

Se ha demostrado colectivamente que prácticamente cada aspecto de nuestro pensamiento, aprendizaje e inteligencia (nuestra capacidad cerebral) puede mejorarse mediante el entrenamiento mental intenso, dirigido y deliberado. El Proceso de Aprendizaje de 5 pasos Enciende tu Cerebro proporciona una técnica para este tipo de impulso organizado. Recuerda: con tu mente impulsas al cerebro en una dirección organizada o desorganizada, y esto es neuroplasticidad dirigida por la mente. Tu mente puede reconstruir y volver a fortalecer tu memoria, incluso cuando tu cerebro ha experimentado los traumas de la vida. Puedes poner tu cerebro bajo tu control. Puedes mejorar tu memoria. *Puedes* tener éxito.

El Proceso de Aprendizaje de 5 pasos Enciende tu Cerebro utiliza una intersección de investigación de la memoria, neurociencia, biología cuántica, neuropsicología cognitiva, lenguaje y comunicación, neurofisiología, psiconeuroinmunología, epigenética, física cuántica, e investigación de la inteligencia. Desempeña un papel fundamental en la construcción de memoria, lo cual, como hemos visto por la discusión anterior, es la esencia del proceso de aprendizaje.

Imagen 20.3

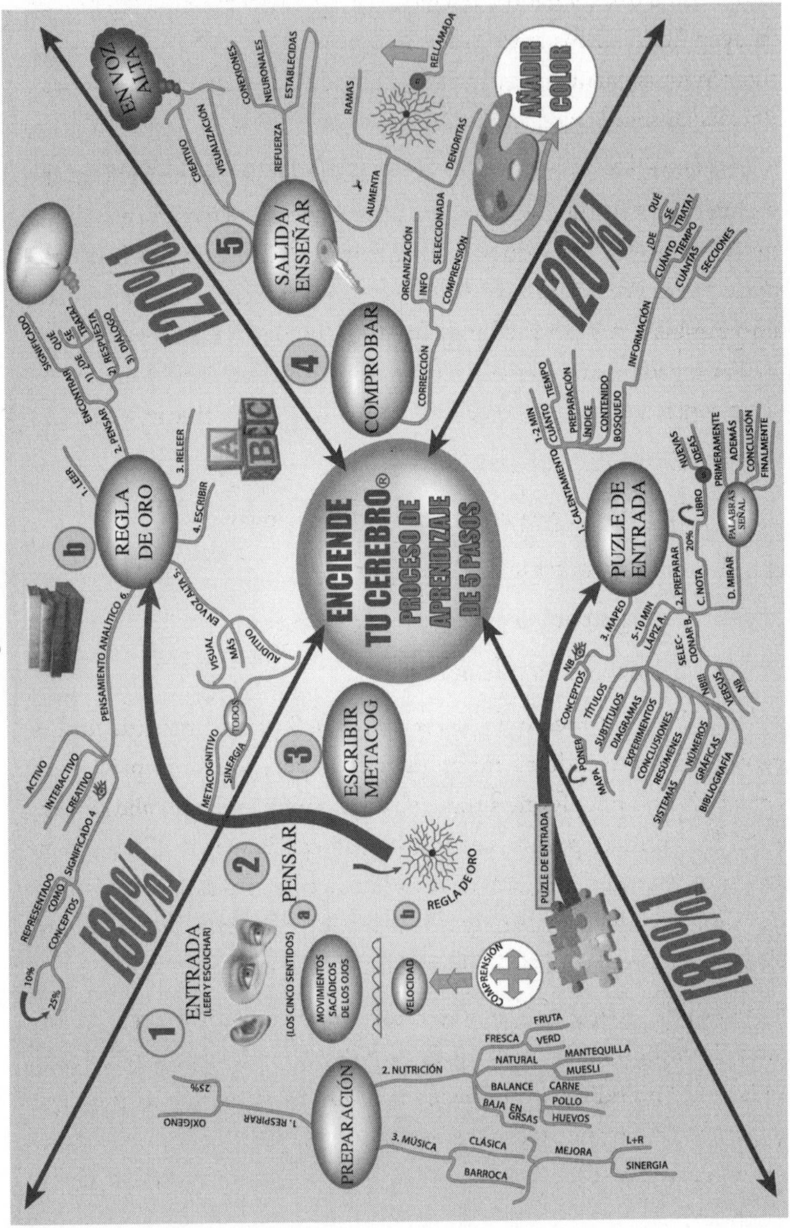

El Proceso de Aprendizaje de 5 pasos Enciende tu Cerebro creado por la Dra. Caroline Leaf

**Los cinco pasos para la construcción de una memoria exitosa**

El Proceso de Aprendizaje de 5 pasos Enciende tu Cerebro está formado por cinco pasos importantes que facilitan este proceso de aprendizaje disciplinado y dirigido del que he estado hablando (ver Imagen 20.3). Estos cinco pasos te ayudarán a construir memoria y a aprender eficazmente utilizando tu modo de pensar personalizado, del cual aprendiste en la sección anterior.

Por favor, ten en mente que este proceso no funcionará adecuadamente a menos que los cinco pasos se utilicen correctamente. Cada uno de ellos está pensado para llevarte más allá de la memoria a corto plazo y hacia construir una memoria a largo plazo efectiva y útil. Cada uno también está pensado para aprovecharse de un proceso cerebral particular con todos los pasos, avanzando colectivamente hacia la meta de la construcción de memoria y el aprendizaje. Los cinco pasos son:

1. **Entrada:** leer, escuchar, observar.
2. **Reflexión:** preguntar, responder, dialogar.
3. **Escritura:** crear el Metacog.
4. **Comprobación:** comprobar la precisión.
5. **Salida:** enseñar de nuevo.

Construcción de Memoria y Aprendizaje

Al utilizar el Proceso de Aprendizaje de 5 pasos Enciende tu Cerebro estás activando tu modo de pensar personalizado para crear memoria útil. El enfoque se convierte en aprendizaje de calidad y no solo de cantidad, porque la cantidad sin calidad en realidad puede dañar el cerebro. Cantidad más calidad involucra al cerebro de modo diferente, produciendo un tipo de resultado diferente. Este es el tipo de resultado que realiza cambios saludables y eficaces.

Sin duda, operar *más allá de la concientización* añade una dimensión de comprensión cualitativa y significado a la experiencia de la vida y al aprendizaje, que ser consciente en el momento presente (meditación), y apoyarse constantemente en las plataformas digitales no añade.

Las conexiones neuronales que van y vienen con facilidad y que provienen de la falta de un procesamiento profundo, memorización, estudiar mucho para exámenes o reuniones, y de apoyarse en las plataformas digitales son revertidas rápidamente. El Proceso de Aprendizaje de 5 pasos Enciende tu Cerebro, por otro lado, mantiene buenos hábitos de pensamiento y crea bancos de memoria de conocimiento que pueden utilizarse sabiamente. Requiere un trabajo deliberado, lento y regular que forma conexiones fuertes y árboles dendríticos con muchas espinas dendríticas, un proceso que sucede en ciclos de unos sesenta y tres días (ver los capítulos 8 y 22). Cada uno de los cinco pasos está meticulosamente diseñado para estimular el nivel más elevado de respuesta funcional en el cerebro de la manera más eficaz posible, para garantizar memorias estupendas, contribuyendo a su vez al éxito en la escuela, el trabajo y la vida.

Es importante observar que a medida que el conocimiento se desarrolla y se construyen habilidades en las redes no conscientes de tu mente (ver capítulo 22), es común sentir que no estás haciendo progreso. Por eso exactamente debes seguir perseverando hasta que llegue el avance. Es el viejo dicho: trabajo duro, bueno y de siempre. La memorización sin comprensión sencillamente no permite que se construya memoria duradera, que es una parte integral del éxito. En el lenguaje cerebral (ver más en el capítulo 21), los atajos como el apoyo en la tecnología o aprender mucho y de golpe solamente generan actividad computacional en los cuerpos celulares de las neuronas en el cerebro, y solo construirán memorias transitorias en las conexiones sinápticas, lo cual no es bueno si quieres tener éxito. La persistencia del pensamiento sostenido, por otro lado, durante unos dos meses por porción de información, consolida la memoria construyéndola en árboles dendríticos, que son en efecto como trillones de las computadoras cuánticas más potentes (ver Imagen 20.1).

Como mencioné antes, tu pensamiento puede cambiar la estructura de tu cerebro, lo cual se denomina neuroplasticidad *dirigida por la mente* y que demostré mediante cambios de conducta en mi investigación. La Dra. Carol Dweck, psicóloga investigadora de la

Universidad de Stanford, obtuvo resultado similares con estudiantes de matemáticas.[12] Una investigación de Harvard ha mostrado que la práctica mental que viene de pensar profundamente hasta alcanzar la comprensión conduce a cambios físicos reales en el cerebro; ¡esta capacidad del mero pensamiento para alterar la estructura y la función física de tu materia gris es poderosa! La práctica mental de pensar es tan poderosa que los investigadores han enseñado a personas a tocar el piano mediante su imaginación de modo tan eficaz como alguien que aprende del modo tradicional; es decir, ¡con un piano de verdad![13]

Uno de los hechos más emocionantes sobre el cerebro plástico es que el cerebro nunca es siempre igual y está cambiando con cada nuevo pedazo de información que aprendemos. Esto significa que el cerebro puede seguir mejorando cada vez más con la práctica mental, dado que estemos operando en nuestro don y construyendo memoria correctamente. El proceso mental sistemático de pensar hasta comprender, captado en el Proceso de Aprendizaje de 5 pasos Enciende tu Cerebro, cambiará para siempre el modo en que aprendes, y estirará tu potencial hasta horizontes incalculables. Cambiará tu cerebro. ¡Te cambiará a ti y puede aplicarse a todas las esferas de la vida!

### Paso 1: Entrada    *Leer - escuchar - observar*

La meta de la entrada es directa: entender lo que estamos oyendo, leyendo y experimentando, e introducir la información en el cerebro adecuadamente. La información entra en el cerebro como una señal cuántica mediante nuestros sentidos y como una señal electromagnética cerca de una zona llamada *corteza entorrinal* (ver Imagen 20.4). La corteza entorrinal es responsable del preprocesamiento de señales de entrada (información) y es un importante centro de memoria en el cerebro.

Así es como puedes asegurar que la información entre adecuadamente en el proceso de Entrada:

1. *Lee siempre con una guía.* Este es un instrumento para guiar tu vista mientras estás leyendo. Podría ser tu dedo, una pluma o un puntero; no una regla, un papel doblado o un marcador, ya que bloquean el texto. Una guía mejorará tu rango de concentración y tu comprensión cerca de un 60 por ciento porque usa ambos lados del cerebro al mismo tiempo. Si no lees con una guía, tu rango de concentración será más breve. Creerás que estás cansado cuando no lo estás, porque no estás usando ambos lados del cerebro al mismo tiempo, trabajando en armonía.

2. *Lee en voz alta.* Haz esto donde sea posible y cuando puedas, lo cual depende obviamente de tus circunstancias inmediatas. Necesitas ver y oír las palabras que estás leyendo. Esta estimulación auditiva aumenta drásticamente la posibilidad de comprensión y disminuye la probabilidad de cometer errores al comprender la información que lees. También aumenta la autorregulación, permitiendo que tu don opere a niveles óptimos.

3. *Lee una porción de información cada vez.* Una porción es entre una y tres frases de longitud, un bocado de información. No podemos construir memoria adecuadamente cuando leemos una sección larga de trabajo de una sola vez e intentamos memorizarla. Este tipo de lectura conduce a un nivel de comprensión, pero no construye memoria a largo plazo. Sin embargo, cantidades fácilmente digeribles de información, porciones del tamaño de un bocado, conducirán a la comprensión. Como cuando comes bocados de comida, estás digiriendo pequeñas cantidades de información cada vez. Puedes hacer primero una lectura rápida de toda la sección de información, y después regresar al principio y releer parte por parte para que se construyan esas dendritas.

4. *Ten la actitud correcta sobre lo que lees* (repasa la sección 1 sobre las mentalidades). Una mentalidad equivocada afecta las reacciones cuánticas y electroquímicas en el cerebro, lo cual, a su vez, afectará tu comprensión de lo que estás leyendo, haciendo que vayas más lentamente. Sé tan interactivo como puedas con el material. Visualiza lo

que estás a punto de leer, ya sea un libro, notas o un artículo, como algo escrito por una persona que te está contando algo. Pregúntate lo que esa persona intenta decirte a fin de comprender el significado de lo que estás leyendo. Interactúa con las palabras en la página como si estuvieras interactuando con quien las escribió. Para formar el hábito de interactuar con lo que lees, hazte preguntas sobre la información, respóndete tú mismo parafraseando lo que has leído, y dialoga de ello contigo mismo. Esta interacción permite a las células nerviosas encender el gen que hace que crezcan memorias a largo plazo en las ramas dendríticas.

5. *¡Escucha cuidadosamente!* Cuando escuches, hazlo con pluma y papel y pensamientos interactivos. A continuación tenemos cómo escuchar atentamente y con intención para construir una buena memoria:

- Anota algo: palabras, frases, dibujos. Escribir mientras escuchas es aquí el proceso importante. Esto permite una actividad mental más profunda, lo cual evita que tu mente divague. También te ayuda a ordenar lo que piensas.

- Sé tan interactivo como puedas. Haz preguntas, ya sea en voz alta o en silencio, y repite frases que el orador esté diciendo (en silencio para ti, obviamente) para dialogar mentalmente sobre el tema.

- Controla y disciplina tu vida pensante. Habrá muchos pensamientos intrusos que están ahí o que son estimulados por la información que estás recibiendo. Reconócelos, pero no los recibas hasta tener toda la información que necesitas de la persona que habla.

### Qué está sucediendo en el cerebro

Para darte una idea de cómo responde tu cerebro a tu mente en acción, a continuación tenemos una explicación simplificada. Usa la Imagen 20.4 para ayudarte a seguir este análisis. (Ver el capítulo 21 para más información sobre conexiones sinápticas, cuerpos celulares, dendritas, y la acción cuántica de cómo se forma la memoria).

Al introducir información en el cerebro mediante la escucha, la lectura, y experimentar con tus cinco sentidos, la información pasa por el cerebro en dos niveles: en un nivel cuántico como una nube de partículas en superposición, y en un nivel electromagnético y químico fluyendo por zonas en el cerebro en una secuencia, lo cual es muy diferente y mucho más lento que la actividad cuántica. El flujo electromagnético y químico parece ir desde la corteza entorrinal (como una puerta), al tálamo (como una estación satelital), y a la corteza (la parte externa del cerebro), donde se almacenan memorias a largo plazo y memorias existentes se activan. Tu estado emocional, que resulta de la activación de estas memorias, estimula el hipotálamo, lo que estimula la liberación de químicos para ayudar con la construcción de memoria. Es importante mantenerse calmado mientras estamos en este proceso, porque la ansiedad bloqueará la construcción eficaz de memoria. Desde este punto, la información discurre a la amígdala (como una biblioteca de percepciones emocionales), donde se realiza más preparación para la construcción de memoria, y finalmente al hipocampo, la estructura donde se construye la memoria a corto plazo, y después se convierte en memoria a largo plazo y se guarda en la corteza exterior durante veintiún días. Este flujo de actividad eléctrica se mueve adelante y atrás en forma de circuito entre todas estas estructuras mientras la memoria se está empezando a formar, mientras que la actividad cuántica ocurre por todo el cerebro. ¡Suceden muchas cosas mientras lees y escuchas!

Al recorrer este paso, es importante recordar que somos seres pensantes; pensamos durante el día entero. Pensar construye pensamientos, y los pensamientos ocupan terreno físico y mental en el cerebro. Pensar adecuadamente producirá comprensión y construirá pensamientos buenos (que son lo mismo que los recuerdos). Por el contrario, el pensamiento tóxico, ya sea a nivel emocional o mediante hábitos de pensamiento huecos, pueden hacer que el cerebro se torne tóxico y se afecte nuestra habilidad para aprender.

### Paso 2: Pensamiento enfocado/Reflexión

El objetivo de este paso es enseñarte cómo pensar adecuadamente y, al hacerlo, desarrollar tu capacidad fenomenal para construir en tus dendritas memoria eficaz y a largo plazo. La Regla de Oro del Proceso de Aprendizaje de 5 Pasos Enciende tu Cerebro es *pensar para comprender* la información que estás intentando recordar. Pensar para comprender implica tres pasos: preguntar, responder y dialogar.

Para el paso del Pensamiento enfocado:

1. *Lee* una parte de información, entre una y tres frases, en voz alta, con tu guía (pluma, puntero o dedo).

2. Detente y *pregúntate* a ti mismo lo que has leído.

3. Ahora, *respóndete* mirando lo que acabas de leer. Después respóndete releyendo la parte de información en voz alta y poniendo en un círculo los conceptos. No subrayes ni destaques palabras. Esas son acciones pasivas, porque no requieren que pienses, analices o comprendas lo que has subrayado o destacado. Poner en un círculo es activo.

4. Después, *dialoga* contigo mismo de esa porción de información, mirando aún la(s) frase(s) que acabas de leer. Dialogar significa que lo explicas para ti mismo una y otra vez con tus propias palabras hasta comprenderlo. Si no puedes descubrir lo que significa, pregunta a alguien o escribe una nota para averiguarlo después.

5. Mientras estás dialogando, comprueba cuánto has *puesto en un círculo*. Si es más del 40 por ciento de una página, es demasiado y probablemente no lo comprendas aún. Regresa, relee y vuelve a dialogar hasta que puedas reducir lo que has marcado en un círculo hasta el 15 al 35 por ciento

del contenido. Si tienes más en un círculo, probablemente estabas pensando que si seleccionabas muchas palabras, recordarías más. Déjame asegurarte que sucederá lo contrario. Si te enfocas en demasiadas palabras, harás que tu memoria sea peor, no mejor. En el 15 al 35 por ciento de las frases están contenidos los conceptos más importantes; el resto de las frases son palabras de relleno y no necesitan estar escritas. Cuando sientas que has comprendido por completo los conceptos de la parte que acabas de leer, estás listo para anotarlos (paso 3).

### Lo que está sucediendo en el cerebro

El paso del Pensamiento enfocado reta al cerebro a pasar a una marcha más alta, y para eso fue diseñado; ¡el pensamiento profundo e intelectual! Si tu mentalidad es correcta (ver sección 1), se construye un nivel de expectativa y se liberan sustancias químicas durante este nivel que permiten que se produzca el aprendizaje profundo. Por ejemplo, se liberan dopamina y endorfinas a medida que se desarrolla tu comprensión, lo cual te ayuda a aprender eficazmente y te alienta a seguir aprendiendo.

→ *Nervios espirales*

## Imagen 20.4
## Dentro del cerebro

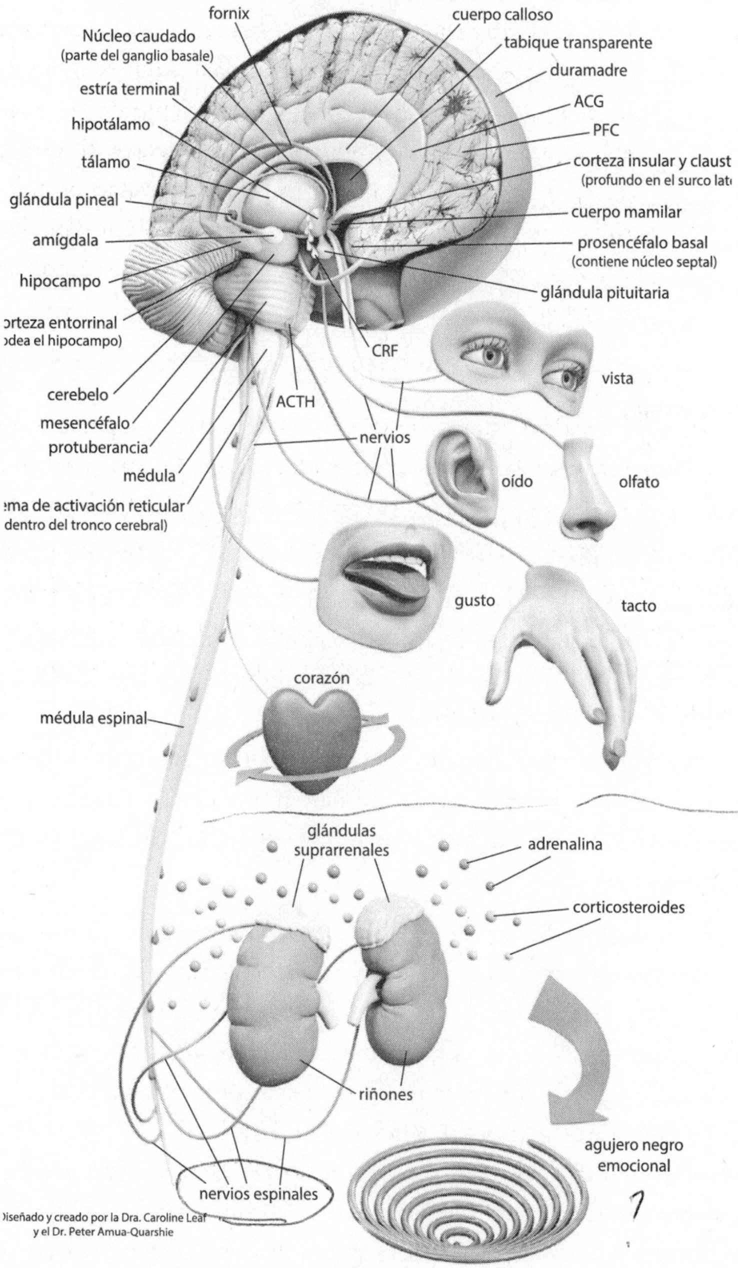

fornix

Núcleo caudado
(parte del ganglio basale)

estría terminal

hipotálamo

tálamo

glándula pineal

amígdala

hipocampo

orteza entorrinal
odea el hipocampo)

cerebelo

mesencéfalo

protuberancia

médula

ema de activación reticular
dentro del tronco cerebral)

cuerpo calloso

tabique transparente

duramadre

ACG

PFC

corteza insular y claust
(profundo en el surco late

cuerpo mamilar

prosencéfalo basal
(contiene núcleo septal)

glándula pituitaria

CRF

ACTH

nervios

vista

oído

olfato

gusto

tacto

corazón

médula espinal

glándulas
suprarrenales

adrenalina

corticosteroides

riñones

agujero negro
emocional

nervios espinales

Diseñado y creado por la Dra. Caroline Leaf
y el Dr. Peter Amua-Quarshie

A nivel celular, las dendritas se involucran en el proceso de aprendizaje. Comienzan a formarse recuerdos estupendos (ver la discusión detallada en el capítulo 21).

A nivel estructural, todo el cerebro está implicado cuando piensas, con ondas de actividad extra en distintas partes del cerebro. El cuerpo calloso se activa cuando integras información. El hipocampo se activa para convertir la información de memoria a corto plazo en memoria a largo plazo y guardarla en las dendritas en la corteza. El lóbulo frontal está respondiendo a tu toma de decisiones y tu planificación. Las neuronas están respondiendo haciendo crecer dendritas para almacenar la información. Se produce integración entre el lado izquierdo y el lado derecho del cerebro.

### Paso 3: Escritura/ Metacog

El paso de Escritura implica escribir la información que seleccionaste durante el paso analítico de Pensamiento enfocado. Recomiendo que utilices la manera de escribir "amigable con el cerebro" que he creado, llamada Metacog. Este modo de escribir información se parece a las ramas de dendritas en neuronas (ver Imagen 20.1). Las dendritas tienen una estructura como la de un árbol y parecen árboles con muchas ramas. Su patrón y su forma están dictados por el patrón y la forma de la red neural de la memoria que estás construyendo a medida que preguntas/ respondes y dialogas con la información.

Es realmente importante anotar conceptos mediante el proceso de preguntar/ responder/ dialogar, porque refuerza el crecimiento saludable de la dendrita y realmente te fuerza a pensar sobre tu pensamiento. El cerebro opera como una computadora cuántica, y la acción mental de pensar profundamente proporciona la señal a la computadora cuántica. Cuando piensas (paso 2 - de preguntar/ responder/dialogar), creas señales en tu cerebro; cuando escribes palabras en el formato Metacog, amigable con el cerebro, refuerzas y fortaleces las señales cuánticas y lo que acabas de cultivar en las dendritas. ¡Literalmente estás influenciando tu expresión genética y haciendo crecer tu cerebro a voluntad!

Es interesante observar que solamente mirando un Metacog (ver el apéndice para tener ejemplos), estimulas tu cerebro para procesar información desde el detalle hasta el cuadro general, y desde el cuadro general hasta el detalle, lo cual ayuda a consolidar una memoria fuerte por los hemisferios izquierdo y derecho del cerebro. El Metacog es la herramienta visual del Proceso de Aprendizaje de 5 Pasos Enciende tu Cerebro y es una manera de escribir amigable con el cerebro, que se parece a las ramas de un árbol y sus hojas. Su patrón y forma están dictados por el patrón y la forma de la red real que se construye mientras una persona piensa. Hacer un Metacog es casi como mirar en el interior de tu cerebro para obtener perspectiva en tu mente; ¡es como poner tu mente y tu cerebro sobre el papel! El Metacog es una manera estupenda de que fluyan tus jugos creativos y de memoria. Es también muy esclarecedor, y verás cosas que no veías antes y también pensarás a un nivel mucho más profundo. ¡El Metacog te transforma literalmente en una persona de significado y sentido viviendo la buena vida!

Todo el mundo puede pensar y aprender, y el Proceso de Aprendizaje de 5 Pasos Enciende tu Cerebro, un sistema impulsado por la neuroplasticidad, estimula el diseño natural del cerebro, que es el pensamiento profundo intencional, y resulta en comprensión y una memoria fuerte y útil.

Mediante este proceso pueden dominarse las habilidades necesarias para llegar a ser un aprendiz innovador para toda la vida. Como tal, este proceso está a la vanguardia de la investigación del cerebro y el aprendizaje porque enseña a las personas a pensar, aprender y manejar el conocimiento.

### Cómo crear un Metacog

¿Sabías que cada vez que lees una frase, tu mente no consciente no selecciona cada palabra para construir un recuerdo? Por naturaleza e instintivamente intentas obtener su significado, que es el esencial 15 al 35 por ciento de conceptos por frase. Estos conceptos, o información esencial, son lo que terminarás escribiendo en tu Metacog. Si usas más de eso, tendrás demasiadas palabras con las que trabajar, y esa redundancia interferirá en el recuerdo de lo que es importante. Entre el 15 y el 35 por ciento es nuestra cantidad ideal de información, porque menos del 15 por ciento causará brechas en tu memoria y más del 35 por ciento interferirá en la recuperación de memoria.

Seguir los principios de crear un Metacog en la secuencia correcta, cada vez, es una parte importante del aprendizaje exitoso. A continuación están las instrucciones para construir un Metacog.

*1. Preferiblemente en una hoja de papel en blanco, escribe en el centro de tu página el nombre de aquello en lo que estás trabajando.* Podría ser el capítulo o sección de trabajo que estás estudiando; podría ser la reunión a la que estás a punto de asistir; podría ser un artículo que estás leyendo y quieres recordar, podría ser unas vacaciones que estás planeando; podría ser un post en el blog o un ensayo que estás planeando escribir.

*2. Intenta la letra de imprenta en las palabras que pones en un Metacog.* No escribas en cursiva. Es más fácil recordar algo que está en letra de imprenta. Escribe las categorías principales en mayúsculas para que destaquen. Escribe los detalles en minúscula.

*3. Cada palabra de concepto debe estar en su propia línea.* Literalmente construyes una frase en las líneas de una rama, una palabra por línea. Tienes que decidir sobre relaciones lógicas y proposicionales entre los conceptos que selecciones. Esta relación tiene que estar reflejada estructuralmente en el Metacog, razón por la cual necesitas solo una palabra o concepto en una línea. Palabras en líneas unidas/conectadas conducen a activar una expansión en la cual cada concepto desencadena el siguiente de una manera lógica y asociada con sentido. Eso es lo que sucede en el interior de tu cerebro. Más de un concepto en una línea interfiere con la estructuración correcta de un Metacog y lo convierte en un tipo de diagrama de flujo o resumen lineal. Esto está bien cuando has dominado los conceptos, pero mientras los estás dominando necesitas construir y crear para aprender. Cada concepto tiene su propia representación eléctrica en el cerebro. Si pones dos palabras en una línea, es lo mismo que poner dos representaciones eléctricas en una dendrita; ambas colapsan en una y la mitad del significado puede quedar perdido y/o confuso.

4. Pon el *primer subtítulo* en una rama *que salga de la burbuja central.*

5. *Escribe el resto de la información en forma de concepto, el 15 al 35 por ciento (¡no escribas frases completas!), que salga hacia fuera en formato de rama desde ese subtítulo.* Deberías tener líneas en forma de ramas desde el subtítulo; escribe las palabras en esas líneas, que se parecen mucho a las ramas de un árbol. Recuerda poner una palabra por línea como en el punto 3 anterior.

6. *La información que sale de los subtítulos debería progresar desde lo general hasta más específico.* Esto significa que "añades" ramas hacia afuera desde la categoría principal para acomodar el 15 al 35 por ciento de lo que has seleccionado.

7. *Estos conceptos deben estar escritos en la línea, no al lado de la línea o debajo de la línea.*

8. *Cuando hayas seleccionado y escrito todo sobre ese subtítulo, ve al siguiente y repite el proceso hasta que toda la sección de trabajo haya quedado escrita en el Metacog.* Esencialmente estás haciendo a la vez los tres primeros pasos del Proceso de Aprendizaje de 5 Pasos Enciende tu Cerebro; es decir: Entrada, Pensar y Escribir para un pedazo de información, y después Entrada, Pensar y Escribir para el siguiente pedazo de información, y así sucesivamente.

9. *La forma de las ramas que estás incorporando en tu Metacog encaja, en un sentido, con las ramas que estás formando en cerebro en las dendritas. El árbol dendrítico en tu cerebro está quedando reflejado como un Metacog con ramas sobre papel. Sin que seas consciente de ello, la red neural dictará la forma de las ramas en tu Metacog. Por eso me gusta decir que un Metacog es tu "cerebro sobre papel".* Es

como si, a medida que dibujas el Metacog, tu cerebro ya ha creado el mismo patrón como un recuerdo. Si las palabras están por toda la página y no en líneas conectadas lógicamente, eso es lo que le sucederá al almacenamiento de información en tu cerebro. Estará por todas partes, y no serás capaz de acceder a la información cuando la necesites.

10. *Comienza tu Metacog en la esquina superior derecha del círculo y trabaja en el sentido de las agujas del reloj de izquierda a derecha. Puedes ir en sentido contrario a las agujas del reloj si es más fácil o si eres zurdo.* Como mayoritariamente trabajamos de izquierda a derecha, el Metacog generalmente sigue ese mismo formato. Tendrás que rotar la página sobre la marcha para trabajar siempre de izquierda a derecha. Al hacerlo, verás que la mitad del Metacog está boca abajo. Realmente eso es bueno, porque a medida que rotas la página, eso fomentará sinergia entre los dos lados del cerebro. Este giro de la página también te mantendrá despierto y alerta. No es incorrecto si prefieres leer tu Metacog sin girarlo, pero la investigación cerebral muestra que este giro es bueno para el pensamiento profundo. Quizá también descubras que es más natural rotar tu página a medida que trabajas instintivamente de izquierda a derecha.

11. *Recuerda aplicar siempre la Regla de Oro del Proceso de Aprendizaje de 5 Pasos Enciende tu Cerebro para entender cómo y cuándo seleccionas conceptos: preguntar, responder y dialogar.* Esta es la conversación que necesitas tener contigo mismo, como leemos en el paso Pensar. Solamente quieres que entre el 15 y el 35 por ciento de la información vaya a tu Metacog para asegurarte de retener los puntos esenciales; necesitas pensar en lo que estás leyendo y comprenderlo. No estás tratando solo de resumir información; estás filtrando lo superfluo y manteniendo tan solo la información relevante.

12. *Usa el color simplemente para destacar la organización en la fase de Comprobación (paso 4) si quieres, pero solo después de haber escrito todo lo que crees que es importante.* Tu Metacog será más atractivo visualmente con color, pero no tienes que utilizarlo. Cuando hagas tu

Metacog por primera vez, usa un solo color, por ejemplo un lápiz de grafito, para así no interrumpir el flujo de pensamiento en el cerebro. También hace que sea más fácil borrar si cometes errores, y así no tienes que rehacer todo tu Metacog. Añade color solamente en la fase de Comprobación, como una herramienta de monitoreo y de mejora de memoria, si eso te ayuda.

★13. *Este paso es totalmente opcional: usa dibujos, símbolos, formas e imágenes como apoyo para ayudar con la memoria si, y solamente si, eso te resulta natural.* No tienes que crear una imagen para cada palabra, sino más bien para grupos de conceptos. Como en el uso del color, es mejor poner las imágenes en el Metacog en la fase de Comprobación (paso 4). Cuando te concentras en comprender y seleccionar del 15 al 35 por ciento del contenido, quizá te llegue a la mente una imagen. Si así ocurre, puedes ponerla en el Metacog. Sin embargo, no emplees demasiado tiempo en intentar crear una imagen espléndida a expensas de la selección del concepto. Es importante hacer lo que te resulte natural. Habrá mucho tiempo para añadir dibujos (mientras más sencillos, mejor) en los pasos de Comprobación y Salida.  Las imágenes son útiles para activar los niveles no conscientes del aprendizaje, donde la metacognición es un fuerte impulsor que está detrás de nuestro pensamiento consciente. Sin embargo, el uso de imágenes, como todo lo demás, dependerá de tu don: tu modo de pensar por defecto.

14. *Recuerda que construyes un Metacog, lo cual significa que estás construyendo una memoria en las dendritas.*

15. *Hay varias aplicaciones que puedes usar para construir Metacogs en tu computadora, y aunque yo uso algunas, solamente las uso cuando he dominado el contenido mediante un Metacog hecho a mano.*

### Lo que está sucediendo en el cerebro

Al usar un Metacog, el lóbulo frontal, el lóbulo parietal, el lóbulo temporal y el lóbulo occipital de tu cerebro trabajan todos juntos para integrar y aplicar la información. Se liberan más neurotransmisores (serotonina, dopamina, norepinefrina) y (glutamato de acetilcolina) desde el bulbo raquídeo, y viajan por el sistema linfático (en medio del cerebro) a la corteza donde se encuentran los árboles de memoria: las neuronas. La corteza prefrontal (CPF), la parte frontal externa del lóbulo frontal, se vuelve muy activa y mantiene activa la información en las neuronas "en mente", monitoreando y manipulando los contenidos de tu memoria a corto plazo. La CPF trabaja con otras áreas en el lóbulo frontal y los otros lóbulos del cerebro para tomar decisiones, cambiar entre los distintos pedazos de información, analizar, etc. La información cuántica está activa por todo el cerebro. Una actitud positiva asegura que se enciendan los genes para la síntesis de proteína, y pueden formarse buenos recuerdos (ver la discusión detallada en el capítulo 21 sobre conexiones sinápticas, cuerpos celulares, dendritas, y la acción cuántica de cómo se forma la memoria en sesenta y tres días).

Crear Metacogs puede funcionar para cualquiera y para todos. Van mucho más allá de resumir, tomar notas o una lluvia de ideas. Te permiten extraer, guardar, y más adelante recordar el 100 por ciento de la información que necesites para pruebas, exámenes, presentaciones, y la aplicación de habilidades. Literalmente te fuerza, por su naturaleza misma, a pensar profundamente e intensamente de manera deliberada y autorreflexiva.

Como mencioné anteriormente, cuando eres deliberadamente intencional sobre tu aprendizaje, los dos lados de tu cerebro trabajan juntos al mismo tiempo, creando una profundidad de pensamiento distinta que conduce al éxito en la escuela, el trabajo y la vida.

El español no es el único idioma en aceptar una letra lineal: líneas rectas en forma escrita. La letra lineal puede ir de izquierda a derecha, de derecha a izquierda, o incluso de arriba abajo. Sin embargo, leer desde el centro hacia afuera es pasar del cuadro general al detalle, y ese es el modo de procesar de tu hemisferio derecho. Tus ojos también leerán desde las ramas exteriores hacia el centro, moviéndose desde el detalle al cuadro general. Ese es el modo de procesar de tu hemisferio izquierdo. Este acto de crear un Metacog estimula el cuerpo calloso para realizar su función natural; es decir, para hacer que ambos lados del cerebro trabajen juntos integrando información por los hemisferios. El Metacog es esencialmente una herramienta que facilita el cambio a una memoria a largo plazo útil y con sentido.

En secciones anteriores aprendiste que el material en bruto de la consciencia está formado por neuronas (células nerviosas con un cuerpo celular), un axón, y dendritas. Cuando escuchas, ves, hablas o aprendes, toda esta información entra en tu cerebro como actividad eléctrica y cuántica. Mientras más estimulas tu cerebro, más dendritas formas y, de ahí, memoria a largo plazo útil y con sentido. Cuando utilizas un Metacog, facilitas que crezcan dendritas de manera organizada y vinculada, a ambos lados del cerebro. Mientras más denso y más organizado es el crecimiento dendrítico que se produce en tu cerebro, más inteligente te vuelves y serás más exitoso.

Sin embargo, es importante destacar que tu Metacog se verá *muy diferente* a los Metacogs de otras personas porque cada uno tiene un don diferente, o modo de pensar personalizado. Tu Metacog puede ser organizado; el de otra persona puede ser un caos. El tuyo puede tener muchos colores, y el de otra persona quizá no tenga colores. Tú puedes usar más palabras, y el de otra persona tendrá menos palabras.

Muchas veces, las personas piensan erróneamente que hay que tener una orientación visual para crear un Metacog y aprender de él, pero no es ese el caso. Crearás un Metacog de acuerdo a tu modo de pensar personalizado, de modo que tu Metacog está, en esencia, personalizado. Un Metacog es útil para *todos* porque es una herramienta que permite a tu mente trabajar a niveles óptimos.

### Paso 4: Comprobación

La comprobación es el cuarto paso en el Proceso de Aprendizaje de 5 Pasos Enciende tu Cerebro. Este es el siguiente paso importante que contribuye a la construcción de memoria útil a largo plazo en las dendritas.

Es un proceso muy sencillo y a la vez muy poderoso. Lo único que tienes que hacer es repasar de modo deliberado e intencional tu Metacog para ver si tiene sentido y si tiene toda la información necesaria requerida. No hace falta decir que no puedes aprender de algo que no tenga sentido para ti. El proceso de Comprobación es una nueva evaluación del contenido de tu Metacog.

Para el paso de Comprobación:

1. Asegúrate de que entiendes el Metacog que has creado.

2. Asegúrate de estar contento con la información que has seleccionado, que estará en forma de concepto.

3. Busca si tienes demasiada información o demasiado poca.

4. Pregúntate si el Metacog tiene sentido, y si no lo tiene, edítalo hasta que lo tenga.

5. Comprueba si has organizado la información de un modo lógicamente relacionado.

6. Comprueba la aglutinación de la información.

7. Comprueba si puedes hacer que los conceptos sean más fáciles de recordar añadiendo más dibujos, símbolos o colores, o quizá incluso borrando algunas palabras o imágenes.

En este punto en el Proceso de Aprendizaje de 5 Pasos Enciende tu Cerebro habrás guardado información de manera suficientemente eficaz, dado que hayas seguido el proceso adecuadamente, para poder acceder a ella después siempre y cuando lo necesites, y para retener al menos del 60 al 90 por ciento, e incluso el 100 por ciento, de la información. Para hacerlo aún mejor, necesitas pasar al último paso del Proceso de Aprendizaje de 5 Pasos Enciende tu Cerebro.

### Qué está sucediendo en el cerebro

La etapa de Comprobación te permite consolidar y reforzar la memoria de tu trabajo. Pronto se hará obvio si no has entendido totalmente lo que estás intentando recordar. También obtendrás perspectiva del trabajo y verás cosas que no veías antes si realizas este paso adecuadamente.

En esta etapa, habrás pasado ya cuatro veces por aquello en lo que estás trabajando, y estarás a punto de hacerlo una quinta vez, probablemente sin ni siquiera ser consciente de que lo has hecho tantas veces. Esta repetición es excelente porque activa la actividad cuántica por todo el cerebro (ver la discusión detallada en el capítulo 21 sobre conexiones sinápticas, cuerpos celulares, dendritas, y la acción cuántica de cómo se forma la memoria).

### Paso 5: Salida/Enseñar de nuevo

Salida/Enseñar de nuevo es el último paso del Proceso de Aprendizaje de 5 Pasos Enciende tu Cerebro. En este paso, tienes que jugar a ser "maestro" y enseñar de nuevo secuencialmente toda la información que está en tu Metacog.

Enséñalo a tu perro, a tu gato, ¡o a quienquiera que te escuche o no te escuche! Incluso puedes volver a enseñártelo a ti mismo frente al espejo.

Explica en voz alta lo que estás aprendiendo. Utilizar todos tus sentidos hará que tu cerebro trabaje más, y tu memoria será más eficaz como resultado. Cuando estés contento con la enseñanza otra vez de tu Metacog, entonces es esencial examinarte a ti mismo de algún modo. Puedes crear algunas preguntas que creas que tu jefe o tu maestro te harán. Plantéate preguntas que te ayudarán a aplicar la información a la habilidad que estés desarrollando.

La práctica mental que se produce en esta etapa de Salida fortalece dendritas existentes y aumenta las columnas en el exterior de las dendritas, lo cual es bueno.

Cómo realizar el paso de Salida:

1.  Ya que este es el paso donde te vuelves a enseñar a ti mismo, cuelga tu Metacog en alguna parte.

2. Enséñalo a alguien o algo, incluso a una mascota o a ti mismo frente al espejo. Si no tienes cerca a otro ser vivo, ¡incluso puedes enseñárselo a tu pluma!

3. Vuelve a enseñar del modo en que te gustaría que te hubieran explicado la información o como si se la estuvieras explicando a personas que están aprendiendo un segundo idioma. Esto implica explicar con detalle lo que has aprendido de múltiples maneras, y desarrollar mediante ejemplos extra.

4. El paso de Salida/Enseñar de nuevo implica imaginar y ver como si estuvieras viendo una película sobre el tema exacto que estás aprendiendo. Dibuja en tu mente una imagen de la información que hay en el Metacog. En otras palabras, haz que cobre vida la información que está en tu Metacog. Usa tu imaginación; la investigación ha mostrado que la imaginación conduce a grandes cambios físicos en la memoria.

5. Continúa enseñando hasta que puedas responder preguntas difíciles sin ni siquiera mirar el Metacog.

6. Normalmente tendrás que repasar el Metacog al menos tres veces antes de poder enseñar con seguridad y entendiendo totalmente, mejor que tu maestro o tu jefe.

   En este punto es donde estás preparado para hacer la prueba o el examen, hacer la presentación, dirigir la reunión, o resolver un problema, mirando o sin mirar el Metacog.

7. Si mientras la comprobación tú ves que algo no está claro en tu Metacog, entonces este es el momento de volver a mirar tus notas o tu texto y ajustarlo.

8. Busca palabras clave, frases o imágenes que te hagan llevar a la mente pedazos completos de información.

9. Este paso debería realizarse dos o tres días antes de una prueba, un examen o una presentación. Antes de la prueba, deberías realizar los tres pasos anteriores diariamente

o semanalmente, trabajando en secciones de información y creando tus Metacogs.

### Lo que está sucediendo en el cerebro

El paso de Salida/Enseñar de nuevo crea también nuevas conexiones. Durante este paso, los recuerdos se consolidan, se confirman y se integran con otros recuerdos. Se establecen nuevas conexiones, conduciendo a la habilidad de aplicar la información de múltiples maneras.

Mientras más piensas, más dendritas creas, y se forman más conexiones entre las dendritas mediante las columnas dendríticas. El conocimiento útil no es tan solo almacenar información, sino la capacidad de relacionarla, integrarla con otra información y aplicarla.

El Proceso de Aprendizaje de 5 Pasos Enciende tu Cerebro consigue todo eso porque cada paso está diseñado para construir recuerdos fuertes, conectados y útiles. El trabajo lento y regular en el Proceso de Aprendizaje de 5 Pasos Enciende tu Cerebro asegura que se haya producido precisión y consolidación en las redes neurales, concretamente en las dendritas. Todo el cerebro es retado a trabajar como un todo integrado, creando buena comunicación dentro de la memoria concreta formada en las dendritas, al igual que entre los circuitos neurales. Esto aumenta la flexibilidad del pensamiento.

### El momento oportuno del Proceso de Aprendizaje de 5 Pasos Enciende tu Cerebro

En efecto, hay tres niveles de pensamiento que están sucediendo en este proceso. El nivel uno, el paso de Entrada, estimula pensamientos que son solo fugaces, que desaparecerán rápidamente dentro de veinticuatro a cuarenta y ocho horas, si no antes, si no son capturados de algún modo.[14] El nivel dos, por lo tanto, implica pensamiento más deliberado para capturar esos pensamientos, que es el paso Pensamiento enfocado/Reflexión. Cuando estás preguntando/respondiendo y dialogando, estás literalmente "capturando y alimentando" la memoria. Para que la memoria siga creciendo, necesitas recorrer los cinco pasos del proceso en la misma sesión (que puede ser de cuarenta y cinco a sesenta minutos) para afianzar realmente los conceptos y comenzar a moverlos hacia llegar a ser memoria a largo plazo útil y con sentido. Recuerda que el paso de Escritura, el paso 3, es donde los conceptos seleccionados son escritos en un Metacog; el paso 4, Comprobación, es donde los conceptos son comprobados para hallar precisión y perspectiva; y el paso 5, Salida/Enseñar de nuevo, es donde explicas y enseñas lo que acabas de comenzar a dominar. La mayoría de las veces se realizan juntos los pasos 1 y 3, y los pasos 4 y 5 se realizan durante la preparación final para un examen, presentación, y similares.

El tercer nivel de pensamiento implica utilizar los cinco pasos diariamente de modo coherente, deliberado e intencional, al menos tres semanas consecutivas. Literalmente harás un ciclo por los cinco pasos varias veces en una sesión de cuarenta y cinco a sesenta minutos, construyendo comprensión capa sobre capa. Entonces repites los ciclos de veintiún días con la frecuencia necesaria para automatizar la información y que esté siempre disponible. La investigación muestra que son necesarios al menos dos ciclos más de veintiún días, de modo que planea al menos otros cuarenta y dos días (o sesenta y tres días en total) cuando te prepares para un examen o para dominar un nuevo concepto.

### Aplicaciones del Proceso de Aprendizaje de 5 Pasos Enciende tu Cerebro

¿Cómo es esto si estás en la escuela y te preparas para un examen? Significa que comienzas a aprender cada día a medida que recibes información nueva en clase. Por lo tanto, el proceso de cinco pasos se convierte en el modo en que dominas lo que aprendiste ese día, tanto en el salón de clase como técnica para tomar notas, y en casa haciendo las tareas escolares. Eso significa que estás construyendo Metacogs regularmente, y cuando llegue el momento de los exámenes,

¡solo tienes que añadir la información nueva y literalmente hacer comprobaciones como preparación! Yo entrené a mis pacientes para que hicieran eso, ya fuera para fortalecer su cerebro tras una lesión cerebral, tratar un problema de aprendizaje o un problema emocional, o puramente para mejorar su rendimiento académico. Fue una herramienta muy potente en mi consulta, y mi investigación mostró hasta un 75 por ciento de mejora en la función académica, cognitiva, social, emocional e intelectual. En algunos casos, tuve casi un 200 por ciento de mejora. El proceso es tan profundamente eficaz que mis pacientes quedaron agradablemente sorprendidos cada vez. Cientos de miles de personas en todo el mundo ahora utilizan esta técnica. La repercusión en la vida y el largo plazo es también profunda porque el cerebro literalmente vuelve a ser entrenado con la disciplina de los cinco pasos, de modo que comienzas a aplicarlo a todo como un modo de pensar en todo. Esto cambia tu inteligencia, y la sabiduría se puede observar en todas las esferas.

También he entrenado a miles de maestros para utilizar el Proceso de Aprendizaje de 5 Pasos Enciende tu Cerebro, como manera de dar información a los estudiantes para estimular el pensamiento profundo y el aprendizaje, de modo que sus lecciones se enseñan en el marco del proceso de cinco pasos. Algunas escuelas incluso han puesto en Metacogs sus programas de estudio. Organicé su programa de estudios en ciclos de tres semanas para aprovechar el modo en que se construye memoria.

Si ya has dejado la escuela o la universidad y eres parte del mundo laboral, quizá te preguntas si el Proceso de Aprendizaje de 5 Pasos Enciende tu Cerebro tendrá algún valor para ti. Sin duda lo tiene. Hoy día, más que nunca antes, no hay límites en lo que puedes lograr, especialmente cuando estás equipado con las herramientas adecuadas. Esto se aplica en la escuela y fuera de ella, y en los negocios, ya que el manejo del conocimiento, como mencionamos en la introducción, se ha convertido en un reto crucial para añadir valor y significado tan necesarios en el entorno laboral. La naturaleza tan competitiva del mundo laboral del siglo XXI demanda que las empresas sean constantemente más eficientes en procesar información. El Proceso de Aprendizaje de 5 Pasos Enciende tu Cerebro satisface esta necesidad, permitiéndote a ti y a tus equipos encender sus cerebros hasta niveles más elevados. A nivel corporativo, hay muchas aplicaciones. He tenido a directores generales de empresas muy grandes utilizando los cinco pasos y creando Metacogs de los interminables documentos que tienen que leer y entender para presentarlos o dialogar en una reunión de junta directiva. Son excelentes como herramienta de presentación y discusión en una reunión. Un Metacog es una herramienta particularmente potente para utilizarla cuando intentas entender o solucionar algo y recordar la información, porque mediante los cinco pasos, realmente tienes que pensar profundamente para encontrar del 15 al 35 por ciento para anotarlo, comparado con el pensamiento más superficial que se utiliza cuando escribes cada palabra.

Los cinco pasos, con el Metacog del tercer paso, son también una herramienta estupenda para tomar notas en reuniones y conferencias. Un modo magnífico de practicar el llegar a ser eficiente en esto es crear un Metacog mientras vemos las noticias o una conferencia en YouTube.

También es estupendo como administrador del tiempo y herramienta de organización junto con un programa como Google Calendar. De hecho, yo lo utilizo para planear mi año mensualmente, y solamente entonces vamos como empresa a Google Calendar. Mi empresa y muchas de las otras empresas, organizaciones y escuelas a las que he entrenado utilizan el Proceso de Aprendizaje de 5 Pasos Enciende tu Cerebro para lluvias de ideas, encontrar soluciones y resolver problemas, para el desarrollo de propuestas, operaciones de optimización, entrenamiento, gerencia estratégica y de proyectos, y habilidades de organización. Sin embargo, el cielo es el límite porque el sistema te entrena para pensar de manera adecuada y profunda, y para construir memoria a largo plazo, útil y con sentido, que te lanzará para siempre al modo éxito.

Para ver detalles sobre cómo se forma memoria y lo último sobre la ciencia de la memoria y mi investigación, ve a los capítulos 21 y 22. ¡Me encantan esos capítulos! De hecho, me encanta todo este libro, y espero que las técnicas y la información que contiene te ayudarán tanto como me han ayudado a mí, a mi familia, ¡y a cientos de miles de personas globalmente!

## Resumen del Proceso de Aprendizaje de 5 Pasos Enciende tu Cerebro

El Proceso de Aprendizaje de 5 Pasos Enciende tu Cerebro construye memoria de modo eficaz y de manera integrada; construye memoria en las dendritas en el cerebro para asegurar que la información sea retenida en la memoria; y asegura que ocurran consolidación, integración y aplicación del conocimiento. Cada paso está diseñado meticulosamente para estimular el flujo cuántico, químico y eléctrico por todo el cerebro del modo más eficiente posible para garantizar el aprendizaje con sentido y exitoso. El proceso de mente en acción (pensar para entender) estimulado por este proceso cambiará para siempre tu modo de aprender y estirará tu potencial hasta horizontes incalculables.

Como *estudiante de escuela elemental hasta secundaria*, los cinco pasos te ayudarán a pensar y estudiar correctamente.

Como *estudiante universitario*, los cinco pasos te ayudarán a entender y recordar toda la información que necesitas para que te vaya bien en los exámenes, y también para manejar los grandes volúmenes de trabajo.

Como *maestro*, los cinco pasos te ayudarán a transferir a tus alumnos el conocimiento requerido, con un 100 por ciento más de eficacia. También te ayudará a enseñar a tus alumnos a pensar y aprender.

Como *entrenador*, los cinco pasos te ayudarán a decodificar el material que tienes que comunicar, y también a proveer un modo eficaz y demostrado de transferir la información a tus alumnos.

Como *profesional corporativo*, los cinco pasos mejorarán tu habilidad de administrar el conocimiento, mejorarán tu lectura, te ayudarán a recordar lo que has leído, te ayudarán a facilitar reuniones, y aumentarán tus habilidades de resolución de problemas y manejo del conflicto.

En la sección siguiente encontrarás más detalles complejos del momento de formación de memoria durante sesenta y tres días, incluida la ciencia de mi teoría.

# SECCIÓN 4

# La ciencia

# VEINTIUNO

# ¿Qué es la memoria?

Quizá hayas oído o leído la frase popular que dice que "los nervios que disparan juntos, se conectan juntos". Esta frase se refiere al punto entre las neuronas donde conectan, que se llama una sinapsis (ver Imagen 20.2).

Sin embargo, no deberíamos tomar al pie de la letra esta frase. En este capítulo explicaré los detalles de cómo funciona la memoria dentro de mi Teoría Geodésica de Procesamiento de Información. Desafío y añado a percepciones y teorías existentes de la formación de memoria.

### La mente en acción

Experimentamos acontecimientos todo el tiempo, durante todo el día. También reaccionamos todo el día a esos acontecimientos. Eso es nuestra mente en acción. Esta actividad de la mente en acción está representada en el cerebro de varias maneras: actividad cuántica, electromagnética y electroquímica. Pero no todos estos acontecimientos o reacciones se recuerdan más adelante. Podemos tener una experiencia sin guardarla realmente como recuerdo a largo plazo. Por ejemplo, ¿puedes recordar cada detalle de cómo te pusiste a trabajar el viernes pasado, o los detalles de lo que te dijo tu amigo el mes pasado, o incluso la conversación que tuviste ayer en el trabajo?

Olvidamos ciertas cosas porque lo necesitamos para la salud cerebral. También olvidamos información porque no construimos memoria adecuadamente, o porque construimos recuerdos incorrectamente y por eso no podemos acceder a la información que necesitamos. A veces construimos recuerdos que preferiríamos no recordar, que nos intoxican. Nuestra salud mental y cerebral depende de una memoria saludable, fuerte, y en desarrollo. Es tóxico para el tejido cerebral si dejamos de aprender; el cerebro está diseñado para crecer mediante el pensamiento profundo deliberado e intencional.

Entender cómo pensamos y construimos memoria es el modo de disipar el mito del TDAH y las demencias, que no tienen que llegar a ser parte del curso de la vida. Muchas personas reciben un diagnóstico erróneo y son etiquetadas y metidas en un molde cuando en un principio no había ningún molde. En cambio, se debería permitir a todas las personas desarrollar su pensamiento personalizado para construir una memoria estupenda. Todos pueden aprender cómo aprender.

## La historia de la memoria

Por muchos años, el conocimiento generalizado decía que la memoria era almacenada en las conexiones sinápticas entre las neuronas. Puedes agarrar cualquiera de las revistas científicas que hay en los aeropuertos y tienen un cerebro en la portada, y te garantizo que te dirá que la memoria se almacena en la complicada red de conexiones cerebrales entre las células nerviosas. Si ese fuera verdaderamente el caso, tendríamos un problema. No seríamos capaces de recordar mucho después de cada periodo de veinticuatro horas o quizá cuarenta y ocho horas, porque este tipo de formación de memoria es de corto plazo. ¿Acudirías a un médico que ha olvidado lo que aprendió hace veinticuatro horas atrás? De hecho, uno de mis contratos en Sudáfrica era para entrenar a estudiantes de medicina para construir memoria útil a largo plazo, para aprender cómo aprender, porque, según los profesores que me llamaron para que realizara ese entrenamiento: "Nuestros alumnos de medicina no pueden recordar su trabajo". ¡Esta es, sin duda alguna, una situación poco saludable!

Por lo tanto, ¿de dónde sacamos esta idea errónea de la formación de la memoria? Esta teoría de la conexión sináptica fue sugerida por primera vez por Ramón Cajal en 1906 (ver Imagen 21.1).[1] En 1940, Donald Hebb postuló además que los nervios que "disparan juntos, se conectan juntos".[2] Esta frase daba a entender que la memoria es el resultado de estas conexiones sinápticas más fuertes, que ocurren cuando las sinapsis son activadas juntas. En la época, las personas pensaban que las tareas de computación, es decir, analizar información para darle sentido (lo cual ocurre como señales en el cuerpo celular de la neurona) y almacenar información (lo cual ocurre como señales en las dendritas) eran una y la misma. Ahora sabemos que no lo son.[3]

Imagen 21.1

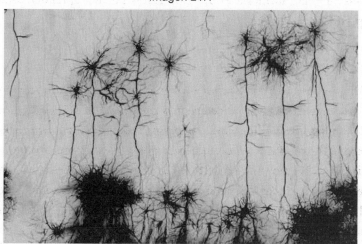

Una mancha de Golgi

Las conexiones sinápticas, de hecho, viven poco tiempo. No tienen suficiente capacidad de almacenamiento para la inmensidad de nuestros recuerdos; no pueden almacenar recuerdos a largo plazo.[4] Estas conexiones sinápticas son demasiado fluidas para el almacenamiento de memoria a largo plazo y no pueden justificar la inmensa capacidad de almacenaje del cerebro.[5]

## Memoria exitosa

Todos queremos construir el tipo de memoria que nos conduzca al éxito. Para hacerlo, necesitamos *pensar* de tal modo que involucremos a nuestras dendritas para construir memoria que conduzca al éxito *a largo plazo* (esto no es un arreglo rápido).

Las conexiones sinápticas se parecen un poco a conocer a alguien por primera vez. Para llegar a conocer a esa persona, hay que hacer algo más que verla una sola vez; hay que pasar tiempo construyendo una relación. Mientras que las conexiones sinápticas representan la reunión inicial, construir la relación requiere la implicación de las dendritas. Las dendritas crecen del cuerpo celular de la neurona (ver Imagen 20.1). Involucrar a las dendritas, igual que construir relaciones, es intencional y deliberado, y requiere una inversión importante de tiempo. Las sinapsis son muy influenciadas por la complejidad anatómica no lineal (en ramas) de las dendritas, con sus muchas puertas de voltaje iónico, que son mínimas puertas cuánticas por las cuales pasan los iones, llevando la información que estamos aprendiendo como mensajes informativos eléctricos y cuánticos desde la mente.

En realidad es muy natural involucrar a las dendritas en nuestro pensamiento, porque pensamos profundamente de modo natural en las cosas que nos interesan. Las cosas tienden a desmoronarse cuando somos abrumados por demasiada estimulación, cuando somos desorganizados, impacientes, estamos poco motivados, o en estrés tóxico. Estos tipos de cosas pueden conducir a la formación fallida de memoria, donde la información es olvidada o distorsionada. Desde luego, esto impactará de modo negativo tu reunión de negocios, tu examen, o incluso esa conversación con tu cónyuge.

## Pensamos más rápidamente que la velocidad de la luz

Nuestros pensamientos son fenomenalmente rápidos; cada pensamiento que pensamos impacta cada una de las 75 a 100 trillones de células del cuerpo en un instante. La computación cuántica en el cerebro puede justificar esta velocidad;[6] hay realmente ciertas estructuras en el cerebro que facilitan la computación cuántica y se involucran adecuadamente cuando pensamos según nuestro modo de pensar personalizado, usando los cinco pasos de los que hablamos en la sección 3.

Cuántico significa energía; tu mente genera energía cuántica a través de tu cerebro mientras vives, piensas y respiras. Necesitas aprender cómo hacer que esa energía trabaje para ti y no contra ti.

Cada pensamiento que tenemos es de hecho un universo verdadero, como se refleja en la investigación científica reciente. La física clásica, que se utiliza para explicar el voltaje y el disparo electromagnético de las neuronas y las sinapsis, es demasiado lenta para explicar la velocidad y la naturaleza infinita de nuestros pensamientos y de los procesos que atravesamos al crearlos. Por lo tanto, tenemos que recurrir a la física cuántica para plantear las preguntas sobre el porqué y el cómo de la mente.[7]

Las dendritas, trabajando con sinapsis y cuerpos celulares mediante la acción cuántica, parecen diseñadas para hacer el trabajo de pensar. Como mencioné brevemente, la acción de los iones en las pequeñas puertas de voltaje de iones en las dendritas tienen cualidades cuánticas.[8] Las estructuras que albergan el contenido y las emociones vinculadas de nuestros pensamientos operan también según principios cuánticos.[9] Forman ramas y crecen para acomodar los recuerdos de todas nuestras múltiples experiencias creativas, momento a momento de cada día, a medida que aprendemos y construimos relaciones entre sinapsis y dendritas en nuestro cerebro. Esto es neuroplasticidad en acción.

Por otro lado, los cuerpos celulares de las neuronas (ver Imagen 20.2) parecen representar la experiencia continuada de pensar de modo computacional; es decir, el momento *ahora* de experimentar la vida en toda su diversidad.[10]

## Nubes de lluvia cuántica

Solo por un momento, sin embargo, necesito apartarme de sinapsis, cuerpos celulares y dendritas para enfocarme en las nubes de actividad cuántica que mencioné brevemente antes. Estos efectos cuánticos son, en realidad, nubes de probabilidades que representan todas las opciones y decisiones libres de nuestra mente en acción.[11] Estas probabilidades no son olas reales, sino más bien olas de probabilidad (posibilidades de opciones) en un espacio conceptual que se conoce como *espacio Hilbert*.[12] El espacio Hilbert es un concepto matemático que tiene ese nombre por, uno de los matemáticos más influyentes de la era moderna.

El colapso de la ola, o nube, es el conocimiento actualizado del observador (tú) al atravesar el proceso de pensar, sentir y decidir a tu propia manera personalizada desde el rango de probabilidades en el espacio Hilbert.[13] Estas posibilidades son, en esencia, todas las decisiones que tienes a tu disposición en cualquier situación dada, ¡que pueden contarse por millones! Cuando analizas (por ej., piensas y sientes), estás en *superposición cuántica*. A nivel anatómico, esto significa que dos partículas están en un 1 y en un 0 al mismo tiempo (lo que se llama un *qubit*) y están sostenidas por el entrelazamiento cuántico antes de colapsar hacia un 1 o un 0 como resultado de una decisión: *tu decisión*. En la vida, esto significa que mantienes a la vista múltiples perspectivas al computar las posibilidades potenciales de las decisiones que tienes delante. ¿Deberías estudiar para ese examen? ¿Deberías disculparte con ese compañero de trabajo? Las posibilidades son interminables.

El cerebro, como computadora cuántica, puede calcular diferentes operaciones simultáneamente como respuesta al proceso de mente en acción en la toma de decisiones. En palabras sencillas, podemos tener en mente múltiples perspectivas al mismo tiempo. Esta mente en acción tiene correlativos físicos en varios niveles: desde las olas de energía, el nivel atómico, y hasta el nivel de nuestra decisión de creer una realidad por encima de otra como nubes cuánticas de probabilidades. ¡El poder de la mente y el poder del cerebro son asombrosos!

## Memoria a corto plazo

La información (lo que estás leyendo, un diagnóstico médico, una situación en el trabajo, una oportunidad, una conversación con un amigo, etc.) entra en el cerebro mediante los cinco sentidos y activa acción electroquímica y cuántica[en las neuronas y el cerebro.] Los cuerpos celulares de las neuronas son activados en el momento cuando examinamos la información (como mencioné anteriormente). En este punto en el tiempo, las sinapsis disparan y se están formando conexiones, ¡muchas conexiones! Como resultado, nace la memoria a corto plazo.[14]

Si entramos en las neuronas, encontramos un increíble país de las maravillas: tubos minúsculos llamados *microtúbulos*, en torno a diez millones por neurona.[15] Estos microtúbulos están formados por proteínas llamadas *tubulina*, que a su vez están formadas por aminoácidos llamados *triptófano*, que a nivel molecular están formados por seis átomos de carbono en forma de anillo (que se llama anillo *aromático*).[16] ¡Vaya! ¿Me sigues aún? Sigue conmigo; ¡pronto llegaremos al meollo de la cuestión!

La acción cuántica tiene lugar en el nivel de la vibración de electrones que oscilan de lado a lado en este anillo. Estos electrones que vibran, debido al *principio de incertidumbre* de Heisenberg[17] (el fundador de la física cuántica), no tienen posiciones fijas (que a nivel mental significa que aún no has tomado tu decisión; sigues analizando, tus células siguen computando como respuesta a tu mente, y aún se están formando tus nubes cuánticas). Los electrones, por lo tanto, se extienden como si fueran una ola literal o nube de probabilidades (o lo que puedes ver como opciones, posibilidades o tendencias), y los anillos aromáticos se entrecruzan y comparten nubes de electrones, pasando a superposiciones de 1 y 0 (el bit cuántico o *qubit*).[18] De hecho, no hay un solo camino de estos *qubits* sino varios, de modo que se llaman *qubits topológicos*. Cuando trabajan juntos se llama *coherencia*.[19]

Mientras más pensemos a nuestra propia y personalizada manera, más coherencia tendremos, permitiéndonos tomar decisiones positivas cuando estamos en superposición. Cuando decidimos, seleccionamos una probabilidad del espacio de Hilbert y colapsamos la ola

*Mi nada es un TODO!*

(o la nube).[20] Esencialmente, transformamos una probabilidad en una realidad. Convertimos nada en un algo, lo cual conduce a lo que decimos y hacemos.

Este colapso de la función de la ola (o la nube) se denomina *decoherencia* en la teoría cuántica.[21] Cuando seguimos pensando en algo, comenzamos a construir esta realidad en nuestro cerebro mediante la expresión genética, permitiendo que se produzca la construcción de memoria en nuestras dendritas; ¡cualquier cosa en la que pensemos más, crecerá! No es extraño que el físico cuántico Christopher Fuchs denomine la teoría cuántica como una teoría del pensamiento![22]

Por lo tanto, ¿qué significa todo esto para nosotros? Constantemente estamos construyendo memoria y actualizando nuestra mente no consciente con nueva información y mayores niveles de experiencia y sabiduría, si decidimos correctamente. Si decidimos incorrectamente, sin embargo, el conocimiento actualizado de la memoria es tóxico y dañino para el cerebro. La decisión es nuestra.

## El efecto zenón cuántico

Para que comience a formarse memoria útil, necesitamos decidir regular nuestro pensamiento de modo deliberado e intencionado mediante enfocarnos y prestar atención a lo que permitimos que entre en nuestra cabeza. En la física cuántica, esto significa que activamos el *efecto zenón cuántico* (EZC), que es un tipo de efecto decoherencia donde las nubes de actividad cuántica colapsan como resultado de lo que pensamos, sentimos y decidimos, y se construye un recuerdo físico.[23]

El EZC describe cómo -cuando prestamos atención a algo repetidamente lo cual colapsa una función de ola o nube de posibilidades- creamos un recuerdo a largo plazo que se convertirá en parte de nuestros sistemas de creencia e influenciará nuestras decisiones en el futuro. En términos sencillos, el EZC es el *esfuerzo* repetido que hace que tenga lugar el aprendizaje. Cualquier cosa en la que pensemos más, crecerá.

*Enfócate, presta atención,*

## Memoria a corto plazo y a largo plazo

Como vimos anteriormente, las conexiones sinápticas que ocurren tras la actividad en el cuerpo celular y tras el colapso de las nubes explican la memoria a corto plazo, debido a su naturaleza transitoria. Las dendritas finalmente guardarán esa experiencia como memoria a largo plazo, dado que haya pensamiento deliberado e intencional y estimulación continuada durante un periodo de unas tres semanas, lo cual sucede cuando utilizas mi Proceso de Aprendizaje de 5 pasos Enciende tu Cerebro. Una experiencia fugaz activa la actividad del cuerpo celular y las conexiones en la sinapsis, construyendo memoria a corto plazo. El pensamiento profundo y deliberado para entender y aprender, por otro lado, activa las conexiones sinápticas, la actividad del cuerpo celular y la actividad dendrítica, lo cual conduce a una memoria útil y de largo plazo.

La memoria exitosa a largo plazo requiere más tiempo y más trabajo. Para construir recuerdos útiles y a largo plazo tenemos que hacer algo más que solo experimentar alguna cosa o alguna información en el momento, ahora. Tenemos que pensar deliberadamente e intencionalmente para entender a fin de construir memoria, y de ahí, aprender. Este tipo de formación de memoria exitosa ha sido el objetivo de mi trabajo, y de ahí este libro, y exactamente la razón por la que he dicho que hay tres partes en el cuidado personal mental: mentalidades, pensamiento personalizado, y aprendizaje.

Cuando vamos por la vida, por ejemplo, cuando estamos en la escuela escuchando un discurso o en el trabajo escuchando una instrucción de un jefe, experimentaremos:

- Nubes cuánticas de actividad en el cerebro.

- Actividad computacional en el cuerpo celular.

- Aumento de la fortaleza sináptica mientras pensamos en la situación, porque este pensamiento causa repetidos disparos de sinapsis; es decir, estimulación de alta frecuencia en las sinapsis. Esto se denomina potenciación a largo plazo

(PLP), lo cual, en teorías más antiguas de la memoria, se consideraba erróneamente "memoria a largo plazo". En realidad, estos disparos son memoria a corto plazo, como dijimos antes, que tiene el *potencial* de llegar a ser memoria a largo plazo.

- Mientras más profundo y deliberado sea nuestro pensamiento, más activaremos las dendritas para crecer, lo cual permite que comience a formarse memoria a largo plazo.

Mientras más practiques el pensamiento deliberado y autorregulatorio utilizando las técnicas de este libro, más responderá tu cerebro: ¡literalmente estás rediseñando tu cerebro cuando piensas! Las dendritas comenzarán a desarrollar bultos de crecimiento, llamados espinas, que se parecen un poco a los nudos en una rama cuando se forma una rama nueva en un árbol (ver Imagen 20.1).[24] Estos bultos cambian de forma con el tiempo, como respuesta al pensamiento *diario, profundo y deliberado*.

El bulto, sin embargo, es un recuerdo débil. Cuando adopta forma de bolita, se está fortaleciendo; cuando se parece a un champiñón, esos recuerdos son los más fuertes y más autosostenibles. Esencialmente las espinas en las dendritas indican memoria a largo plazo a medida que cada vez más espinas, con forma de bolita, se transforman en espinas de memoria a largo plazo con forma de champiñones.

Lo contrario también se aplica. Las sinapsis necesitan actividad constante para mantener su fuerza, de modo que cuando no piensas tan profundamente o regularmente sobre algo, o si dejas de pensar en ello por completo, la actividad relacionada con eso quedará reducida o se detendrá, y la sinapsis perderá energía y, por lo tanto, fortaleza. Como resultado, las proteínas alrededor de la sensible sinapsis desaparecerán, y se produce una disminución en espinas dendríticas y dendritas; las proteínas se desnaturalizan (se extinguen) y olvidamos esa cosa o experiencia. Este proceso de olvido se llama depresión a largo plazo o DLP.[25]

Es increíblemente importante recordar que si esta información es almacenada o no en las dendritas no depende de cuán *intencionalmente* pensemos en algo, y cuánto tiempo y esfuerzo se emplee en pensar en eso. Lo que recordamos y aprendemos está en nuestras manos.

## Tres niveles de pensamiento

En efecto, hay tres niveles de pensamiento. Esto se relaciona de nuevo con el Proceso de Aprendizaje de 5 pasos Enciende tu Cerebro, del que hablamos en el capítulo anterior. De hecho, déjame recordarte que este capítulo se relaciona con este proceso y con el libro entero como los principios científicos subyacentes. Por lo tanto, cuando aplicas las técnicas de los capítulos anteriores, ¡estás haciendo todas las cosas estupendas descritas en esta sección!

El nivel uno contiene pensamientos que son solamente fugaces, los cuales desaparecerán muy rápidamente, de veinticuatro a cuarenta y ocho horas, si no antes.[26] No participa ningún pensamiento profundo, y no se forma ninguna dendrita o espinas dendríticas extra. Solamente se activan el cuerpo celular, conexiones sinápticas y nubes cuánticas. El nivel dos implica más pensamiento deliberado. Sin embargo, si tras algunos días dejas de alimentar la memoria, olvidarás la mayor parte. Crecen dendritas y espinas, pero como no están estabilizadas y automatizadas, la mayoría de ellas disminuyen y desaparecen en un periodo de tiempo corto. Esto ocurrirá si dejas de trabajar en algo entre cinco a catorce días *consecutivos*. El tercer nivel de pensamiento involucra actividad deliberada e intencional diariamente al menos durante tres semanas consecutivas. Este tipo de pensamiento construye dendritas fuertes con espinas como champiñones, que son recuerdos a largo plazo. El Proceso de Aprendizaje de 5 pasos Enciende tu Cerebro activa eficazmente todos estos niveles.

Un recuerdo solamente es útil si lo automatizas. La *automatización* es la ciencia de la formación de hábitos. Esto sencillamente significa que el recuerdo se convierte en un hábito mediante un proceso que toma más de veintiún días.

Para que un recuerdo sea utilizable, necesita mucha energía. Obtiene muchos "paquetes" de energía (*quanta*) cuando piensas repetidamente en el recuerdo diariamente, mediante el proceso disciplinado de recorrer los cinco pasos de mi programa, lo cual da como resultado los cambios neuroquímicos y estructurales requeridos en el cerebro que hacen que ese recuerdo sea un pensamiento utilizable y útil. Esto es el EZC del que hablé antes; el esfuerzo repetido hace que tenga lugar el aprendizaje. El enfoque diario intencional durante un mínimo de sesenta y tres días, en ciclos de veintiún días, permite que se forme un hábito.[27]

Un recuerdo útil, por lo tanto, tiene mucha energía, haciendo que sea un recuerdo *accesible*. Cuando un recuerdo se vuelve accesible, fundamenta la siguiente decisión, como fundamentar la respuesta en un examen. Sin embargo, si no automatizas el recuerdo, no será accesible y, por lo tanto, no te resultará útil. Para convertir la memoria a largo plazo en hábitos, tendrás que escoger la ruta del trabajo duro: invertir tiempo, concretamente sesenta y tres días, pensando repetidamente en la nueva información. Viste cómo aplicar esto cuando trabajaste en el Proceso de Aprendizaje de 5 pasos Enciende tu Cerebro en el capítulo 20.

Desgraciadamente, la mayoría de las personas abandonan dentro de la primera semana de aprendizaje y no siguen adelante. Como resultado, tienen que comenzar a aprender de nuevo, lo cual no es solamente tedioso y desalentador, sino que también crea circuitos negativos de retroalimentación. Los arreglos rápidos y los trucos de memoria son ilusiones; no dejes que te engañen.

**El pensamiento personalizado hace que se construyan recuerdos**

Tu modo de pensar personalizado mantiene la actividad en un nivel cuántico y de modo electromagnético en el cuerpo celular de la neurona, que es donde se computa y transmite la información. Esto es tu mente en acción, que tiene un efecto causal en tu cerebro físico. Mientras más profundamente y más intencionalmente pienses para entender, recordar y aplicar esta información, más recorrerás el ciclo mediante tus siete etapas del pensamiento en tu don, y más te moverás más allá de la computación, transmisión y conexión de sinapsis hacia involucrar activamente las dendritas, donde se guarda la información como memoria a largo plazo.[28]

El pensamiento profundo inducido por mi Proceso de Aprendizaje de 5 pasos Enciende tu Cerebro utiliza tu modo de pensar personalizado y permite que las señales entre dendritas, cuerpos celulares y sinapsis de las neuronas estén muy sincronizadas, lo cual es importante para la construcción eficaz de memoria para aprender nueva información y también desintoxicar problemas mentales. Este proceso permite que se desarrollen recuerdos útiles y con sentido, lo cual puede ayudarte a tener éxito en cada área de tu vida. Ciertamente, no puedes tener éxito en la escuela, el trabajo y la vida si no puedes recordar o no tienes comprensión en cuanto a la información relevante y pertinente para esa situación.

Muchas veces entramos en situaciones con información no sincronizada, reconociendo que sabemos sobre algo, pero somos incapaces de recordar lo suficiente para poder aportar o ser eficaces y exitosos en el momento. Utilizando el Proceso de Aprendizaje de 5 pasos Enciende tu Cerebro, puedes aprender cómo usar tu mente para tu beneficio y evitar este tipo de situación.

### Pero, ¿qué sucede con las dendritas?

He hablado mucho de construir memoria en las dendritas, pero ¿qué sucede realmente en el interior de las dendritas cuando se almacena memoria a largo plazo? Las dendritas no solo aumentan en número, fortaleza y longitud cuando piensas deliberadamente en algo, sino que, como mencioné antes brevemente, también tienen espinas, que se parecen un poco a los nudos en ramas de árboles desde donde crecen otras ramas. Pensar de modo profundo y deliberado hace que

crezcan y se vuelvan más densas, y las espinas cambian de forma y se parecen a champiñones. El modo en que cambia la densidad de la espina dendrítica tiene mucho que ver con la memoria.

Los cambios en las dendritas *parece* que ocurren principalmente en la corteza prefrontal y el hipocampo. Sin embargo, a medida que avanza la ciencia, puede que veamos involucradas más zonas del cerebro. Pero en esta etapa de la investigación de la memoria, creemos que la memoria a corto plazo sucede generalmente en el hipocampo, la memoria a largo plazo parece estar guardada en las dendritas en el neocórtex, y la memoria perpetua está en la amígdala.[29]

Como discutimos anteriormente, surge un patrón donde comienza la formación de un recuerdo con pensar en algo; esto conduce a acción cuántica y una alteración eléctrica inicial en los cuerpos celulares y las sinapsis de células potencialmente en el hipocampo, lo cual inicia una serie de cambios estructurales que conducen al fortalecimiento de la función sináptica y la potenciación a largo plazo (PLP). Con el tiempo, ese cambio inicial se traslada a más cambios estructurales más persistentes en las dendritas y las espinas dendríticas.

Es importante notar que a pesar de siglos de investigación, la codificación en el cerebro ha seguido siendo bastante misteriosa. Los recuerdos duran toda la vida; sin embargo, las conexiones sinápticas viven poco tiempo, sugiriendo que la memoria se almacena a un nivel más profundo. Parece que los microtúbulos, que son los componentes principales del citoesqueleto estructural dentro de las neuronas como discutimos antes, proporcionan este mecanismo.[30]

Los microtúbulos en las dendritas se dividen en ramas y, por lo tanto, son ideales para el almacenamiento de memoria. Los microtúbulos están formados por la proteína tubulina (mencionada anteriormente), que forma el 15 por ciento del total de la proteína cerebral. Los microtúbulos regulan las sinapsis, definen la arquitectura de las neuronas, y parecen procesar la información mediante sus componentes, tubulina, que actúan como mini computadoras cuánticas.[31]

## Copos de nieve y "nanocaniches" andantes

Un momento, ¿qué? ¿Copos de nieve? ¿Champiñones? ¿Nanocaniches? ¡Sigue conmigo! Entiendo que la descripción de la formación de memoria puede ser complicada, pero, aunque no sea por otra cosa, esta sección destaca el poder y la complejidad de nuestra mente y nuestro cerebro. ¡Es un recordatorio de cuán poderoso es en realidad nuestro pensamiento!

Cuando pensamos, la señal de la mente en acción causa actividad en la presinapsis, la cual, a su vez, activa actividad prolongada en el otro lado de la sinapsis (ver Imagen 20.2). Esta activación presinapsis involucra iones de calcio, que transportan la forma electromagnética y cuántica de la información. Imagina una bolsa de compra que tiene tu ropa. Pasan a las neuronas postsinápticas por pequeñas puertas llamadas receptores. Una vez dentro, activan la CaMKII, que es una proteína esencial en la memoria, que se parece a un copo de nieve. Estos "copos de nieve" son posteriormente transformados en una forma con seis patas que se denomina cariñosamente un "nanocaniche".[32] Es como si la bolsa de la compra tuviera dentro un traje nuevo, y cuando te lo pones eres transformado y preparado para esa fiesta.

La extensa investigación de Sir Roger Penrose y el Profesor Stuart Hamerhoff ha mostrado que los "nanocaniches" aterrizan en la tubulina. Cada pata de un "nanocaniche" (llamada dominio quinasa) es capaz de depositar información en forma de energía mediante fosforilación (el mecanismo por el cual la actividad de las proteínas es alterada después de formarse; un grupo de fosfato se suma a una proteína mediante enzimas específicas llamadas quinasas).[33] Esto codifica un bit de información sináptica por mucho tiempo y después avanza; es una traza de memoria.

La amplia investigación de Sir Roger Penrose y el Profesor Stuart Hameroff ha mostrado que los "nanocaniches" depositan información en la tubulina porque encajan perfectamente en las dimensiones espaciales, geometría y enlace electroestático de la tubulina, como si fueran una pieza de un rompecabezas. La tubulina, por lo tanto, se conoce como el sustrato intraneuronal para la memoria, la mínima computadora cuántica que codifica el lugar donde los pensamientos son almacenados físicamente.[34]

Los *centriolos*, que están compuestos por estos microtúbulos de tubulina, están involucrados en la división celular, que es un tipo de lenguaje. Los centriolos almacenan memoria epigenética; aquí, las conductas son transferidas generacionalmente y afectan cómo operamos físicamente.[35] Este es un ejemplo excelente de la conexión entre mente y cuerpo.

El cerebro está muy poblado por estos microtúbulos y "nanocaniches". Estas estructuras son capaces de procesar información a nivel de las membranas y los elementos citoesqueléticos de una célula.[36]

## Arrugas y óxido

Las tubulinas tienen otra característica realmente interesante; se autoensamblan y reensamblan. Son impulsadas por la entropía, lo cual es muy inusual porque la segunda ley de la termodinámica afirma básicamente que la entropía siempre aumenta con el tiempo; ¡el óxido y las arrugas son buenos ejemplos de ello! Las tubulinas esencialmente van en contra de esta ley, una hazaña importante que permite que las neuronas crezcan y, por lo tanto, se desarrollen recuerdos.[37]

Son necesarias de miles adecenas de miles de tubulinas para formar un microtúbulo, y en una neurona hay miles de millones de tubulinas que constituyen todos los microtúbulos. Cada tubulina tiene agua a su alrededor, y están vinculadas de modo ordenado. Cuando se ensamblan, pierden la mayoría del agua, de modo que el beneficio neto en el desorden es mayor que el beneficio neto en el orden. Esto significa que el microtúbulo ensamblado es más desordenado que las tubulinas individuales que flotan en la zona. Esto es importante porque realmente proporciona perspectiva de la relación física para la arbitrariedad: la arbitrariedad del libre albedrío.[38] Este desorden refleja la naturaleza infinita y siempre cambiante de nuestros pensamientos. Necesitamos una estructura que pueda manejar nuestras decisiones, y la tubulina y las nubes cuánticas parecen bien capaces de realizar la tarea.

En todas las células, los microtúbulos están ordenados continuamente desde el centro de la célula hacia el exterior como los radios de una rueda. Esto es la *estructura citoesquelética*. Las neuronas tienen la mayoría de microtúbulos porque son las más complicadas en términos de su estructura. En las dendritas, sin embargo, los microtúbulos son cortos, interrumpidos, y están en redes mezcladas de polaridad, de modo que no proporcionan sostén esquelético. Más bien, tienen alguna otra función. Según el anestesiólogo e investigador de consciencia Stuart Hameroff, esta estructura es perfecta para proveer procesamiento de información y almacenamiento de memoria.[39]

Hameroff cree que la tubulina nos da una vislumbre del poder asombroso de la mente. Cada neurona tiene aproximadamente $10^9$ (mil millones) de tubulinas, que son las subunidades del microtúbulo. Las tubulinas son el equivalente a un bit porque cambian cada segundo; de hecho, cambian aproximadamente un millón de veces por segundo en el rango de megahercios. Esto significa que tienes unas $10^{16}$ operaciones por segundo *en una sola neurona*.[40]

Investigadores sobre inteligencia artificial creen que cuando la computación alcance la complejidad suficiente, que suponen es de $10^{16}$, entonces seres artificiales producirán consciencia inteligente y desarrollarán la misma sabiduría y comprensión que tienen los seres humanos. Sin embargo, según Hameroff, siguen la suposición de que $10^{16}$ es el total de operaciones por segundo para todo el cerebro y, sin embargo, es en realidad solamente para una neurona, y hay unos cien mil millones de neuronas en el cerebro. Como muestra Hameroff, si multiplicamos, por lo tanto, $10^{16}$ por cien mil millones de neuronas, la capacidad en el cerebro ¡es realmente de unas $10^{27}$ (aproximadamente cuatrocientos mil millones) de operaciones por segundo![41]

Como observa también Hameroff, necesitamos mirar más profundo en el interior de las neuronas a los microtúbulos y la tubulina, que actúan como increíbles computadoras cuánticas. Estas estructuras conectan con el universo a nivel cuántico, procesando información y generando energía a estas velocidades incomprensibles. Según Penrose y Hamerhoff, van potencialmente más profundo a niveles de geometría espacio-tiempo, una posibilidad que es coherente con muchas ideas de espiritualidad humana. En la mente suceden muchas más cosas de las que entendemos, que estamos comenzando a ver mediante la investigación en física cuántica y biología cuántica. ¡Esta es una época emocionante en la que vivir!

### El ángulo cuántico del modelo geodésico

El cerebro responde a la mente. La teoría cuántica es una manera de entender esta interacción entre la mente y el cerebro; utiliza las matemáticas para describir esta relación.[42]

Sin duda, el cerebro humano, como el sustrato mediante el cual trabaja la mente, no puede explicarlo solamente la física clásica. Mientras más examinamos y entendemos la consciencia humana y la capacidad de decisión, más vemos que los seres humanos no son solamente máquinas biológicas complicadas de causa y efecto. Como pregunta el físico cuántico Henry Stapps:

> ¿Cómo los movimientos de los objetos con forma de planetas en miniatura de la física clásica dan lugar a sentimientos, comprensión y conocimiento individualistas? La física clásica dice que un día estas conexiones serán conocidas, pero ¿cómo pueden ser entendidas en términos de una teoría... que elimine el agente de la "conexión"[?][43]

La física clásica no puede describir nuestras experiencias únicas. Más bien, opera en un mundo físico predeterminado involucrado en realidades, en lugar de en las potencialidades de la mente humana. En la física cuántica, sin embargo, podemos ver que somos jugadores en un juego; somos cocreadores de nuestra realidad física en evolución.

## El observador individual

Werner Heisenberg, quien recibió el Premio Nobel en 1932 por la creación de la física cuántica, propuso una generalización cuántica de las leyes clásicas. La sustitución de Heisenberg de los números por acciones incorporaba al observador individual al núcleo de la mecánica cuántica. El número representa "propiedades internas de un sistema físico", mientras que la acción que sustituye al número representa a la persona con libre albedrío que observa o sondea el sistema. Las acciones sustituyendo a los números desafía el materialismo de la física clásica, porque la mente (el observador individual) cambia libremente el cerebro (el ámbito físico). En esencia, las intenciones y percepciones conscientes y libremente escogidas del individuo son inyectadas en un sistema físico (cerebro), cambiándolo estructuralmente. Esto, a su vez, resulta en palabras y acciones, y se produce más cambio físico en nuestro cerebro y así, en nuestro mundo.

Heisenberg, sin embargo, no podía explicar qué causa cambios en el cerebro.[44] Las leyes no pueden generarse a sí mismas; necesitan que alguien o algo las genere. La forma de mecánica cuántica de John von Nuemann resolvió este problema introduciendo al individuo con su libre albedrío, lo cual llenó la brecha causal de Heisenberg.[45]

La teoría cuántica mente-cerebro se llama Formulación Ortodoxa Von Neumann de Mecánica Cuántica (¡un trabalenguas, ya lo sé!).[46] Está construida en torno al efecto de las acciones intencionales y psicológicamente descritas de una persona sobre propiedades físicamente descritas (por ej., el cerebro de la persona). Especifica las conexiones causales entre el ámbito de la mente y el ámbito del cerebro, que están gobernados por las leyes básicas de la física. Esta formulación vence la objeción principal del dualismo cartesiano, que es la falta de una comprensión de cómo la mente puede afectar el cerebro.

Notablemente, muestra que la consciencia humana no puede ser "un testigo inerte de la danza sin sentido de los átomos".[47] Tenemos mucho control sobre lo que sucede dentro de nuestra cabeza. No estamos meramente danzando según la melodía de nuestros átomos o nuestro ADN.

Como vimos anteriormente, el cerebro tiene una naturaleza cuántica demostrada por los cálculos de la física cuántica y la neurobiología cuántica, que no puede explicarse adecuadamente por la física clásica. Por ejemplo, los procesos iónicos que se producen en nervios, que están en el nivel atómico y no pueden explicarse por la física clásica solamente porque son demasiado pequeños, controlan el cerebro. El proceso de exocitosis, por ejemplo, que se ocupa de dirigir moléculas neurotransmisoras a las sinapsis, requiere las explicaciones más ajustadas de la mecánica cuántica.[48]

La teoría cuántica demuestra la importancia de la mente en acción, la conexión mente-cerebro, y la capacidad del intelecto, la voluntad y las emociones, que pueden causar cambios físicos en el cerebro. Como resultado, la teoría cuántica es una manera muy poderosa de explicar el aprendizaje y la memoria, juntamente con la neurociencia y la neuropsicología. Por esta razón, la he incorporado al desarrollo de mi teoría, la Teoría Geodésica de Procesamiento de Información (ver el capítulo siguiente) para explicar la conexión mente-cerebro.

El filósofo y teólogo Keith Ward llama a la teoría cuántica "el modelo más preciso jamás desarrollado para entender las cosas más profundas".[49] Dos de las "cosas más profundas", dos de las mayores preguntas que todos enfrentamos en un momento u otro, son cómo pensamos de modo único como seres humanos y cuál es nuestro propósito en esta tierra. ¿Por qué tenemos la mente que tenemos? La física cuántica nos da un modo de describir, científicamente, este sentimiento innato de propósito al mostrarnos cuán poderosas son nuestras mentes. Provee una teoría científica que explica la capacidad de la habilidad de un individuo para decidir, y para cambiar su cerebro, su cuerpo y el mundo. Destaca la importancia del pensamiento

*Intuitivamente*

y de que todos somos únicos. La física cuántica provee así validación de algo que todos sentimos intuitivamente: nuestros pensamientos conscientes tienen la capacidad de afectar nuestras acciones.

## Entrelazamiento

La física cuántica nos ayuda a entender cuán entrelazado y dependiente es nuestro mundo. Si un fotón cobra existencia a mil millones de años luz de aquí, te afecta a ti, incluso si no notas que te afecta. John Bell, famoso por el Teorema de Bell (formulado en el CERN en Ginebra en 1964),[50] observó que hay una relación cuántica inseparable de cada parte con cada otra parte en nuestro universo. Sin importar cuán alejadas estén en distancia y tiempo, todas las partículas en una relación se afectan mutuamente; estas relaciones existen más allá del espacio y el tiempo.

- mente en acción
- la conexión mente – cerebro
- la capacidad del intelecto
- la voluntad
- las emociones
  pueden causar cambios
  físicos en el cerebro.

# VEINTIDÓS

# La Teoría Geodésica de Procesamiento de Información

Has llegado al último capítulo; ¡bien hecho! En este capítulo aprenderás sobre la investigación científica que respalda todo lo que has leído en este libro. No tienes que leerlo para beneficiarte del libro, pero he decidido incluir esta sección pesada de ciencia, escrita tan sencillamente como puedo, para ayudarte a entender el fundamento de mis principios. Desde luego, son conceptos complejos; sin embargo, son muy relevantes para entender el punto del cuidado mental propio y de ir más allá de la concientización.

La Teoría Geodésica de Procesamiento de Información es la teoría que desarrollé por primera vez hace casi treinta años atrás y he actualizado en los años intermedios. Las herramientas presentadas en este libro están basadas en este fundamento, al igual que todos mis programas y libros.[1] El Perfil del Don y el Proceso de Aprendizaje de 5 pasos Enciende tu Cerebro fueron desarrollados a partir de este modelo.

Al leer esta sección, te resultará útil consultar la Imagen 22.1, el modelo de mi teoría.

Mi teoría tiene diferentes componentes:

## Imagen 22.1

# MODELO GEODÉSICO DE PROCESAMIENTO DE INFORMACIÓN

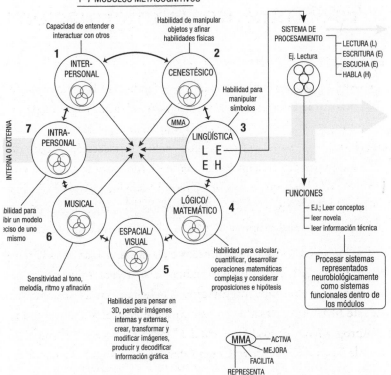

NO-CONSCIENTE

## NIVEL METACOGNITIVO

90% del Aprendizaje

MMA

Raíz del proceso de pensamiento y después estructura del no-consciente

Funciones corticales elevadas complejas automatizadas

1–7 MODULOS METACOGNITIVOS

Capacidad de entender e interactuar con otros

Habilidad de manipular objetos y afinar habilidades físicas

SISTEMA DE PROCESAMIENTO

Ej. Lectura

— LECTURA (L)
— ESCRITURA (E)
— ESCUCHA (E)
— HABLA (H)

**1** INTER-PERSONAL

**2** CENESTÉSICO

Habilidad para manipular símbolos

MMA

**7** INTRA-PERSONAL

**3** LINGÜÍSTICA
L E
E H

INTERNA O EXTERNA

**6** MUSICAL

**5** ESPACIAL/VISUAL

**4** LÓGICO/MATEMÁTICO

FUNCIONES

— EJ.; Leer conceptos
— leer novela
— leer información técnica

Procesar sistemas representados neurobiológicamente como sistemas funcionales dentro de los módulos

Sensitividad al tono, melodía, ritmo y afinación

bilidad para ibir un modelo eciso de uno mismo

Habilidad para pensar en 3D, percibir imágenes internas y externas, crear, transformar y modificar imágenes, producir y decodificar información gráfica

Habilidad para calcular, cuantificar, desarrollar operaciones matemáticas complejas y considerar proposiciones e hipótesis

MMA — ACTIVA
— MEJORA
— FACILITA
— REPRESENTA

## NIVEL NEUROFISIOLÓGICO

REPRESENTACIÓN BIOLÓGICA

1–7 representados biológicamente como columnas modulares de células neuronales ascendiendo desde la corteza hasta la subcorteza y al sistema límbico por los hemisferios izquierdo y derecho

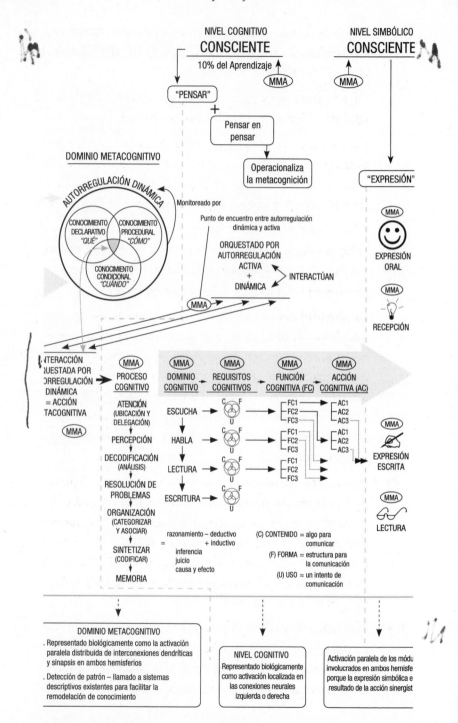

- Hay *siete módulos metacognitivos*: Interpersonal, Intrapersonal, Lingüístico, Lógico/Matemático, Cenestésico, Musical y Visual/Espacial.

- Cada módulo metacognitivo tiene cuatro sistemas de procesamiento: Habla, Lectura, Escritura y Escucha.

- Cada sistema de procesamiento se divide en tres *dominios metacognitivos*: el Declarativo (el "qué" de la información de la memoria), el Procesal (el "cómo" de la información de la memoria), y el Condicional (el "cuándo/por qué", o el propósito y componente emocional de la memoria).

- Estos dominios metacognitivos proveen la estructura de los *sistemas descriptivos* (recuerdos). La exclusividad de tus recuerdos está albergada en estos tres elementos.

- La actividad que se produce en estos componentes es controlada por la regulación de la mente en acción: tus pensamientos, sentimientos y decisiones. A nivel no consciente, donde tiene lugar aproximadamente del 90 al 99 por ciento del aprendizaje, esto se denomina *autorregulación dinámica*. A nivel consciente, donde tiene lugar aproximadamente del 1 al 10 por ciento del aprendizaje, esto se denomina *autorregulación activa*.

- Finalmente, *acción metacognitiva* es el término para el pensamiento profundo que causa que los elementos del qué, cómo y cuándo/por qué de tu memoria comiencen a interactuar mediante el pensamiento deliberado e intencional. Mientras más intencional y deliberada sea la autorregulación activa, más probable es que interactúe con la autorregulación dinámica (nivel no consciente).

- Los *recuerdos con mayor energía* (los recuerdos, que son pensamientos, a los que se ha prestado atención repetida y diligente y, por lo tanto, están grabados en un formato accesible) pasarán a la mente consciente. Lo que se mueve a la atención consciente es, así, aquello en lo que hayamos pasado más tiempo pensando.

## Los siete módulos metacognitivos

Los siete módulos metacognitivos trabajan juntos de modo entrelazado. Más concretamente, estos módulos trabajan de maneras únicas para cada uno de nosotros. Los siete módulos metacognitivos de la estructura/diseño del don están albergados dentro de la mente cuántica no consciente y compleja, que trabaja sin descanso las veinticuatro horas a velocidades inmensas que se calculan en $10^{27}$.

Estos siete módulos no son exhaustivos, sino más bien representativos del amplio rango de conocimiento y potencial intelectual humano. Todos los individuos poseen el espectro completo de los siete módulos metacognitivos, pero en cantidades que varían y combinados de distintas maneras, revelando así rasgos cognitivos específicos; de ahí la especificidad de tu modo de pensar personalizado, como identificamos en el Perfil del Don que estudiamos en la sección 2.

Los siete módulos metacognitivos de mi teoría difieren de las siete inteligencias de la teoría de las "inteligencias múltiples" de Howard Gardner.[2] Mis siete módulos incorporan los tres tipos de conocimiento dentro del dominio metacognitivo: conocimiento declarativo, procesal y condicional. Las inteligencias de Gardner solamente incorporan el conocimiento procesal y, por lo tanto, están incompletas en el sentido del rango del conocimiento humano.

No podemos enfocar de manera reduccionista el modo en que pensamos, sentimos y decidimos. Aunque estos módulos operan como unidades independientes, cada uno con sus propias características cognitivas, están diseñados para interactuar cuando procesas información (pensamiento, sentimiento y decisión). Cuando estos módulos interactúan, se produce pensamiento del más elevado orden, porque el resultado neto de la interacción entre los módulos es calidad mejorada *dentro de* los módulos.

Es importante recordar que los siete módulos metacognitivos trabajan en armonía. No se puede observar o escuchar a una persona y notar los siete. Lo que veremos es el producto final de los siete módulos trabajando juntos de una manera que es única para esa persona. Es el todo colectivo expresado mediante las palabras y acciones de alguien lo que nos da a cada uno nuestra propia "armonía".

## Los sistemas de procesamiento

Como mencioné anteriormente, los módulos metacognitivos se dividen en cuatro sistemas de procesamiento: lectura, habla, escucha y escritura. Cada uno de estos sistemas de procesamiento a su vez tiene una función, como leer conceptos, leer una novela por placer, leer un manual técnico complejo, escribir un correo electrónico, escribir una historia, dar un discurso, tener una conversación con nuestro mejor amigo, etc.

Un sistema de procesamiento es un resultado de toda una serie de procesos. Por ejemplo, el sistema de procesamiento de leer un libro, que sería parte del módulo metacognitivo Lingüístico, está formado por varios procesos como el seguimiento visual de las letras, la discriminación visual de las letras, y la combinación de estas letras en unidades de significado. El sistema de procesamiento de leer tiene también varias funciones, como la lectura para obtener conocimiento factual o leer para aprender lo que les sucede a los personajes en una novela. Cada uno de nosotros tiene su propia interpretación/filtro (nuestro modo de pensar personalizado) mientras hace eso.

Un sistema de procesamiento se representa neurológicamente como una estructura funcional compuesta por interrelaciones de distintas partes del cerebro. Los sistemas de procesamiento al final serán expresados a nivel simbólico por la acción cognitiva: lo que dices y lo que haces (ver Imagen 22.1). En mi modelo, un sistema de procesamiento se ve como el canal mediante el cual se expresan las habilidades intelectuales concretas de un dominio en particular.

Operar en tu pensamiento personalizado y utilizar el Proceso de Aprendizaje de 5 pasos Enciende tu Cerebro maximizará la selección e integración de las funciones en los sistemas de procesamiento más eficaces para operar los actos cognitivos, dando como resultado un desempeño óptimo. Esto significa que dirás y harás lo mejor para esa situación.

## Autorregulación dinámica

Para leer ese libro o dar ese discurso, necesitas activar u operar el sistema de procesamiento. Eso se denomina *autorregulación dinámica*, una fuerza impulsora muy potente de tu mente en acción no consciente, y muy concreta de tu pensamiento personalizado.

Como mencioné anteriormente, tu mente no consciente está siempre en acción las veinticuatro horas, de modo que siempre se está produciendo autorregulación dinámica. Tu mente no consciente no deja de analizar, limpiar, leer e integrar todos los recuerdos que tienes, que cambian y crecen como respuesta a las experiencias de tu vida cotidiana.

Finalmente, la actividad de la mente no consciente explica la acción de toma de decisiones de alto nivel, que se produce incluso cuando estamos distraídos con otras tareas a nivel consciente. La autorregulación dinámica controla hasta el 90 por ciento del pensamiento y el aprendizaje. Es responsable de activar y vigorizar los recuerdos de largo plazo y los sistemas de creencias (cosmovisiones) para que pasen a nuestra atención consciente y, como tal, tiene una influencia enorme en nuestros pensamientos, sentimientos y decisiones conscientes. La autorregulación dinámica también mantiene la consciencia y la alerta en los siete módulos metacognitivos mientras está teniendo lugar una reconstrucción interna (rediseño, crecimiento, y cambio de los recuerdos).

## Autorregulación activa

El pensamiento consciente y cognitivo se denomina *autorregulación activa*. Mientras más profundamente pensamos, más interactúa la autorregulación activa con la autorregulación dinámica. La autorregulación activa es intencional y está controlada por nuestra decisión de prestar atención a algo. Su eficacia está determinada por cuán conscientes y deliberados somos en cualquier momento dado.

Es importante recordar que los pensamientos (conocidos también como sistemas descriptivos o recuerdos) son automatizados (convertidos en hábito) mediante el pensamiento cognitivo deliberado, repetido y consciente. Este tipo de pensamiento tiene que producirse durante un mínimo de tres ciclos de veintiún días (por lo tanto, sesenta y tres días) para que se produzca una verdadera comprensión.

## El dominio metacognitivo y los sistemas descriptivos

Cada uno de los siete módulos metacognitivos utiliza su propio sistema operativo, conocido como *dominio metacognitivo*. Estos dominios utilizan tipos de conocimiento declarativo (qué), procesal (cómo) y condicional (cuándo/por qué) para construir recuerdos con naturaleza de patrones (sistemas descriptivos). Estos recuerdos, a su vez, se convierten en sistemas de creencia o cosmovisiones, que se reflejan en nuestras actitudes (sistemas descriptivos ampliados y fortalecidos).

Cada momento de cada día nos fusionamos con nuestro entorno. Mediante pensar, sentir y decidir estamos aprendiendo y plantando pensamientos en el cerebro, que son cosas físicas y reales. Este proceso tan sofisticado y complejo es esencialmente la ampliación y consolidación de sistemas descriptivos mediante la adición de los tres tipos de conocimiento (pensar, sentir y decidir) al dominio metacognitivo. Sucede en nuestra mente las veinticuatro horas del día, ¡incluso mientras estamos dormidos! Verdaderamente somos seres maravillosamente intelectuales, incluso cuando no somos conscientes de lo que está sucediendo en nuestra mente.

Sin embargo, lo que ocurre a nivel metacognitivo es único para cada uno de nosotros. El modo particular en que tú construyes y almacenas recuerdos se basa en tus percepciones e interpretaciones específicas, que son exclusivas de ti. Los diversos mecanismos en el sistema nervioso son activados, de hecho, para desempeñar operaciones concretas con la información, se produce un cambio estructural en el cerebro, y esto es único para cada persona. El uso repetido, la elaboración y la interacción entre los dispositivos computacionales conducirán a formas de conocimiento que son útiles, inteligentes y exclusivos para ti. Así, los dominios metacognitivos en el modelo geodésico reflejan la idea de que los seres humanos están constituidos para ser sensibles a cierta información a su propia manera única.

Cuando se presenta una forma particular de información, tu mente pasa a la acción y trabaja mediante el sustrato de tu cerebro. Tu autorregulación será totalmente diferente a la mía; la persona que tiene su manera de pensar, por defecto impulsa todos estos procesos.

En la Teoría Geodésica de Procesamiento de Información, la memoria se ve esencialmente como parte del proceso cognitivo, donde los nuevos sistemas descriptivos son replanteados o rediseñados. Cuando un nuevo sistema descriptivo es replanteado, se almacena en los dominios metacognitivos apropiados del módulo metacognitivo específico, en forma de conocimiento declarativo, procesal y condicional. El replanteamiento de nuevo conocimiento es actualizado y mejorado a nivel cognitivo. Después es almacenado en el nivel metacognitivo, donde será utilizado en el futuro replanteamiento de nuevo conocimiento.

### Acción metacognitiva y potencial de disposición

La autorregulación activa concientizada, intencional y deliberada activará la interacción entre la autorregulación activa y dinámica, el resultado de lo cual es pensar profundamente. Este pensamiento profundo se denomina *acción metacognitiva*, que es cuando los elementos del qué, el cómo y el cuándo/por qué de tu memoria comienzan a interactuar mediante el pensamiento deliberado hasta que generan energía suficiente para pasar a tu mente consciente. Si el pensamiento consciente no es deliberado (es decir, con el objetivo de desarrollar comprensión, que es cuando interactúan la autorregulación activa y dinámica) durante un periodo de aproximadamente sesenta y tres días, entonces lo que estás pensando no se convertirá en una parte influyente de tu mente no consciente.[3] Estos son los procesos que has estado aprendiendo a activar en este libro.

El pensamiento profundo e intencional da forma a nuestra cosmovisión. Estos pensamientos se arraigan profundamente en la mente no consciente y, aunque no están disponibles para la introspección consciente, siguen influenciando los resultados finales cognitivos de nuestros pensamientos, sentimientos y decisiones. Se vuelven disponibles para la introspección consciente tan solo cuando pensamos profundamente, utilizando nuestro modo de pensamiento personalizado, que literalmente les da la energía para pasar a la alerta consciente.

La acción metacognitiva es tu pensamiento, sentimiento y decisión profundos, expresados como los elementos fundamentales de tu modo de pensar. Cuando el recuerdo pasa a la parte consciente de tu mente, eres consciente de ello, y el recuerdo influye o no influye (tú puedes decidirlo conscientemente) en tu actual procesamiento de aquello en lo que te estés enfocando. Y cuando los recuerdos relevantes pasan de la mente no consciente a la mente consciente, la experiencia es ampliada y aumentada con conocimiento nuevo añadido a los recuerdos. Se producirá mejor integración entre recuerdos mientras más profundamente pensemos, contribuyendo también al replanteamiento del conocimiento. Esencialmente, no solo añadimos hechos a nuestros recuerdos; literalmente los rediseñamos con cada nuevo pedazo de información que percibimos y comprendemos de modo único. Si una persona no piensa profundamente, sintiendo y decidiendo de modo repetido, intencional y deliberado, y haciéndose responsable de su propio aprendizaje, la entrada no será lo bastante fuerte para inducir un cambio cognitivo, emocional, conductual y académico.

Como hemos mencionado a lo largo de este libro, cuando pensamos profundamente a nuestra propia y única manera (ver capítulo 18 sobre el Perfil del Don) y utilizamos el Proceso de Aprendizaje de 5 pasos Enciende tu Cerebro, inducimos la neuroplasticidad: nuestro cerebro cambia. Nuestra mente lee o interpreta las actividades y patrones de las neuronas, y las dendritas de nuestro cerebro. Las dendritas almacenan los recuerdos producidos por las señales de la mente (ver el capítulo 20). Mientras más pensamos y generamos acción metacognitiva, más influenciamos y cambiamos esta configuración de la memoria física, la cual entonces está lista para ser leída de nuevo (recordada) en un momento posterior mediante la acción metacognitiva. Todo esto requiere que el cerebro funcione adecuadamente.

Los científicos ven trazas de esta autorregulación dinámica no consciente en el cerebro, lo cual se denomina *potencial de disposición*. Este potencial involucra la interacción entre la autorregulación dinámica y la autorregulación activa, que es activada mediante el pensamiento profundo y deliberado. Cuando ocurre esta interacción, el proceso cognitivo es literalmente encendido. La cognición es regulada por la metacognición y lleva la acción metacognitiva del sistema de procesamiento al nivel expresivo simbólico: lo que decimos y hacemos. Y a medida que utilizas las técnicas que hay en este libro, estás activando estos procesos.

### La cuestión de la consciencia

Benjamin Libet, un pionero en el campo de la consciencia humana, realizó uno de los primeros estudios sobre cognición y metacognición.[4] Su investigación comenzó a principios de la década de 1980 (cuando yo estaba realizando mi primer nivel de investigación de posgrado en este campo) y ha dado forma al modo en que muchos científicos enfocan la cuestión de la consciencia. Libet conectó a personas a una máquina que medía la actividad cerebral mientras les pedían al azar que decidieran presionar un botón. Entonces se pedía a los sujetos que observaran conscientemente cuándo decidían presionar el botón. Él descubrió que justamente antes de la decisión consciente de presionar el botón, aproximadamente 200 milisegundos, había un aumento consciente de actividad en el cerebro, que él acuñó con el término de "potencial de disposición". Aproximadamente a 350 milisegundos, los sujetos mostraban actividad no consciente antes de reportar cualquier grado de alerta consciente. Estudios posteriores vieron este aumento diez segundos antes de una decisión consciente.[5]

Algunos seguidores del materialismo interpretaron los descubrimientos de Libet de un modo que negaba la capacidad de decisión.

Concluyeron que los estudios mostraban que el cerebro era la causa de la actividad consciente, ya que la acumulación de potencial de disposición ocurría antes de una decisión consciente.[6] Posteriormente, utilizaron esta interpretación para negar la existencia del libre albedrío. Sin embargo, más investigaciones mostraron que el potencial de disposición seguía ahí, incluso cuando los sujetos tenían que presionar un botón cuando veían un cubo entre muchas otras figuras geométricas.[7] La actividad cerebral medida durante la tarea mostraba que el potencial de disposición estaba ahí incluso antes de que apareciera el estímulo. Como observó uno de los investigadores:

> Nuestros resultados muestran que la actividad neural, que está presente antes de las respuestas motoras, surge mucho antes de la presentación de un estímulo. En ese momento los participantes no eran capaces de saber si presionar el botón izquierdo o derecho antes de que apareciera un estímulo. Además, la activación que precede a la estimulación no difería de modo significativo entre las dos respuestas alternas. Así, la actividad observada no puede considerarse como una preparación específica para presionar uno de los botones en lugar del otro.[8]

En esencia, no podemos decir que el "cerebro decidió" presionar un botón. El potencial de disposición existe haya o no un botón que presionar (o algún otro estímulo); otra cosa es responsable de las decisiones específicas que tomamos en cualquier momento dado. No podemos mirar el cerebro y decidir por qué un ser humano toma las decisiones que toma, porque el cerebro con su correlativo neural no nos dice nada sobre la experiencia y el libre albedrío de una persona.

Libet, de hecho, no negaba el libre albedrío.[9] Observó que la mente tenía la capacidad de vetar una acción mientras continuaba la actividad neural. Lo denominó el "veto consciente", que apoya la idea del libre albedrío. El cerebro operará en piloto automático y desempeñará nuestras tareas, y sin embargo, la mente única y compleja, o el "yo" (pensamiento personalizado) tiene la capacidad de interferir para evitar que se lleve a cabo la actividad.

Estos estudios no demuestran meramente que el cerebro opera en piloto automático. El libre albedrío no es solo una ilusión, como varios destacados materialistas nos querrían hacer creer.[10] Más bien, el cerebro, como un sustrato físico, parece responder a (o estar siendo "utilizado" por) la mente no consciente, que está orquestada por la autorregulación dinámica y el proceso de seleccionar los sistemas descriptivos apropiados (recuerdos) que tienen que pasar a la mente consciente. Cuando los recuerdos han pasado a la mente consciente y hemos filtrado la información mediante nuestro modo de pensar personalizado, pensamos, sentimos y tomamos una decisión sobre si cumplir o ignorar una acción. Lo que decidimos importa.

## La diferencia entre tu pensamiento personalizado y el mío

La diferencia entre tu pensamiento personalizado y el mío parece involucrar diferencias en los componentes de los siete módulos metacognitivos, sus dominios metacognitivos y sus sistemas de procesamiento. Sin duda, la acción metacognitiva de la autorregulación dinámica y activa es también exclusiva del individuo. Tu modo de conducir tu mente es único: tu manera de pensar personalizada es capturada y reflejada en el qué, cómo y cuándo/por qué, además de cómo lo manejas mediante la autorregulación dinámica y activa.

Cuando trabajaste mediante el Perfil del Don, esta exclusividad de tu pensamiento personalizado es lo que estabas desatando. El resultado neto es una alerta consciente de tu identidad: es una perspectiva particular de tu pensamiento personalizado para así poder resaltar y mejorar tu capacidad de pensar, sentir y decidir. Esto es concientización inteligente. Los siete módulos metacognitivos trabajan juntos de modo entrelazado y simultáneo, y de maneras únicas para cada uno de nosotros. Todos tenemos la capacidad de pensar, sentir y decidir, pero nuestro pensamiento personalizado es diferente y exclusivamente nuestro, como nuestras huellas dactilares. La fortaleza en la suma de las partes es el principio fundamental de esta perspectiva modular. La calidad de las funciones corticales más elevadas es influenciada por la interacción armoniosa de los siete módulos metacognitivos.

Cuando nos alejamos de nuestro pensamiento personalizado, no aprovechamos los módulos correctamente. El pensamiento incorrecto solamente agarra una sección de módulos, y lo hace de manera parcial. Deberíamos, por lo tanto, estar muy atentos a aquello en lo que nos enfocamos: podríamos estar aprendiendo cosas que tendrán un impacto negativo en nuestra salud. Utilizar las técnicas presentadas en este libro te permitirá llegar al modo éxito, pensando.

## Aprendizaje

El aprendizaje es el replanteamiento del conocimiento. Es el rediseño de la memoria. Está controlado por la autorregulación activa y dinámica. Tiene la cualidad de la implicación personal, es penetrante, y su esencia es el sentido y el propósito. Lo que aprendemos determina el sentido de nuestras vidas, ya que da forma a nuestra cosmovisión, o el filtro de la mentalidad mediante la cual lo vemos todo.

Cuando operamos en nuestro pensamiento personalizado y utilizamos el Proceso de Aprendizaje de 5 pasos Enciende tu Cerebro, estamos aprendiendo de una manera saludable y construyendo recuerdos sanos. Nuevos desarrollos en el campo de la física experimental confirman la necesidad de este tipo de enfoque profundo y dirigido al aprendizaje de la formación de memoria, que yo he utilizado con éxito durante más de tres décadas en mi trabajo e investigación.[11] Sin embargo, cuando operamos fuera de este ámbito, aprendemos de manera distorsionada y construimos recuerdos tóxicos que dañan el cerebro y el cuerpo. Todos tenemos que preguntarnos lo que queremos en los almacenes de memoria de nuestra mente. Cualquier cosa en la que más nos enfoquemos crecerá e influenciará nuestras perspectivas y sistemas de creencias (o cosmovisiones). Como dice el dicho, nos convertimos en lo que amamos. Esta puede ser una experiencia tanto positiva como negativa.

Operar en tu pensamiento personalizado, incorporando las mentalidades correctas y aplicando el Proceso de Aprendizaje de 5 pasos Enciende tu Cerebro, marcará un mundo de diferencia para tu pensamiento, tu aprendizaje y tu éxito.

# Epílogo

Las mentalidades contienen poder; el pensamiento personalizado activa este poder; el proceso de cinco pasos convierte este poder en cambio duradero y sostenible.

Las mentalidades son el marco; también son el lienzo y las pinturas. El pensamiento personalizado es la capacidad del proceso de pintura, un proceso que será diferente para cada uno de nosotros. La construcción de memoria es la obra de arte terminada que cuelga en nuestra galería. Y tú, tú eres el genio, pintando una obra maestra que nunca nadie ha pintado antes.

No puedes controlar los acontecimientos y circunstancias de la vida. Sin embargo, puedes controlar tus reacciones a los acontecimientos y circunstancias de la vida mediante las decisiones que tomas y los pensamientos que tienes. Cuando entiendes el poder de tus mentalidades y tu modo de pensar personalizado, y aprovechas la capacidad de tu mente para construir recuerdos saludables, comenzarás a entender que puedes decidir controlar cómo vives tu vida. ¡Puedes decidir qué cuadro quieres crear!

Las herramientas que hay en este libro están pensadas para ayudarte a prosperar y no tan solo a sobrevivir. Te ayudarán a aprender a aprovechar la capacidad de tus pensamientos para pensar profundamente, aprender poderosamente, manejar los peligros de nuestra era digital, y vivir una vida llena de sentido y significado.

Podrás descubrir el éxito cuando piensas y aprendes en la escuela, en el trabajo, y en cada área de tu vida. No eres una víctima de lo que las personas dicen de ti o de lo que te dices a ti mismo.

Independientemente de dónde estés y lo que te suceda, puedes vivir el tipo de vida que quieras vivir.

La decisión es *tuya*.

# Palabras finales

C on nuestra consciencia cada vez mayor de la complicada conectividad de todo el macrocosmos que está "fuera" de nosotros, y el microcosmos siempre en expansión que está "dentro" de nosotros, este nuevo texto de la Dra. Leaf debería llegar a ser de lectura y estudio obligados para cada persona adulta. Es un llamado a la consciencia del declive catastrófico en el aprendizaje verdadero, que surge de nuestra tendencia como sociedad a alejarnos de las verdaderas capacidades de pensamiento y dirigirnos a una definición destructiva y vacía de lo que la sociedad define como éxito.

La Dra. Leaf vuelve a poner en primera línea cómo nuestro pensamiento, nuestra mentalidad, esencialmente guía la eficacia de nuestro aprendizaje. Como afirma en su introducción: "No estamos diseñados para recordarlo todo y cualquier cosa; estamos diseñados para recordar lo que necesitamos para tener éxito. Esto requiere comprensión y un entendimiento profundo y enfocado. Necesitamos aprender qué aprender y cómo aprenderlo".

Con la mayoría de los seres humanos siendo bombardeados cada vez más con información desde temprana edad, muchas personas están experimentando una "charla incesante" que secuestra sin cesar nuestra mente, nuestros pensamientos, nuestras emociones y nuestras acciones. Hemos estado viendo y experimentando un cambio global en la "manera" en que pensamos, y los resultados no son buenos, sea que analicemos los datos de la CDC, la NIMH, la WHO, o cualquier otra organización que rastrea de modo preciso la disminución epidémica en nuestra salud mental general, incluido un aumento epidémico de trastornos neurofisiológicamente perturbadores.

¿Cómo tenemos éxito en silenciar esta incesante charla mental agotadora, con frecuencia negativa, e impulsada por el temor? En *Piensa, aprende y ten éxito* se nos da un mensaje de esperanza práctica de que un programa con base científica, aplicado prácticamente y con resultados alcanzables, está en nuestras manos.

Que cada capítulo hable de una mentalidad esencial es enfáticamente positivo y práctico, y los "consejos de activación" relacionados llevan la información a la aplicación práctica con algunos pasos sencillos, lo cual finalmente puede hacer surgir verdadero éxito que se manifiesta en una vida que cambia.

Con la comprensión fundamental de nuestras maneras únicas de pensar, sentir y decidir, reflejadas mediante nuestras mentalidades, nuestro pensamiento "personalizado" se manifiesta de modo único mediante nuestros dones individualizados. Al ser aclarado todo esto mediante el Perfil del Don, una herramienta muy valiosa para entender nuestros siete módulos del pensamiento, tenemos una aclaración experiencial de nuestros propios ciclos de pensamiento.

Cada capítulo y sección de *Piensa, aprende y ten éxito* está esperando que le presten atención quienes deseen profundizar hacia un vivir con una mente liberada, sana y en paz.

Robert P. Turner, MC, MSCR, QEEGD, BCN, neurólogo

John Piper
Versión Cristiana
del COVID-19

.kale

primer
hábitos... (369)

21
21
21
---
63 = 6 + 3 = 9

Tesla

# APÉNDICE

# Los Metacogs

Aquí tenemos catorce ejemplos de Metacogs para mostrarte cómo pueden verse. ¡Espero que te estimulen a crear tus propios Metacogs!

impulsos eléctricos

a través de la corteza

Qué

el — entendre

barrido

a través de los árboles

pensamiento

formación

"brisa" a

don

proceso

responder — preguntar

discutir

cuerpo calloso

sistema límbico

lóbulo frontal

PPC

ACG

centro — circundante

cerebro anterior basal

Don — serotonina

paletas

sombrillas

dendritas

brazos

expresión de genes

síntesis de proteína

nerviosas — células

hipocampo

amígdala

corteza

conocimiento

eventos

circunstancias

ideas, etc.

información

leer

escuchar

olfato

gusto

tacto

¿Qué?

¿Cómo?

¿Dónde?

¿Cómo?

¿Dónde?

RESUMIR

REFLEXIONAR

2

SUMOS 5

pasos a la sabiduría

3 DIARIO

¡Renovar nuestras mentes!

Romanos 12:2

Efesios 4:21-24

Qué — pensar — en algo

Cómo — 15-35% — hacia el — metacog

¿Dónde? — corteza — límbico

sistema

don

neuronas

4 REVISTAR

Qué

¿Cómo? — mirar — un Metacog

comparar — conocimiento

orar — fuente — de info

Dónde — neuronas — crecer — axón — ramas

proteínas — dendritas — en las — sinapsis

mantener — la memoria

solución — de Dios

5 ALCANZAR

¿Qué?

¿Cómo? — comunicación

sabiduría

¿Dónde? — pensamiento

formación — ruta — revertida

habla

escrito

baile

arte

música

conducta

... etc.

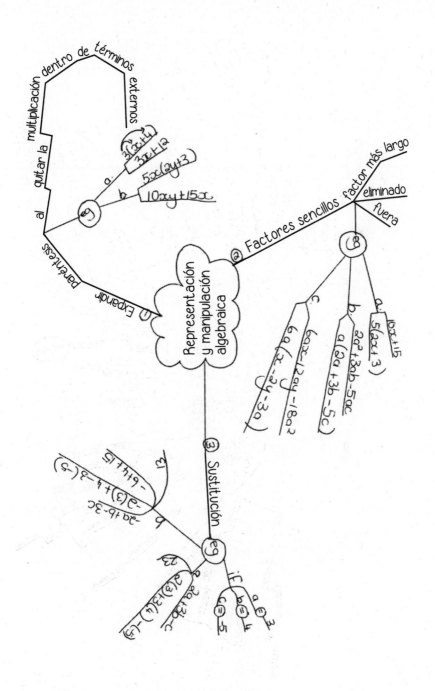

Representación y manipulación algebraica

① Expandir paréntesis — al quitar la multiplicación dentro de términos externos

⑤
a: $3(x+4)$
$3x+12$

b: $5x(2y+3)$
$10xy+15x$

② Factores sencillos — factor más largo — eliminado — fuera

⑧
a. $10x+15$
$5(2x+3)$

b. $2a^2+3ab-5ac$
$a(2a+3b-5c)$

c. $6ax-12ay-18a^2$
$6a(x-2y-3a)$

③ Sustitución

eg
b: $-3a+b-3c$
$-3(3)+4-3(-5)$
$-9+4+15$

$3c-2a+3b$
$3(-5)-2(3)+3(4)$

a = 3
b = 4
c = -5

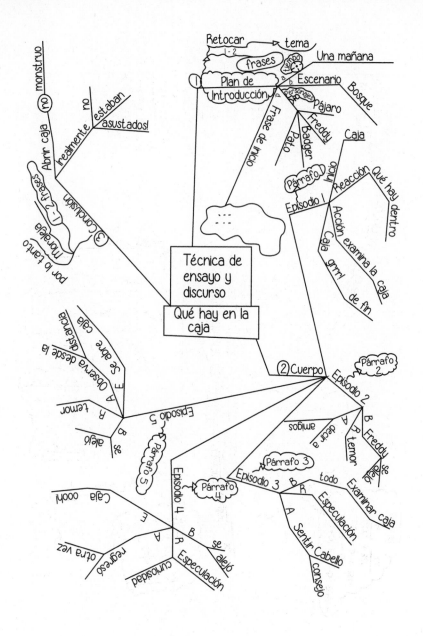

Técnica de
ensayo y
discurso

Qué hay en la
caja

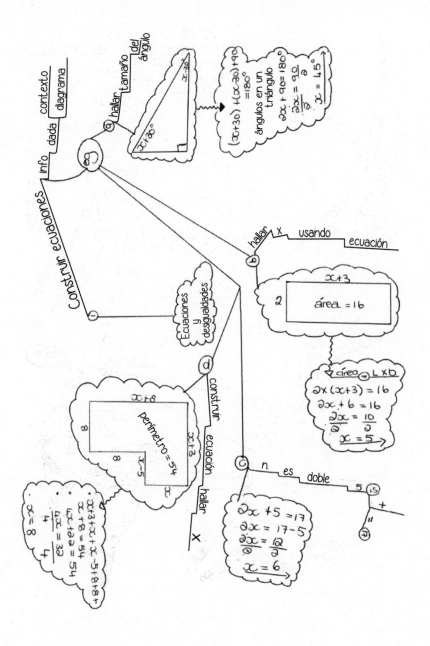

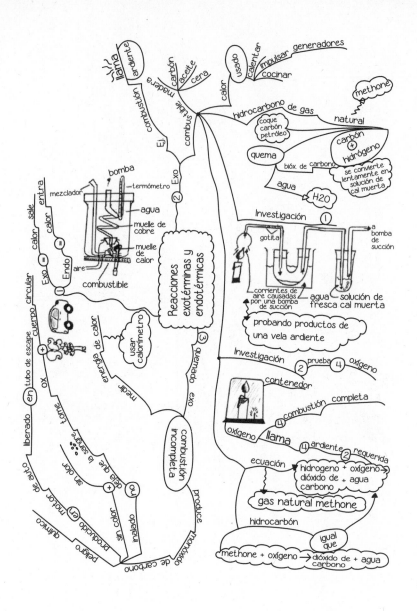

Reacciones exotérmicas y endotérmicas

llama
ardiente
combustión
carbón
aceite
cera
madera
combustible
combus
calor
usado
calentar
cocinar
impulsar generadores

hidrocarbono de gas
natural
methone

coque
carbón
petróleo

quema

carbón
+
hidrógeno

se convierte
lentamente en
solución de
cal muerta

bióx. de carbono

agua

H2O

Exo

bomba
termómetro
mezclador
agua
muelle de
cobre
muelle
de
calor
aire
combustible

calor entra
calor sale

Exo =
Endo
=

cuerpo circular

energía de calor

usar
calorímetro

medir

combustión
incompleta

quemado exo

produce monóxido de carbono

OX

tubo de escape en

liberado

motor de auto

peligro

químico

producido (en)

sin olor

no

inhalado

deja que la sangre

sin color

+

Investigación ①

gotita

a bomba
de succión

corrientes de
aire causadas
por una bomba
de succión

agua
fresca

solución de
cal muerta

probando productos de
una vela ardiente

Investigación ②

prueba ④ oxígeno

contenedor

combustión completa

oxígeno llama ④ ardiente ② requerida

ecuación

hidrogeno + oxígeno →
dióxido de + agua
carbono

gas natural methone

hidrocarbón

igual
que

methone + oxígeno → dióxido de + agua
carbono

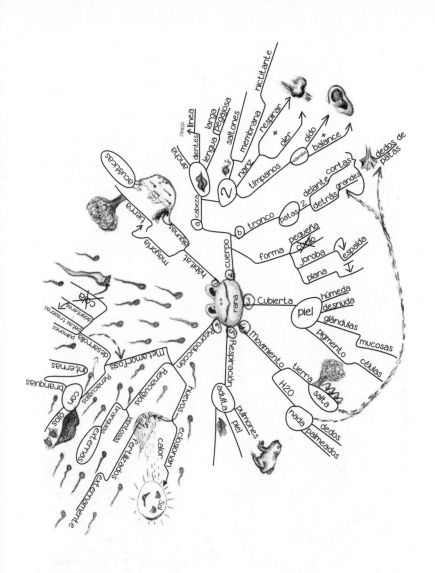

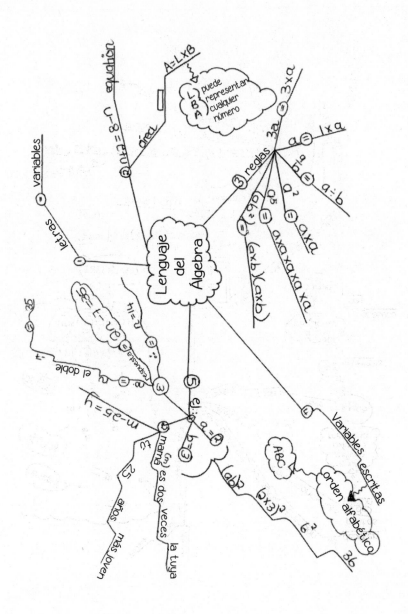

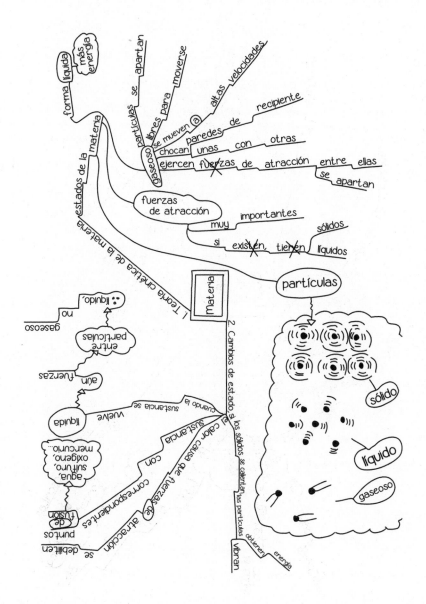

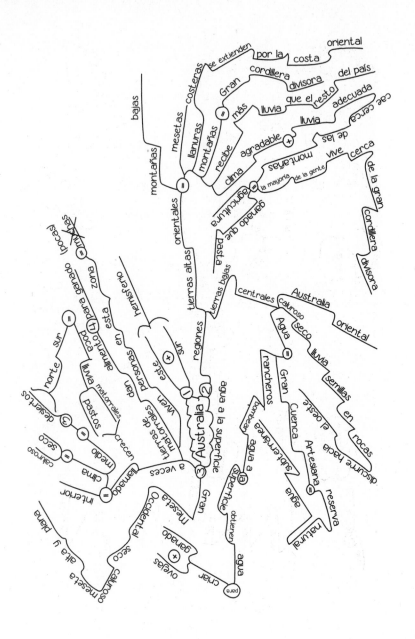

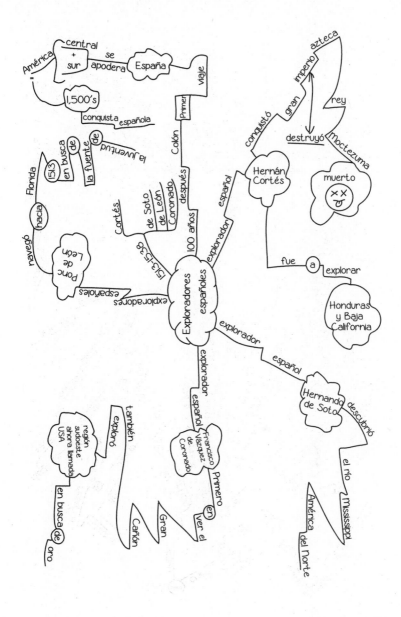

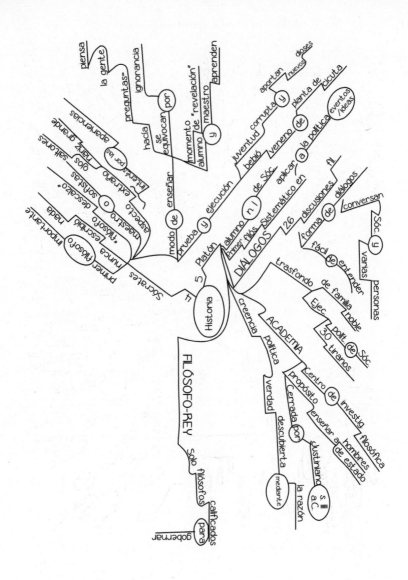

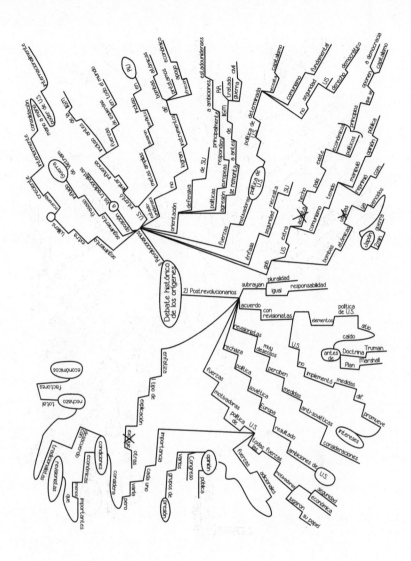

**Debate histórico de los orígenes**

2) Postrevolucionarios

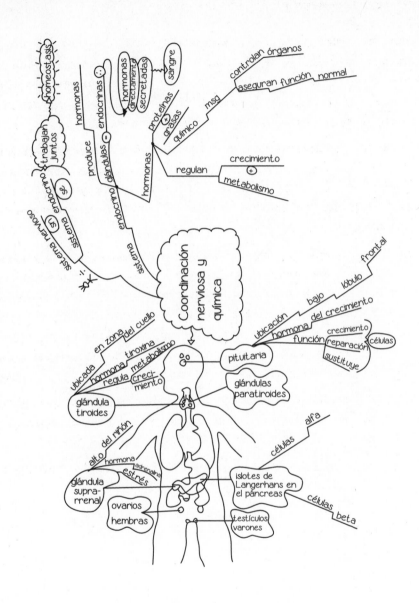

**Coordinación nerviosa y química**

homeostasis

trabajan juntos

sistema endocrino

sistema nervioso

sistema endocrino → produce → glándulas → hormonas

glándulas → endocrinas → hormonas directamente secretadas → sangre

hormonas → proteínas, grasas → químico → msg → aseguran función → normal

controlan órganos

hormonas → regulan → crecimiento, metabolismo

pituitaria
- ubicación → bajo → lóbulo → frontal
- hormona del crecimiento → función → crecimiento, reparación → células, sustituye

glándulas paratiroides

glándula tiroides
- ubicada → en zona del cuello
- hormona → tiroxina → regula metabolismo, crecimiento

glándula suprarrenal
- alto → del riñón
- hormona → adrenalina → estrés

ovarios hembras

islotes de Langerhans en el páncreas
- células → alfa
- células → beta

testículos varones

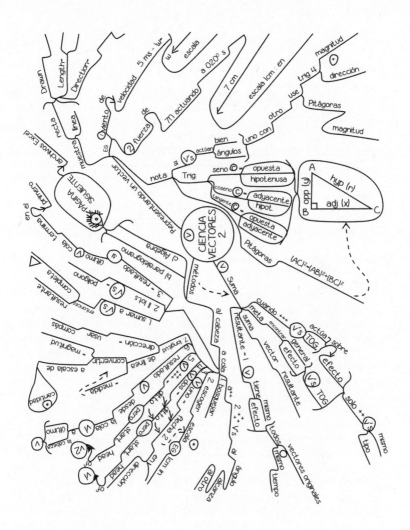

# Notas

## Prólogo

1.  Caroline Leaf, *The Perfect You: A Blueprint for Identity* (Tu yo perfecto) (Grand Rapids: Baker Books, 2017).

## Introducción: ¿Estás teniendo éxito o solo estás sobreviviendo?

1.  Julianne Holt-Lunstad et al., "Loneliness and Social Isolation as Risk Factors for Mortality: A Meta-Analytic Review", *Perspectives on Psychological Science* 10, no. 2 (2015): pp. 227–37; Stephanie Cacioppo et al., "Loneliness: Clinical Import and Interventions", *Perspectives on Psychological Science* 10, no. 2 (2015): pp. 238–49; Ye Luo et al., "Loneliness, Health, and Mortality in Old Age: A National Longitudinal Study", *Social Science & Medicine* 74, no. 6 (2012): pp. 907–14; Yang Claire Yang et al., "Social Relationships and Physiological Determinants of Longevity across the Human Life Span", *Proceedings of the National Academy of Sciences* 113, no. 3 (2016): pp. 578–83.

2.  Philip Hickey, "ADHD: A Destructive Psychiatric Hoax", *Mad in America*, 30 de octubre de 2016, https://www.madinamerica.com/2016/10/adhd-destructive-psychiatric-hoax/; S. P. Hinshaw y R. M. Scheffler, *The ADHD Explosion: Myths, Medication, Money, and Today's Push for Performance* (New York: Oxford University Press, 2014).

3.  Eric Maisel, "Future of Mental Health Interview Series: Interview with Joanna Moncrieff on the Myth of the Medical Cure", *Mad in America*, 15 de febrero de 2016, https://www.madinamerica.com/2016/02/future-of-mental-health-interview-series-interview-with-joanna-moncrieff-on-the-myth-of-the-chemical-cure

4.  P. Kinderman, *A Prescription for Psychiatry: Why We Need a Whole New Approach to Mental Health and Wellbeing* (London: Palgrave Macmillan, 2014); P. Kinderman, *New Laws of Psychology: Why Nature and Nurture Alone Can't Explain Human Behaviour* (London: Constable & Robinson, 2014).

5.  Carl Benedikt Frey y Michael A. Osborne, "The Future of Employment: How Susceptible Are Jobs to Computerisation?", *Technological Forecasting and Social Change* 114 (2017): pp. 254–80.

6.  Andi Horvath, "How Does Technology Affect Our Brains?", *The Age*, 4 de junio de 2015, http://www.theage.com.au/national/education/voice/how-does-technology-affect-our-brains-20150604-3x5uq.html; Cornell University, "Chances Are You Don't Remember What You Just Retweeted: Experiments Show 'Retweeting' Can Interfere with Learning and Memory, Both On line and Off", *ScienceDaily*, 29 de abril de 2016, www.sciencedaily.com/releases/2016/04/160429095028.htm; Davide Ponzi et al., "Cortisol, Salivary Alpha-amylase and Children's Perceptions of Their Social Networks", *Social Neuroscience*

11, no. 2 (2016): pp. 164–74; Bernard McCoy, "Digital Distractions in the Classroom: Student Classroom Use of Digital Devices for Non-Class Related Purposes", *Journal of Media Education*, 15 de octubre de 2013; Jeffrey H. Kuznekoff, Stevie Munz, y Scott Titsworth, "Mobile Phones in the Classroom: Examining the Effects of Texting, Twitter, and Message Content on Student Learning", *Communication Education* 64, no. 3 (2015): pp. 344–65; "Digital Media May Be Changing How You Think", *Dartmouth Press Releases*, 8 de mayo de 2016, https://www.dartmouth.edu/press-releases/digital-media-change-050816.html; Daniel B. le Roux y Douglas A. Parry, "In-Lecture Media Use and Academic Performance: Does Subject Area Matter?", *Computers in Human Behavior* 77 (2017): pp. 86–94; Stephen Houghton et al., "Virtually Impossible: Limiting Australian Children and Adolescents Daily Screen Based Media Use", *BMC Public Health* 15, no. 1 (2015): p. 5; Andrew K. Przybylski y Netta Weinstein, "A Large-Scale Test of the Goldilocks Hypothesis: Quantifying the Relations between Digital-Screen Use and the Mental Well-being of Adolescents", *Psychological Science* 28, no. 2 (2017): pp. 204–15; Hayley Christian et al., "Nowhere to Go and Nothing to Do but Sit? Youth Screen Time and the Association with Access to Neighborhood Destinations", *Environment and Behavior* 49, no. 1 (2017): pp. 84–108; Kep Kee Loh y Ryota Kanai, "Higher Media Multi-tasking Activity Is Associated with Smaller Gray-matter Density in the Anterior Cingulate Cortex". *PloS One* 9, no. 9 (2014): e106698.

7.  Ibid.

8.  Tony Schwartz y Christine Porath, "Why You Hate Work", *New York Times*, 30 de mayo de 2014, https://www.nytimes.com/2014/06/01/opinion/sunday/why-you-hate-work.html.

9.  Rutger Bregman, "Poverty Isn't a Lack of Character; It's a Lack of Cash", TED video, grabado en abril de 2017 en TED2017, 13:59, https://www.ted.com/talks/rutger_bregman_poverty_isn_t_a_lack_of_character_it_s_a_lack_of_cash/transcript.

10. Paul A. Howard-Jones, "Neuroscience and Education: Myths and Messages", *Nature Reviews Neuroscience* 15, no. 12 (2014): pp. 817–24; Daniel T. Willingham, Elizabeth M. Hughes, y David G. Dobolyi, "The Scientific Status of Learning Styles Theories", *Teaching of Psychology* 42, no. 3 (2015): pp. 266–71; Sanne Dekker et al., "Neuromyths in Education: Prevalence and Predictors of Misconceptions Among Teachers", *Frontiers in Psychology* 3 (2012); Philip M. Newton, "The Learning Styles Myth Is Thriving in Higher Education", *Frontiers in Psychology* 6 (2015); John Geake, "Neuromythologies in Education", *Educational Research* 50, no. 2 (2008): 123–33; Universiteit Leiden, "A Philosophical Mythbuster", *ScienceDaily*, consultado el línea el 18 de noviembre de 2017, www.sciencedaily.com/releases/2017/08/170831093239.htm; Patricia Wolfe, "Brain-Compatible Learning: Fad or Foundation? Neuroscience Points to Better Strategies for Educators, but Sorting Out Claims on Brain-Based Programs Is Essential", *School Administrator* 63, no. 11 (2006): pp. 10–16; Christian Jarrett, *Great Myths of the Brain* (Hoboken, NJ: Wiley, 2014); Anthony M. Grant, "Coaching the Brain: Neuro-Science or Neuro-Nonsense", *The Coaching Psychologist* 11, no. 1 (2015): p. 31; Sebastiano Massaro, "Neurofeedback in the Workplace: From Neurorehabilitation Hope to Neuroleadership Hype?", *International Journal of Rehabilitation Research* 38, no. 3 (2015): pp. 276–78; Lisa Carey, "Neuromyths and the Classroom", *Linking Research to Classrooms*, 18 de agosto de 2015, https://www.kennedykrieger.org/stories/linking%20research%20to%20classrooms/Neuromyths%20and%20the%20Classroom.

11.  Kelly Macdonald et al., "Dispelling the Myth: Training in Education or Neuroscience Decreases but Does Not Eliminate Beliefs in Neuromyths", *Frontiers in Psychology* 8 (2017): p. 1314.

12.  Ibid.

13.  Xaq Pitkow y Dora E. Angelaki, "Inference in the Brain: Statistics Flowing in Redundant Population Codes", *Neuron* 94, no. 5 (2017): pp. 943–53; Rice University, "Simple Tasks Don't Test Brain's True Complexity", *ScienceDaily*, www.sciencedaily.com/releases/2017/06/170608133355.htm.

14.  Macdonald et al., "Dispelling the Myth".

15.  Caroline Leaf, "The Mind Mapping Approach: A Model and Framework for Geodesic Learning". unpublished DPhil dissertation, Universidad de Pretoria, Sudáfrica, 1997.

16.  Tyler L. Harrison et al., "Working Memory Training May Increase Working Memory Capacity but Not Fluid Intelligence". *Psychological Science* 24, no. 12 (2013): pp. 2409–19; Thomas S. Redick et al., "No Evidence of Intelligence Improvement After Working Memory Training: A Randomized, Placebo-Controlled Study", *Journal of Experimental Psychology: General* 142, no. 2 (2013): p. 359; Weng-Tink Chooi y Lee A. Thompson, "Working Memory Training Does Not Improve Intelligence in Healthy Young Adults", *Intelligence* 40, no. 6 (2012): pp. 531–42.

17.  Daniel J. Simons et al., "Do 'Brain-Training' Programs Work?", *Psychological Science in the Public Interest* 17, no. 3 (2016): pp. 103–86; Dustin J. Souders et al., "Evidence for Narrow Transfer after Short-Term Cognitive Training in Older Adults", *Frontiers in Aging Neuroscience* 9 (2017); Sheida Rabipour et al., "What Do People Expect of Cognitive Enhancement?", *Journal of Cognitive Enhancement* (2017): pp. 1–8; Pauline L. Baniqued et al., "Working Memory, Reasoning, and Task Switching Training: Transfer Effects, Limitations, and Great Expectations?", *PloS One* 10, no. 11 (2015): e0142169; Cyrus K. Foroughi et al., "Placebo Effects in Cognitive Training", *Proceedings of the National Academy of Sciences* 113, no. 27 (2016): pp. 7470–74; Monica Melby-Lervåg y Charles Hulme, "Is Working Memory Training Effective? A Meta-Analytic Review", *Developmental Psychology* 49, no. 2 (2013): p. 270; D. M. Curlik y T. J. Shors, "Training Your Brain: Do Mental and Physical (MAP) Training Enhance Cognition through the Process of Neurogenesis in the Hippocampus?", *Neuropharmacology* 64 (2013): pp. 506–14.

18.  Curlik and Shors, "Training Your Brain".

19.  Monica Melby-Lervåg, Thomas S. Redick, y Charles Hulme, "Working Memory Training Does Not Improve Performance on Measures of Intelligence or Other Measures of 'Far Transfer' Evidence from a Meta-Analytic Review", *Perspectives on Psychological Science* 11, no. 4 (2016): pp. 512–34.; Simons et al., "Do 'Brain-Training' Programs Work?"; Matthias Schwaighofer, Frank Fischer, y Markus Bühner, "Does Working Memory Training Transfer? A Meta-Analysis including Training Conditions as Moderators", *Educational Psychologist* 50, no. 2 (2015): pp. 138–66.

20.  Ibid.

21.  Leaf, "The Mind Mapping Approach".

22.  Caroline Leaf, "Mind Mapping: A Therapeutic Technique for Closed Head Injury", disertación de la maestría, Universidad de Pretoria, Sudáfrica, 1990; Caroline Leaf, "An Altered Perception of Learning: Geodesic Learning: Part 2", *Therapy Africa* 2, no. 1 (Enero/Febrero 1998): 4; C. M. Leaf, "An Altered Perception of Learning: Geodesic Learning", *Therapy Africa* 1 (Octubre 1997): 7; Leaf, *The Perfect You*; Caroline Leaf, "Teaching Children to Make the Most of Their Minds: Mind Mapping", *Journal for Technical*

and *Vocational Education in South Africa* 121 (1990): pp. 11–13; Caroline Leaf, *Switch On Your Brain: Understand Your Unique Intelligence Profile and Maximize Your Potential* (Cape Town, South Africa: Tafelberg, 2005).

## Capítulo 1: Pensar y aprender a tener éxito

1. Ulrich W. Weger y Stephen Loughnan, "Mobilizing Unused Resources: Using the Placebo Concept to Enhance Cognitive Performance", *The Quarterly Journal of Experimental Psychology* 66, no. 1 (2013): pp. 23–28; B. Lipton, *The Biology of Belief: Unleashing the Power of Consciousness, Matter and Miracles* (Santa Cruz, CA: Mountain of Love Productions, 2008); Fabrizio Benedetti, "Placebo Effects: From the Neurobiological Paradigm to Translational ImplicationsN,euron 84, no. 3 (2014): pp. 623–37; Michael B. Steinborn, Robert Langner, y Lynn Huestegge, "Mobilizing Cognition for Speeded Action: Try-Harder Instructions Promote Motivated Readiness in the Constant-Foreperiod Paradigm", *Psychological Research* 81, no. 6 (2017): pp. 1135–51; Sophie Parker et al., "A Sham Drug Improves a Demanding Prospective Memory Task", *Memory* 19, no. 6 (2011): pp. 606–12; Danielle Adams, "Exploring the Attentional Processes of Expert Performers and the Impact of Priming on Motor Skill Execution", PhD dissertation, Brunel University School of Sport and Education, 2010; Ulrich W. Weger y Stephen Loughnan, "Using Participant Choice to Enhance Memory Performance", *Applied Cognitive Psychology* 29, no. 3 (2015): pp. 345–49; Ellen J. Langer, *Counter Clockwise: Mindful Health and the Power of Possibility* (New York: Ballantine, 2009).

2. Ibid.

3. Lynne McTaggart, *The Intention Experiment: Using Your Thoughts to Change Your Life and the World* (New York: Atria, 2008), Kindle loc. 160–61.

4. McTaggart, *Intention Experiment*; William W. Monafo and Michael A. West, "Current Treatment Recommendations for Topical Burn Therapy", *Drugs* 40, no. 3 (1990): pp. 364–73; Alia J. Crum y Ellen J. Langer, "Mind-Set Matters: Exercise and the Placebo Effect", *Psychological Science* 18, no. 2 (2007): pp. 165–71; Shawn Achor, *The Happiness Advantage: The Seven Principles of Positive Psychology That Fuel Success and Performance at Work* (New York: Random House, 2011); Alia J. Crum, Peter Salovey, y Shawn Achor, "Rethinking Stress: the Role of Mindsets in Determining the Stress Response", *Journal of Personality and Social Psychology* 104, no. 4 (2013): p. 716; Alia J. Crum et al., "Mind over Milkshakes: Mindsets, Not Just Nutrients, Determine Ghrelin Response", *Health Psychology* 30, no. 4 (2011): p. 424; Justin M. Berg, Jane E. Dutton, y Amy Wrzesniewski, "Job Crafting and Meaningful Work", *Purpose and Meaning in the Workplace* (2013): pp. 81–104; Alison Wood Brooks, "Get Excited: Reappraising Pre-Performance Anxiety as Excitement," *Journal of Experimental Psychology: General* 143, no. 3 (2014): 1144; Andrew R. Todd et al., "Anxious and Egocentric: How Specific Emotions Influence Perspective Taking", *Journal of Experimental Psychology: General* 144, no. 2 (2015): p. 374; Jiyoung Park, Özlem Ayduk, y Ethan Kross, "Stepping Back to Move Forward: Expressive Writing Promotes Self-Distancing", *Emotion* 16, no. 3 (2016): p. 349; Miranda L. Beltzer et al., "Rethinking Butterflies: The Affective, Physiological, and Performance Effects of Reappraising Arousal During Social Evaluation", *Emotion* 14, no. 4 (2014): p. 761; Jeremy P. Jamieson, Wendy Berry Mendes, y Matthew K. Nock, "Improving Acute Stress Responses: The Power of Reappraisal", *Current Directions in Psychological Science* 22, no. 1 (2013): pp. 51–56; Jeremy P. Jamieson et al., "Turning the Knots in Your Stomach into

Bows: Reappraising Arousal Improves Performance on the GRE", *Journal of Experimental Social Psychology* 46, no. 1 (2010): pp. 208–12.

5. Fabrizio Benedetti et al., "When Words Are Painful: Unraveling the Mechanisms of the Nocebo Effect", *Neuroscience* 147, no. 2 (2007): pp. 260–71; Fabrizio Benedetti et al., "The Biochemical and Neuroendocrine Bases of the Hyperalgesic Nocebo Effect", *Journal of Neuroscience* 26, no. 46 (2006): pp. 12014–22; Luana Colloca, Monica Sigaudo, y Fabrizio Benedetti, "The Role of Learning in Nocebo and Placebo Effects", *Pain* 136, no. 1 (2008): pp. 211–18; L. Horsfall, "The Nocebo Effect", *SAAD digest* 32 (2016): pp. 55–57; Jian Kong et al., "A Functional Magnetic Resonance Imaging Study on the Neural Mechanisms of Hyperalgesic Nocebo Effect", *Journal of Neuroscience* 28, no. 49 (2008): pp. 13354–62.

6. Fabrizio Benedetti, Elisa Carlino, y Antonella Pollo, "How Placebos Change the Patient's Brain", *Neuropsychopharmacology* 36, no. 1 (2011): pp. 339–54; Helen E. Fisher et al., "Reward, Addiction, and Emotion Regulation Systems Associated with Rejection in Love", *Journal of Neurophysiology* 104, no. 1 (2010): pp. 51–60; Xiaomeng Xu et al., "Reward and Motivation Systems: A Brain Mapping Study of Early-Stage Intense Romantic Love in Chinese Participants", *Human Brain Mapping* 32, no. 2 (2011): pp. 249–57; Bianca P. Acevedo et al., "Neural Correlates of Long-Term Intense Romantic Love", *Social Cognitive and Affective Neuroscience* 7, no. 2 (2012): pp. 145–59.

7. Benedetti, Carlino, y Pollo, "How Placebos Change the Patient's Brain"; McTaggart, *Intention Experiment*; William W. Monafo y Michael A. West, "Current Treatment Recommendations for Topical Burn Therapy", *Drugs* 40, no. 3 (1990): pp. 364–73; Crum y Langer, "Mind-Set Matters", Achor, *Happiness Advantage*; Crum, Salovey, y Achor, "Rethinking Stress"; Crum et al., "Mind over Milkshakes"; Berg, Dutton, y Wrzesniewski, "Job Crafting and Meaningful Work"; Brooks, "Get Excited"; Todd et al., "Anxious and Egocentric"; Park, Ayduk, y Kross, "Stepping Back to Move Forward"; Beltzer et al., "Rethinking Butterflies".

8. Jamieson, Mendes, y Nock, "Improving Acute Stress Responses".

9. H. P. Stapp, "Quantum Interactive-Dualism: An Alternative to Materialism", *Journal of Religion and Science* 3 (2006), doi:10.1111/j.1467–9744.2005.00762.x, http://www-atlas.lbl.gov/~stapp/QID.pdf

10. Brooks, "Get Excited".

11. Mona Dekoven Fishbane, "Wired to Connect: Neuroscience, Relationships, and Therapy", *Family Process* 46, no. 3 (2007): pp. 395–412; Stan Tatkin, *Wired for Love: How Understanding Your Partner's Brain and Attachment Style Can Help You Defuse Conflict and Build a Secure Relationship* (Oakland, CA: New Harbinger, 2012); Mona DeKoven Fishbane, *Loving with the Brain in Mind: Neurobiology and Couple Therapy* (New York: Norton, 2013); Tali Sharot et al., "Neural Mechanisms Mediating Optimism Bias", *Nature* 450, no. 7166 (2007): pp. 102–5; Tali Sharot, "The Optimism Bias", *Current Biology* 21, no. 23 (2011): R941–45; Iain Chalmers y Robert Matthews, "What Are the Implications of Optimism Bias in Clinical Research?", *The Lancet* 367, no. 9509 (2006): pp. 449–50; Tali Sharot, *The Optimism Bias: A Tour of the Irrationally Positive Brain* (New York: Vintage, 2011); Neil D. Weinstein, "Unrealistic Optimism about Future Life Events", *Journal of Personality and Social Psychology* 39, no. 5 (1980): p. 806; B. H. Lipton, "Insight into Cellular Consciousness", *Bridges* 12, no. 1 (2012): p. 5; B. H. Lipton, *The Biology of Belief: Unleashing the Power of Consciousness* (Santa Rosa, CA: Mountain of Love/Elite Books, 2005); Leaf, *Switch On Your Brain*; Caroline Leaf, "21-Day Brain

Detox", www. 21daybraindetox.com; Leaf, *The Perfect You*; E. B. Raposa, H. B. Laws, and E. B. Ansell, "Prosocial Behavior Mitigates the Negative Effects of Stress in Everyday Life", *Clinical Psychological Science* (2015), doi:10.1177/2167702615611073; Dawson Church, *The Genie in Your Genes: Epigenetic Medicine and the New Science of Intention* (Santa Rosa, CA: Energy Psychology Press, 2009); Stanton Peele y Archie Brodsky, *Love and Addiction* (New York: Taplinger, 1975); Stanton Peele, "The 7 Hardest Addictions to Quit—Love is the Worst", *Psychology Today*, 15 de diciembre de 2008, https://www.psychologytoday.com/blog/addiction-in-society/200812/the-7-hardest-addictions-quit-love-is-the-worst; Tatkin, *Wired for Love*; E. R. Kandel, *In Search of Memory: The Emergence of a New Science of Mind* (New York: Norton, 2008).

12. Alex Paul, Zayna Chaker, y Fiona Doetsch, "Hypothalamic Regulation of Regionally Distinct Adult Neural Stem Cells and Neurogenesis", *Science* (2017): eaal3839; Julia P. Andreotti et al., "Hypothalamic Neurons Take Center Stage in the Neural Stem Cell Niche", *Cell Stem Cell* 21, no. 3 (2017): pp. 293–94; T. J. Shors et al., "Use It or Lose It: How Neurogenesis Keeps the Brain Fit for Learning", *Behavioural Brain Research* 227, no. 2 (2012): pp. 450–58; Daniel M. Curlik y Tracey J. Shors, "Learning Increases the Survival of Newborn Neurons Provided That Learning Is Difficult to Achieve and Successful", *Journal of Cognitive Neuroscience* 23, no. 9 (2011): pp. 2159–70; Megan L. Anderson et al., "Associative Learning Increases Adult Neurogenesis During a Critical Period", *European Journal of Neuroscience* 33, no. 1 (2011): pp. 175–81; Gina DiFeo y Tracey J. Shors, "Mental and Physical Skill Training Increases Neurogenesis via Cell Survival in the Adolescent Hippocampus", *Brain Research* 1654 (2017): pp. 95–101; Michael A. Bonaguidi et al., "In Vivo Clonal Analysis Reveals Self-Renewing and Multipotent Adult Neural Stem Cell Characteristics", *Cell* 145, no. 7 (2011): pp. 1142–55.

13. Shors et al., "Use It or Lose It".

14. Alex Paul, Chaker, y Doetsch, "Hypothalamic Regulation".

15. Fuzheng Guo et al., "Pyramidal Neurons Are Generated from Oligodendroglial Progenitor Cells in Adult Piriform Cortex", *Journal of Neuroscience* 30, no. 36 (2010): pp. 12036–49; Azad Bonni et al., "Regulation of Gliogenesis in the Central Nervous System by the JAK-STAT Signaling Pathway", *Science* 278, no. 5337 (1997): pp. 477–83; Shama Bansod, Ryoichiro Kageyama, y Toshiyuki Ohtsuka, "Hes5 Regulates the Transition Timing of Neurogenesis and Gliogenesis in Mammalian Neocortical Development", *Development* 144, no. 17 (2017): pp. 3156–67; Sarah Jäkel y Leda Dimou, "Glial Cells and Their Function in the Adult Brain: A Journey through the History of Their Ablation", *Frontiers in Cellular Neuroscience* 11 (2017).

16. Dan G. Blazer y Lyla M. Hernandez, eds., *Genes, Behavior, and the Social Environment: Moving Beyond the Nature/Nurture Debate* (Washington, DC: National Academies Press, 2006); David C. Witherington y Robert Lickliter, "Transcending the Nature-Nurture Debate through Epigenetics: Are We There Yet?", *Human Development* 60, no. 2–3 (2017): pp. 65–68; Katherine Weatherford Darling et al., "Enacting the Molecular Imperative: How Gene-Environment Interaction Research Links Bodies and Environments in the Post-Genomic Age", *Social Science & Medicine* 155 (2016): pp. 51–60; Bruce H. Lipton, *The Biology of Belief* (New York: Hay House, 2008) Kindle loc. 115ff.; Dawson Church, *The Genie in Your Genes: Epigenetic Medicine and the New Biology of Intention* (Santa Rosa, CA: Energy Psychology Press, 2009); Antonei B. Csoka y Moshe Szyf, "Epigenetic Side-Effects of Common Pharmaceuticals: A Potential New Field in Medicine and Pharmacology", *Medical Hypotheses* 73, no. 5 (2009): pp. 770–80; Maurizio

Meloni y Giuseppe Testa, "Scrutinizing the Epigenetics Revolution", *BioSocieties* 9, no. 4 (2014): pp. 431–56; Cosmas D. Arnold et al., "Genome- Wide Quantitative Enhancer Activity Maps Identified by STARR=Seq", *Science* 339, no. 6123 (1 de marzo de 2013): pp. 1074–77; L. I. Patrushev y T. F. Kovalenko, "Functions of Noncoding Sequences in Mammalian Genomes", *Biochemistry* (Mosc.) 79, no. 13 (Diciembre 2014): pp. 1442–69; Manolis Kellis et al., "Defining Functional DNA Elements in the Human Genome", *Proc Natl Acad Sci USA* 111, no. 17 (29 de abril de 2014): pp. 6131–38; Perla Kaliman et al., "Rapid Changes in Histone Deacetylases and Inflammatory Gene Expression in Expert Meditators", *Psychoneuroendocrinology* 40 (Febrero 2014): pp. 96–107; Robin Holliday, "Epigenetics: A Historical Overview", *Epigenetics* 1, no. 2 (2006): pp. 76–80; Adrian Bird, "Perceptions of Epigenetics", *Nature* 447, no. 7143 (2007): 396398; J. J. Day y J. D. Sweatt, "Epigenetic Mechanisms in Cognition", *Neuron* 70, no. 5 (2011): pp. 813–29 ; Trygve Tollefsbol, ed., *Handbook of Epigenetics: The New Molecular and Medical Genetics* (New York: Elsevier/Academic Press, 2011); Bob Weinhold, "Epigenetics: The Science of Change", *Environmental Health Perspectives* 114, no. 3 (2006): A160; John Cairns, Julie Overbaugh, y Stephan Miller, "The Origin of Mutants", *Nature* 335 (1988): pp. 142–45; H. F. Nijhout, "Metaphors and the Role of Genes in Development", *Bioessays* 12, no. 9 (1990): pp. 441–46; Leaf, *The Perfect You*, Kindle loc. 3296–305.

17. Ibid.

18. Ibid.

19. Ibid.

20. Deirdre A. Robertson y Rose Anne Kenny, "Negative Perceptions of Aging Modify the Association between Frailty and Cognitive Function in Older Adults", *Personality and Individual Differences* 100 (2016): pp. 120–25; Susanne Wurm et al., "How Do Views on Aging Affect Health Outcomes in Adulthood and Late Life? Explanations for an Established Connection", *Developmental Review* (2017).

21. Patrick L. Hill, Grant W. Edmonds, y Sarah E. Hampson, "A Purposeful Lifestyle Is a Healthful Lifestyle: Linking Sense of Purpose to Self-Rated Health through Multiple Health Behaviors", *Journal of Health Psychology* (2017): pp. 1–9.

22. Caroline Leaf, *Think and Eat Yourself Smart* (Grand Rapids: Baker Books, 2016).

23. Nicolas Cherbuin et al., "Validated Alzheimer's Disease Risk Index (ANU- ADRI) Is Associated with Smaller Volumes in the Default Mode Network in the Early 60s", *Brain Imaging and Behavior* (2017): pp. 1–10.

24. 24. Suzanne C. Segerstrom, "Optimism and Immunity: Do Positive Thoughts Always Lead to Positive Effects?", *Brain, Behavior, and Immunity* 19, no. 3 (2005): pp. 195–200; Fishbane, "Wired to Connect"; Tatkin, *Wired for Love*; Fishbane, *Loving with the Brain in Mind*; Sharot, *The Optimism Bias*.

25. Ibid.

26. Leaf, *Switch On Your Brain*.

27. Leaf, *Switch On Your Brain*; Leaf, *The Perfect You*; Leaf, *Think and Eat Yourself Smart*; Segerstrom, "Optimism and Immunity"; Diana Gruia y Andreea Munteanu, "Optimism in Daily Life", *Communicating Across Cultures*: p. 49; Suzanne C. Segerstrom, Iana Boggero, y Daniel R. Evans, "Pause and Plan", *Handbook of Self-Regulation: Research, Theory, and Applications* (2017): p. 131; Anne Böckler, Anita Tusche, y Tania Singer, "The Structure of Human Prosociality: Differentiating Altruistically Motivated, Norm Motivated, Strategically Motivated, and Self-Reported Prosocial Behavior", *Social Psychological and Personality Science* 7, no. 6 (2016): pp. 530–41; Anita Tusche et al., "Decoding the

Charitable Brain: Empathy, Perspective Taking, and Attention Shifts Differentially Predict Altruistic Giving", *Journal of Neuroscience* 36, no. 17 (2016): pp. 4719–32; Indrajeet Patil et al., "Neuroanatomical Basis of Concern-Based Altruism in Virtual Environment", *Neuropsychologia* (2017); Jacek Debiec y Andreas Olsson, "Social Fear Learning: From Animal Models to Human Function", *Trends in Cognitive Sciences* (2017); Siobhan S. Pattwell y Kevin G. Bath, "Emotional Learning, Stress, and Development: An Ever-Changing Landscape Shaped by Early-Life Experience", *Neurobiology of Learning and Memory* (2017); Andreas Olsson y Elizabeth A. Phelps, "Social Learning of Fear", *Nature Neuroscience* 10, no. 9 (2007): pp. 1095–102.

28. Ibid.

29. C. M. Leaf, I. C. Uys, y B. Louw, "An Alternative Non-Traditional Approach to Learning: The Metacognitive-Mapping Approach", *The South African Journal of Communication Disorders* 45 (1998): pp. 87–102; C. M. Leaf, I. C. Uys, y B. Louw, "The Development of a Model for Geodesic Learning: The Geodesic Information Processing Model", *The South African Journal of Communication Disorders* 44 (1997): pp. 53–70; C. M. Leaf, I. C. Uys, y B. Louw, "The Mind Mapping Approach (MMA): A Culture and Language-Free Technique", *The South African Journal of Communication Disorders* 40 (1992): pp. 35–43; Leaf, "The Mind Mapping Approach", disertación de DPhil no publicada; C. M. Leaf, I. C. Uys, y B. Louw, "Mind Mapping as a Therapeutic Intervention Technique", manual de taller no publicado, 1985; C. M. Leaf, I. C. Uys, and B. Louw, "Mind Mapping as a Therapeutic Technique", *Communiphon* 296 (1989): pp. 11-15.

## Capítulo 2: La mentalidad de pensador

1. American Psychological Association, "Stress in America: Coping with Change", *Stress in America*TM *Survey* (2017).

2. Timothy D. Wilson et al., "Which Would You Prefer—Do Nothing or Receive Electric Shocks!", *Science* 345, no. 6192 (2014): pp. 75–77; Timothy D. Wilson et al., "Just Think: The Challenges of the Disengaged Mind", *Science* 345, no. 6192 (2014): pp. 75–77; Martin Pielot et al., "When Attention Is Not Scarce—Detecting Boredom from Mobile Phone Usage", *Proceedings of the 2015 ACM International Joint Conference on Pervasive and Ubiquitous Computing*, pp. 825–36; Paul Seli et al., "Mind-Wandering with and without Intention", *Trends in Cognitive Sciences* 20, no. 8 (2016): pp. 605–17; Russell B. Clayton, Glenn Leshner, y Anthony Almond, "The Extended iSelf: The Impact of iPhone Separation on Cognition, Emotion, and Physiology", *Journal of Computer- Mediated Communication* 20, no. 2 (2015): pp. 119–35.

3. David Z. Morris, "Less Work, Less Sex, Less Happiness: We're Losing Generation Z to the Smartphone", *Fortune*, 7 de agosto de 2017, http://amp.timeinc.net/fortune /2017/08/06/generation-z-smartphone-depression/?source=dam; Jean M. Twenge, *Generation Me—Revised and Updated: Why Today's Young Americans Are More Confident, Assertive, Entitled—and More Miserable Than Ever Before* (New York: Atria, 2014); Jean M. Twenge et al., "Increases in Depressive Symptoms, Suicide-Related Outcomes, and Suicide Rates among US Adolescents after 2010 and Links to Increased New Media Screen Time", *Clinical Psychological Science* 6, no. 1 (2017): pp. 3–17; Jean M. Twenge, Zlatan Krizan, y Garrett Hisler, "Decreases in Self-Reported Sleep Duration among US Adolescents 2009–2015 and Links to New Media Screen Time", *Sleep Medicine* 39 (Septiembre 2017); Pooja S. Tandon et al., "Home Environment Relationships with Children's Physical Activity, Sedentary Time, and Screen Time by Socioeconomic Status",

*International Journal of Behavioral Nutrition and Physical Activity* 9, no. 1 (2012): p. 88; Gary Small y Gigi Vorgan, *iBrain: Surviving the Technological Alteration of the Modern Mind* (New York: HarperCollins, 2009); Ofir Turel y Hamed Qahri-Saremi, "Problematic Use of Social Networking Sites: Antecedents and Consequence from a Dual-System Theory Perspective", *Journal of Management Information Systems* 33, no. 4 (2016): pp. 1087–116; Qinghua He et al., "Excess Social Media Use in Normal Populations Is Associated with Amygdala-Striatal but Not with Prefrontal Morphology", *Psychiatry Research:Neuroimaging* 269 (2017): pp. 31–35; Ofir Turel et al., "Social Networking Sites Use and the Morphology of a Social- Semantic Brain Network", *Social Neuroscience* (2017): pp. 1–9; Qinghua He, Ofir Turel, y Antoine Bechara, "Brain Anatomy Alterations Associated with Social Networking Site (SNS) Addiction", *Scientific Reports* 7 (2017): p. 45064.

4.  Twenge, *Generation Me*; Twenge et al., "Increases in Depressive Symptoms"; Twenge, Krizan, and Hisler, "Decreases in Self-Reported Sleep Duration".

5.  David Blackwell et al., "Extraversion, Neuroticism, Attachment Style and Fear of Missing Out as Predictors of Social Media Use and Addiction", *Personality and Individual Differences* 116 (2017): pp. 69–72; Héctor Fuster, Andrés Chamarro, y Ursula Oberst, "Fear of Missing Out, Online Social Networking and Mobile Phone Addiction: A Latent Profile Approach", *Journal of Adolescence* 55 (2017); Elisa Wegmann et al., "Online-Specific Fear of Missing Out and Internet-Use Expectancies Contribute to Symptoms of Internet-Communication Disorder", *Addictive Behaviors Reports* 5 (2017): pp. 33–42; Bobby Swar y Tahir Hameed, "Fear of Missing Out, Social Media Engagement, Smartphone Addiction and Distraction: Moderating Role of Self-Help Mobile Apps-Based Interventions in the Youth", *HEALTHINF* (2017): pp. 139–46.

6.  Christine A. Godwin et al., "Functional Connectivity within and between Intrinsic Brain Networks Correlates with Trait Mind Wandering", *Neuropsychologia* 103 (2017): pp. 140–53.

7.  Ibid.

8.  Kalina Christoff et al., "Mind-Wandering as Spontaneous Thought: a Dynamic Framework", *Nature Reviews Neuroscience* 17, no. 11 (2016): pp. 718–31.

9.  Ibid.

10. Leaf, *Switch On Your Brain*; J. Paul Hamilton et al., "Default Mode and Task Positive Network Activity in Major Depressive Disorder: Implications for Adaptive and Maladaptive Rumination", *Biological Psychiatry* 70, no. 4 (2011): pp. 327–33; Xue- ling Zhu et al., "Evidence of a Dissociation Pattern in Resting-State Default Mode Network Connectivity in First-Episode, Treatment-Naive Major Depression Patients", *Biological Psychiatry* 71, no. 7 (2012): p. 611; Christoff et al., "Mind-Wandering as Spontaneous Thought"; Roger E. Beaty et al., "Brain Networks of the Imaginative Mind: Dynamic Functional Connectivity of Default and Cognitive Control Networks Relates to Openness to Experience", *Human Brain Mapping* 39, no. 2 (2018): pp. 811–21; Matthew L. Dixon et al., "Interactions between the Default Network and Dorsal Attention Network Vary across Default Subsystems, Time, and Cognitive States", *Neuroimage* 147 (2017): pp. 632–49.

11. Ibid.

12. Ibid.

13. Ibid.

14. Cherbuin et al., "Validated Alzheimer's Disease Risk Index".

15. Leaf, *The Perfect You*; Sterling C. Johnson et al., "Neural Correlates of Self-Reflection", *Brain* 125, no. 8 (2002): pp. 1808–14; Jack Mezirow, "How Critical Reflection Triggers Transformative Learning", *Fostering Critical Reflection in Adulthood* 1 (1990): p. 20.

16. Carey K. Morewedge, Colleen Giblin, y Michael I. Norton, "The (Perceived) Meaning of Spontaneous Thoughts", *Journal of Experimental Psychology: General* 143, no. 4 (Agosto 2014): pp. 1742–54.

17. Leaf, *The Perfect You*.

18. Richard Moulding et al., "They Scare Because We Care: The Relationship between Obsessive Intrusive Thoughts and Appraisals and Control Strategies across 15 Cities", *Journal of Obsessive-Compulsive and Related Disorders* 3, no. 3 (Marzo 2014): pp. 280–91.

19. Ibid.

20. Robert Berezin, "Psychiatric Diagnosis Is a Fraud: The Destructive and Damaging Fiction of Biological Diseases", *Mad in America*, 5 de abril de 2016, https://www.madinamerica.com/2016/04/psychiatric-diagnosis-is-a-fraud-the-destructive-and-damaging-fiction-of-biological-diseases/.

21. William H. Davies, "Leisure Poem" (Poema del ocio), *The Collected Poems of William H. Davies* (New York: A. A. Knopf, 1927), p. 18.

22. "Is Cell Phone Radiation Safe?", ProCon.org, https://cellphones.procon.org; "How Much Time Do People Spend on Their Mobile Phones in 2017?", *Hacker-Noon*, https://hackernoon.com/how-much-time-do-people-spend-on-their-mobile-phones-in-2017-e5f90a0b10a6; Stephanie Fanelli y Brian Wansink, "Surfing the Web While Fishing for Food: A Pilot Study Examining Cell Phone Use During Mealtime", *The FASEB Journal* 31, no. 1, suplemento (2017), http://www.fasebj.org/doi/abs/10.1096/fasebj.31.1_supplement.957.35.

## Capítulo 3: La mentalidad del pensamiento controlado

1. John Sarno, *The Divided Mind: The Epidemic of Mindbody Disorders* (New York: Harper, 2006): p. 115.

2. Leaf, *Switch On Your Brain*; Leaf, *Think and Eat Yourself Smart*; Leaf, "21-Day Brain Detox".

3. Ibid.

4. Ibid.

5. Ibid.

6. Leaf, Uys, y Louw, "An Alternative Non-Traditional Approach to Learning"; Leaf, Uys, y Louw, "The Development of a Model for Geodesic Learning"; Leaf, Uys, y Louw, "The Mind Mapping Approach (MMA)"; Leaf, Uys, y Louw, "Mind Mapping as a Therapeutic Intervention Technique"; Leaf, Uys, y Louw, "Mind Mapping as a Therapeutic Technique"; Leaf, Uys, y Louw, "Mind Mapping: A Therapeutic Technique for Closed Head Injury"; Leaf, Uys, y Louw, "The Move from Institution Based Rehabilitation (IBR) to Community Based Rehabilitation", *Therapy Africa* 1 (Agosto 1997): p. 4.

7. Jason S. Moser et al., "Third-Person Self-Talk Facilitates Emotion Regulation without Engaging Cognitive Control: Converging Evidence from ERP and fMRI", *Scientific Reports* 7, no. 1 (2017): p. 4519.

8. Sonia J. Lupien et al., "Effects of Stress throughout the Lifespan on the Brain, Behaviour and Cognition", *Nature Reviews Neuroscience* 10, no. 6 (2009): pp. 434–45.

9. Marian Cleeves Diamond, *Enriching Heredity: The Impact of the Environment on the Anatomy of the Brain* (New York: Free Press, 1988); David A. Sousa, *How the Brain*

*Learns* (Newbury Park, CA: Corwin Press, 2016); Roberto Colom et al., "Brain Structural Changes following Adaptive Cognitive Training Assessed by Tensor-Based Morphometry (TBM)", *Neuropsychologia* 91 (2016): pp. 77–85; Kirk I. Erickson, "Evidence for Structural Plasticity in Humans: Comment on Thomas and Baker (2012)", *NeuroImage* 73 (2013): pp. 237–38; S. Katherine Nelson-Coffey et al., "Kindness in the Blood: A Randomized Controlled Trial of the Gene Regulatory Impact of Prosocial Behavior", *Psychoneuroendocrinology* 81 (2017): pp. 8–13; Kathi Norman, "Forgiveness: How it Manifests in Our Health, Well-being, and Longevity", *Master of Applied Positive Psychology (MAPP) Capstone Projects 122*, University of Pennsylvania (Agosto 2017); http://repository.upenn.edu/mapp_capstone/122; Xueyi Shen et al., "Subcortical Volume and White Matter Integrity Abnormalities in Major Depressive Disorder: Findings from UK Biobank Imaging Data", *bioRxiv* (2017): 070912; Richard Restak, *The New Brain: How the Modern Age Is Rewiring Your Mind* (New York: Rodale, 2004); Daniel Goleman y Richard J. Davidson, *Altered Traits: Science Reveals How Meditation Changes Your Mind, Brain, and Body* (New York: Penguin, 2017); Conrad Wiegand, Andreas Savelsbergh, and Peter Heusser, "MicroRNAs in Psychological Stress Reactions and Their Use as Stress-Associated Biomarkers, Especially in Human Saliva", *Biomedicine Hub* 2, no. 3 (2017): p. 4; Miriam A. Schiele y Katharina Domschke, "Epigenetics at the Crossroads between Genes, Environment and Resilience in Anxiety Disorders", *Genes, Brain and Behavior* (Septiembre 2017).

10. John De Mado, "The Cognitive Benefits of Bilingualism/Biliteracy", *JDMLS*, consultado en línea 24 de enero de 2018, http://www.demado-seminars.com/archive/the_cognitive_benefits_of_bilingualism_biliteracy.htm; Diamond, *Enriching Heredity*; Graham W. Knott et al., "Formation of Dendritic Spines with GABAergic Synapses Induced by Whisker Stimulation in Adult Mice", *Neuron* 34, no. 2 (2002): pp. 265–73; Maya Frankfurt y Victoria Luine, "The Evolving Role of Dendritic Spines and Memory: Interaction(s) with Estradiol", *Hormones and Behavior* 74 (2015): pp. 28–36; Maria-Angeles Arevalo et al., "Signaling Mechanisms Mediating the Regulation of Synaptic Plasticity and Memory by Estradiol", *Hormones and Behavior* 74 (2015): pp. 19–27; Carl Fulwiler et al., "Mindfulness-Based Interventions for Weight Loss and CVD Risk Management", *Current Cardiovascular Risk Reports* 9, no. 10 (2015): p. 46; David Muehsam et al., "The Embodied Mind: a Review on Functional Genomic and Neurological Correlates of Mind-Body Therapies", *Neuroscience & Biobehavioral Reviews* 73 (2017): pp. 165–81.

11. Leaf, "The Mind Mapping Approach".

12. Leaf, "The Mind Mapping Approach"; Leaf, "The Development of a Model for Geodesic Learning".

13. 13. Ludwig H. Heydenreich, "Leonardo da Vinci, Architect of Francis I", *The Burlington Magazine* 94, no. 595 (1952): pp. 277–85.

## Capítulo 4: La mentalidad de las palabras

1. Leaf, *Switch On Your Brain*; Leaf, *Think and Eat Yourself Smart*; Leaf, *The Perfect You*; Muehsam et al., "The Embodied Mind".

2. Diane Arathuzik, "Effects of Cognitive-Behavioral Strategies on Pain in Cancer Patients", *Cancer Nursing* 17, no. 3 (1994): pp. 207–14; Robyn Lewis Brown, Mairead Eastin Moloney, y Gabriele Ciciurkaite, "People with Physical Disabilities, Work, and Well-being: The Importance of Autonomous and Creative Work", *Factors in Studying Employment for Persons with Disability: How the Picture Can Change* (Bingley, UK: Emerald Publishing

Limited, 2017), pp. 205–24; Joseph A. Schenk, "The Mobius Strip of Total Health: Manipulation of Thinking Prior to Exercise Activity", tesis universitaria del programa de honores, Georgia Southern University (2017); Tracey Anderson Askew, "The Power of Words!" *Australian Midwifery News* 17, no. 2 (2017): p. 26; Seth Peterson, "The Power of Words: James 3:1–12", presentación oral de posgrado, Liberty University, 13 de abril de 2017, http://digitalcommons.liberty.edu/cgi/viewcontent.cgi?article=1097 &context=research_symp; Matthew Lieberman et al., "Putting Feelings Into Words", *Psychological Science* 18, no. 5 (Mayo 2007): pp. 421–28; Stuart Wolpert, "Putting Feelings Into Words Produces Therapeutic Effects in the Brain; UCLA Neuroimaging Study Supports Ancient Buddhist Teachings", *UCLA Newsroom* (21 de junio de 2007).

3.  Lieberman et al., "Putting Feelings into Words"; Eric B. Loucks et al., "Positive Associations of Dispositional Mindfulness with Cardiovascular Health: The New England Family Study", *International Journal of Behavioral Medicine* 22, no. 4 (2015): pp. 540–50; Muehsam et al., "The Embodied Mind".

## Capítulo 5: La mentalidad de las emociones controladas

1.  Muehsam et al., "The Embodied Mind"; Lieberman et al., "Putting Feelings Into Words"; Candace B. Pert, *Molecules of Emotion: Why You Feel the Way You Feel* (New York: Simon and Schuster, 1997); Margaret Wheatley, *Leadership and the New Science: Discovering Order in a Chaotic World* (San Francisco: Berrett-Koehler, 2006); Edmund T. Rolls, "On the Brain and Emotion", *Behavioral and Brain Sciences* 23, no. 2 (2000): pp. 219–28.

2.  Lisa Feldman Barrett, "You Aren't at the Mercy of Your Emotions—Your Brain Creates Them", chala TED, grabada en diciembre de 2017 en TED@IBM, 18:29, https://www          .ted.com/talks/lisa_feldman_barrett_you_aren_t_at_the_mercy_of _your_emotions_your_brain_creates_them.

3.  Caroline Leaf, *Who Switched Off My Brain: Controlling Toxic Thoughts and Emotions* (Nashville: Thomas Nelson, 2009); Luiz Pessoa, "A Network Model of the Emotional Brain", *Trends in Cognitive Sciences* 21, no. 5 (Mayo 2017): pp. 357–71; Sophia Suk Mun Law, "Colour My Growth: A Study of Art as a Language for Victims of Family Violence", *Hong Kong Association of Art Therapists Newsletter* 25 (Febrero 2017), http://commons. ln.edu.hk/sw_master/5277/; Heather Bacon, "Book Review: Jonathan Willows, Moving on after Childhood Sexual Abuse, Understanding the Effects and Preparing for Therapy", *Clinical Child Psychology and Psychiatry* 15, no. 1 (2010): pp. 141–42.

## Capítulo 6: La mentalidad del perdón

1.  Saima Noreen, Raynette N. Bierman, y Malcolm D. MacLeod, "Forgiving You Is Hard, but Forgetting Seems Easy: Can Forgiveness Facilitate Forgetting?" *Psychological Science* 25, no. 7 (2014): pp. 1295–302.

2.  Nathaniel G. Wade et al., "Efficacy of Psychotherapeutic Interventions to Promote Forgiveness: A Meta-Analysis", *Forgiveness Therapy* (2014): p. 154; Don E. Davis et al., "Research on Religion/Spirituality and Forgiveness: A Meta-Analytic Review", *Psychology of Religion and Spirituality* 5, no. 4 (2013): p. 233; Robert D. Enright, *The Forgiving Life: A Pathway to Overcoming Resentment and Creating a Legacy of Love* (York, PA: Maple-Vail Books, 2012); Brandon J. Griffin et al., "Self-Directed Intervention to Promote Self-Forgiveness", *Handbook of the Psychology of Self-Forgiveness* (Berlin: Springer, 2017), pp. 207–18.

3.  Indrajeet Patil et al., "Neuroanatomical Correlates of Forgiving Unintentional Harms", *Scientific Reports* 7 (2017); Noreen, Bierman, y MacLeod, "Forgiving You Is Hard"; Stephanie Lichtenfeld et al., "Forgive and Forget: Differences between Decisional and Emotional Forgiveness", *PloS One* 10, no. 5 (2015): e0125561; Whitney K. Jeter y Laura A. Brannon, "Increasing Awareness of Potentially Helpful Motivations and Techniques for Forgiveness", *Counseling and Values* 60, no. 2 (2015): pp. 186–200; C. Fred Alford, "Forgiveness and Transitional Experience", *D. W. Winnicott and Political Theory* (New York: Palgrave Macmillan, 2017), pp. 185–201.

4.  Mayo Clinic, "Learning to Forgive May Improve Well-Being", *ScienceDaily*, 4 de enero de 2008, https://www.sciencedaily.com/releases/2008/01/080104122807.htm.

5.  Ibid.

## Capítulo 7: La mentalidad de la felicidad

1.  Greater Good Science Center at UC Berkeley, "Emiliana R. Simon-Thomas: Profile", *Greater Good Magazine*, consultado en línea 24 de enero de 2018, https://greatergood. berkeley.edu/profile/emiliana_simon_thomas; Dacher Keltner, *Born to Be Good: The Science of a Meaningful Life* (New York: WW Norton, 2009).

2.  Kent C. Berridge, "'Liking' and 'Wanting' Food Rewards: Brain Substrates and Roles in Eating Disorder", *Physiology & Behavior* 97, no. 5 (2009): pp. 537–50; W. Bradford Littlejohn, "Addicted to Novelty: The Vice of Curiosity in a Digital Age", *Journal of the Society of Christian Ethics* 37, no. 1 (2017): pp. 179–96; Daniel Pedro Cardinali, "Fourth Level: The Limbic System", *Autonomic Nervous System* (Berlin: Springer, 2018), pp. 245–85.

3.  Achor, *Happiness Advantage*.

4.  Sonja Lyubomirsky, Laura King, y Ed Diener, "The Benefits of Frequent Positive Affect: Does Happiness Lead to Success?", *PubMed* (2005): 803, doi: 10.1037 /0033-2909.131.6.803.

5.  Achor, *Happiness Advantage*; Crum, Salovey, y Achor, "Rethinking Stress"; John B. Izzo, *The Five Thieves of Happiness* (Oakland, CA: Berrett-Koehler, 2017); L. Parker Schiffer y Tomi-Ann Roberts, "The Paradox of Happiness: Why Are We Not Doing What We Know Makes Us Happy?", *The Journal of Positive Psychology* (January 2017): pp. 1–8.

6.  Ibid.

7.  Ibid.

8.  Ellen Beth Levitt, "University of Maryland School of Medicine Study Shows Laughter Helps Blood Vessels Function Better", University of Maryland Medical Center, 9 de marzo de 2009 [citado el 25 de octubre de 2011]; Julia Wilkins y Amy Janel Eisenbraun, "Humor Theories and the Physiological Benefits of Laughter", *Holistic Nursing Practice* 23, no. 6 (2009): pp. 349–54; Sala Horowitz, "Effect of Positive Emotions on Health: Hope and Humor", *Alternative and Complimentary Therapies* 15, no. 4 (2009): pp. 196– 202; Norman Cousins, "Anatomy of an Illness (as Perceived by the Patient)", *Nutrition Today* 12, no. 3 (1977): pp. 22–28; Norman Cousins, "Therapeutic Value of Laughter", *Integrative Psychiatry* (1985); Norman Cousins, "Proving the Power of Laughter", *Psychology Today* 23, no. 10 (1989): pp. 22–25; Brandon M. Savage et al., "Humor, Laughter, Learning, and Health! A Brief Review", *Advances in Physiology Education* 41, no. 3 (2017): pp. 341–47; Allen B. Weisse, "Humor in Medicine: Can Laughter Help in Healing?", *Proceedings (Baylor University Medical Center)* 30, no. 3 (2017): p. 378; Mohamed H. Noureldein y Assaad A. Eid, "Homeostatic Effect of Laughter on Diabetic Cardiovascular Complications: The Myth Turned to Fact", *Diabetes Research and Clinical Practice*

135 (Enero 2018): pp. 111–19; Elisabeth Ritter, "Laughing to Heal and Renew: Implementation of Humor in Dance/Movement Therapy", tesis de posgrado, Sarah Lawrence College (May 2017); Frank Rodden, "The Neurology and Psychiatry of Humor, Smiling and Laughter: A Tribute to Paul McGhee, Part I, Introduction and Clinical Studies", *Humor* (Enero 2017); Lee S. Berk et al., "Neuroendocrine and Stress Hormone Changes During Mirthful Laughter", *The American Journal of the Medical Sciences* 298, no. 6 (1989): pp. 390–96.

9.  Ibid.

10. Ibid.

11. Ibid.

12. Robert R. Provine, "Laughter as an Approach to Vocal Evolution: The Bipedal Theory", *Psychonomic Bulletin & Review* 24, no. 1 (2017): pp. 238–44.

13. Ruby T. Nadler, Rahel Rabi, y John Paul Minda, "Better Mood and Better Performance: Learning Rule-Described Categories Is Enhanced by Positive Mood", *Psychological Science* 21, no. 12 (2010): pp. 1770–76.

## Capítulo 8: La mentalidad del tiempo

1.  Jamil P. Bhanji y Mauricio R. Delgado, "Perceived Control Influences Neural Responses to Setbacks and Promotes Persistence", *Neuron* 83, no. 6 (2014): pp. 1369–75; Lauren A. Leotti, Catherine Cho, y Mauricio R. Delgado, "The Neural Basis Underlying the Experience of Control in the Human Brain", *The Sense of Agency*, editado por Patrick Haggard y Baruch Eitam (Oxford Scholarship Online, 2015): p. 145.

2.  Phillippa Lally et al., "How Are Habits Formed: Modelling Habit Formation in the Real World", *European Journal of Social Psychology* 40, no. 6 (2010): pp. 998–1009; Phillippa Lally y Benjamin Gardner, "Promoting Habit Formation", *Health Psychology Review* 7, supplement 1 (2013): S137–58; Sheina Orbell y Bas Verplanken, "The Automatic Component of Habit in Health Behavior: Habit as Cue-Contingent Automaticity", *Health Psychology* 29, no. 4 (2010): p. 374; Phillippa Lally, Jane Wardle, y Benjamin Gardner, "Experiences of Habit Formation: A Qualitative Study", *Psychology, Health & Medicine* 16, no. 4 (2011): pp. 484–89.

## Capítulo 9: La mentalidad de lo posible

1.  Neil Garrett y Tali Sharot, "Optimistic Update Bias Holds Firm: Three Tests of Robustness Following Shah et al.", *Consciousness and Cognition* 50 (2017): pp. 12–22; Sharot et al., "Neural Mechanisms Mediating Optimism Bias"; Sharot, "The Optimism Bias"; Sharot, *The Optimism Bias*; Tali Sharot et al., "How Dopamine Enhances an Optimism Bias in Humans", *Current Biology* 22, no. 16 (2012): pp. 1477–81.

2.  Rutgers School of Arts and Sciences, *The Edisonian* 9 (Fall 2012), http://edison.rutgers.edu/newsletter9.html.

3.  Achor, *Happiness Advantage*.

## Capítulo 10: La mentalidad de la gratitud

1.  Prathik Kini et al., "The Effects of Gratitude Expression on Neural Activity", *NeuroImage* 128 (2016): pp. 1–10, https://www.ncbi.nlm.nih.gov/pubmed/26746580; Sungh- yon Kyeong et al., "Effects of Gratitude Meditation on Neural Network Functional Connectivity and Brain-Heart Coupling", *Scientific Reports* 7, no. 1 (2017): p. 5058.

2. Kini et al., "Effects of Gratitude Expression".

3. Kini et al., "Effects of Gratitude Expression"; Robert A. Emmons, *Thanks! How the New Science of Gratitude Can Make You Happier* (New York: Houghton Mifflin Harcourt, 2007); Philip C. Watkins, Dean L. Grimm, y Russell Kolts, "Counting Your Blessings: Positive Memories among Grateful Persons", *Current Psychology* 23, no. 1 (2004): pp. 52–67; Sonja Lyubomirsky, *The How of Happiness: A Scientific Approach to Getting the Life You Want* (New York: Penguin, 2008); Anna Alkozei, Ryan Smith, y William D. S. Killgore, "Gratitude and Subjective Wellbeing: A Proposal of Two Causal Frameworks", *Journal of Happiness Studies* (2017): pp. 1–24; Alex M. Wood et al., "The Role of Gratitude in the Development of Social Support, Stress, and Depression: Two Longitudinal Studies", *Journal of Research in Personality* 42, no. 4 (2008): pp. 854–71; Stephen M. Yoshimura y Kassandra Berzins, "Grateful Experiences and Expressions: The Role of Gratitude Expressions in the Link between Gratitude Experiences and Well-Being", *Review of Communication* 17, no. 2 (2017): pp. 106–18.

4. Alexis Madrigal, "Scanning Dead Salmon in FMRI Machine Highlights Risk of Red Herrings", *Wired*, 19 de septiembre de 2009, https://www.wired.com/2009/09/fm risalmon; Brian Resnick, "There's a Lot of Junk FMRI Research Out There: Here's What Top Neuroscientists Want You to Know", *Vox*, 9 de septiembre de 2016, http://www .vox.com/2016/9/8/1289784?f mri-studies-explained.

5. Robert A. Emmons y Michael E. McCullough, eds., *The Psychology of Gratitude* (London: Oxford University Press, 2004), p. 232.

6. Toshimasa Sone et al., "Sense of Life Worth Living (Ikigai) and Mortality in Japan: Ohsaki Study", *Psychosomatic Medicine* 70, no. 6 (2008): pp. 709–15.

7. Willie Nelson y Turk Pipkin, *The Tao of Willie: A Guide to the Happiness in Your Heart* (New York: Gotham, 2007), xii.

## Capítulo 11: La mentalidad de la comunidad

1. Roger Walsh, "Lifestyle and Mental Health", *American Psychologist* 66, no. 7 (2011): p. 579; Bruce E. Wampold y Zac E. Imel, *The Great Psychotherapy Debate: The Evidence for What Makes Psychotherapy Work* (London: Routledge, 2015); Roger Walsh, "Integral Service, Part 2: Integral Discipline, Karma Yoga, and Sacred Service", *Journal of Integral Theory and Practice* 9, no. 1 (2014): p. 132; Kellsey D. Calhoon, "Getting Off the Couch: Psychotherapists Who Have Incorporated Therapeutic Lifestyle Changes into Their Practice", tesis de posgrado, University of Alberta (2014); Glenn Hutchinson, "Mental Health 101: How To Improve Your Mental Health Without Going to Therapy", *Glenn Hutchinson, Ph.D.*, consultado en línea 25 de enero de 2018, http://glennhutchinson.net/How-To-Improve-Your-Mental-Health.html; Amrita Yadava, Deepti Hooda, y NovRattan Sharma, "Maintaining and Improving Health through Lifestyle Choices", *Biopsychosocial Issues in Positive Health*, editado por Amrita Yadava, Deepti Hooda, y NovRattan Sharma (New Delhi, India: Global Vision, 2012).

2. D. B. López Lluch y L. Noguera Artiaga, "The Sense of Touch", *Sensory and Aroma Marketing* (Wageningen, Netherlands: Wageningen Academic Publishers, 2017), pp. 472–88; Jenn Gonya et al., "Investigating Skin-to-Skin Care Patterns with Extremely Preterm Infants in the NICU and Their Effect on Early Cognitive and Communication Performance: A Retrospective Cohort Study", *BMJ open* 7, no. 3 (2017): e012985; Dorothy Vittner et al., "Increase in Oxytocin from Skin-to-Skin Contact Enhances Development of Parent-Infant Relationship", *Biological Research for Nursing* 20, no. 1 (Octubre 2017):

pp. 54–62; Alessandro Sale, "A Systematic Look at Environmental Modulation and Its Impact in Brain Development", *Trends in Neurosciences* 41, no. 1 Enero 2018): pp. 4–17; Anne C. Rovers et al., "Effectiveness of Skin-to-Skin Contact versus Care-as-Usual in Mothers and Their Full-Term Infants: Study Protocol for a Parallel-Group Randomized Controlled Trial", *BMC Pediatrics* 17, no. 1 (2017): p. 154; Joan L. Luby et al., "Association between Early Life Adversity and Risk for Poor Emotional and Physical Health in Adolescence: A Putative Mechanistic Neurodevelopmental Pathway", *JAMA Pediatrics* 171, no. 12 (2017): pp. 1168–75.

3.   Zenobia Morrill, "Loneliness as Lethal: Researchers Name Social Isolation a 'Public Health Threat'", *Mad in America*, 1 de septiembre de 2017, https://www.madinamerica.com/2017/09/loneliness-lethal-researchers-name-social-isolation-public-health-threat/; Holt-Lunstad et al., "Loneliness and Social Isolation as Risk Factors for Mortality"; Stephanie Cacioppo et al., "Loneliness: Clinical Import and Interventions", *Perspectives on Psychological Science* 10, no. 2 (2015): pp. 238–49; Riitta Hari et al., "Centrality of Social Interaction in Human Brain Function", *Neuron* 88, no. 1 (2015): pp. 181–93; Nicole K. Valtorta et al., "Loneliness and Social Isolation as Risk Factors for Coronary Heart Disease and Stroke: Systematic Review and Meta-Analysis of Longitudinal Observational Studies", *Heart* 102, no. 13 (2016): pp. 1009–16.

4.   Holt-Lunstad et al., "Loneliness and Social Isolation as Risk Factors for Mortality"; Sebastian Mann, "Loneliness 'Kills More People than Obesity'", *Evening Standard*, 7 de agosto de 2017, https://www.standard.co.uk/news/health/loneliness-kills-more-people-than-obesity-a3605786.html.

5.   Ibid.

6.   Ibid.

7.   American Psychological Association, "How Do Close Relationships Lead to Longer Life?", *ScienceDaily*, 7 de septiembre de 2017, www.sciencedaily.com/releases/2017/09/170907093638.htm.

8.   Como se cita en Hooseo B. Park, *The Eight Answers for Happiness* (Bloomington, IN: Xlibris, 2014), p. 105.

9.   Holt-Lunstad et al., "Loneliness and Social Isolation as Risk Factors for Mortality".

10.   Ibid.

11.   Para saber más, visita www.wholemindproject.com.

12.   Dixon Chibanda et al., "Effect of a Primary Care–Based Psychological Intervention on Symptoms of Common Mental Disorders in Zimbabwe: A Randomized Clinical Trial", *JAMA* 316, no. 24 (2016): pp. 2618–26.

## Capítulo 12: La mentalidad del apoyo

1.   Holt-Lunstad et al., "Loneliness and Social Isolation as Risk Factors for Mortality".

2.   Brooke C. Feeney et al., "Predicting the Pursuit and Support of Challenging Life Opportunities", *Personality and Social Psychology Bulletin* 43, no. 8 (Agosto 2017): pp. 1171–87.

3.   Frank J. Infurna y Suniya S. Luthar, "Resilience to Major Life Stressors Is Not as Common as Thought", *Perspectives on Psychological Science* 11, no. 2 (2016): pp. 175–94; Suzanne Degges-White y Christine Borzumato-Gainey, *Friends Forever: How Girls and Women Forge Lasting Relationships* (London: Rowman & Littlefield, 2011); Suzanne Degges-White, *Sisters and Brothers for Life: Making Sense of Sibling Relationships in Adulthood* (London: Rowman & Littlefield, 2017); Christine Borzumato-Gainey, Suzanne Degges-White, y Carrie V. Smith, "Romantic Relationships: From Wrestling to

Romance", *Counseling Boys and Young Men*, editado por Suzanne Degges-White y Bonnie Colon (Berlin: Springer, 2012), p. 135.

4. Holt-Lunstad et al., "Loneliness and Social Isolation as Risk Factors for Mortality".

5. M. J. Poulin et al., "Giving to Others and the Association between Stress and Mortality", *Am J Public Health* 103, no. 9 (Septiembre 2013): pp. 1649–55; E. B. Raposa, H. B. Laws, y E. B. Ansell, "Prosocial Behavior Mitigates the Negative Effects of Stress in Everyday Life", *Clinical Psychological Science* 4, no. 4 (2016): pp. 691–98.

6. Shawn Achor, "Positive Intelligence". *Harvard Business Review* 90, no. 1 (2012): pp. 100–102; Achor, *Happiness Advantage*.

7. Ibid.

## Capítulo 13: La mentalidad del estrés saludable

1. Jamieson, Mendes, y Nock, "Improving Acute Stress Responses"; Crum, Salovey, y Achor, "Rethinking Stress"; Anne Casper, Sabine Sonnentag, y Stephanie Tremmel, "Mindset Matters: the Role of Employees' Stress Mindset for Day-Specific Reactions to Workload Anticipation", *European Journal of Work and Organizational Psychology* 26, no. 6 (2017): pp. 1–13; M. J. Poulin et al., "Giving to Others and the Association between Stress and Mortality"; E. B. Raposa, H. B. Laws, y E. B. Ansell, "Prosocial Behavior Mitigates the Negative Effects of Stress in Everyday Life"; Jeremy P. Jamieson et al., "Capitalizing on Appraisal Processes to Improve Affective Responses to Social Stress"; *Emotion Review* (2017), doi:1754073917693085; Beltzer et al., "Rethinking Butterflies"; Marcie A. LePine et al., "Turning Their Pain to Gain: Charismatic Leader Influence on Follower Stress Appraisal and Job Performance", *Academy of Management Journal* 59, no. 3 (2016): pp. 1036–59; Angela L. Duckworth, Tamar Szabó Gendler, y James J. Gross, "Self-Control in School-Age Children", *Educational Psychologist* 49, no. 3 (2014): pp. 199–217; Jamieson et al., "Turning the Knots in Your Stomach into Bows"; Nancy L. Sin et al., "Linking Daily Stress Processes and Laboratory-Based Heart Rate Variability in a National Sample of Midlife and Older Adults", *Psychosomatic Medicine* 78, no. 5 (2016): pp. 573–82.

2. Ibid.

3. Ibid.

4. Ibid.

5. Ibid.

6. Crum, Salovey, y Achor, "Rethinking Stress".

## Capítulo 14: La mentalidad de la expectativa

1. Crum y Langer, "Mind-Set Matters".

2. Ibid.

3. Jon D. Levine, Newton C. Gordon, and Howard L. Fields, "The Mechanism of Placebo Analgesia", *The Lancet* 312, no. 8091 (1978): pp. 654–57.

4. Martina Amanzio y Fabrizio Benedetti, "Neuropharmacological Dissection of Placebo Analgesia: Expectation-Activated Opioid Systems versus Conditioning- Activated Specific Subsystems", *Journal of Neuroscience* 19, no. 1 (1999): pp. 484–94.

5. Jo Marchant, "Placebos: Honest Fakery", *Nature* 535, no. 7611 (2016): S14–15, http://www.nature.com/nature/journal/v535/n7611_supp/full/535S14a.html#ref3.

6. Marchant, "Placebos"; Tor D. Wager y Lauren Y. Atlas, "The Neuroscience of Placebo Effects: Connecting Context, Learning and Health", *Nature Reviews Neuroscience* 16, no. 7 (2015): pp. 403–18; Fadel Zeidan et al., "Mindfulness Meditation-Based Pain Relief

Employs Different Neural Mechanisms than Placebo and Sham Mindfulness Meditation-Induced Analgesia", *Journal of Neuroscience* 35, no. 46 (2015): pp. 15307–25; Cláudia Carvalho et al., "Open-Label Placebo Treatment in Chronic Low Back Pain: A Randomized Controlled Trial", *Pain* 157, no. 12 (2016): p. 2766; Damien G. Finniss et al., "Biological, Clinical, and Ethical Advances of Placebo Effects", *The Lancet* 375, no. 9715 (2010): pp. 686–95.

7.  Ibid.
8.  Finniss et al., "Biological, Clinical, and Ethical Advances of Placebo Effects".
9.  Herbert Spiegel, "Nocebo: the Power of Suggestibility", *Preventive Medicine* 26, no. 5 (1997): pp. 616–21; Guy H. Montgomery y Irving Kirsch, "Classical Conditioning and the Placebo Effect", *Pain* 72, no. 1 (1997): pp. 107–13; Steve Stewart-Williams y John Podd, "The Placebo Effect: Dissolving the Expectancy versus Conditioning Debate", *Psychological Bulletin* 130, no. 2 (2004): p. 324.
10. Fabrizio Benedetti, Elisa Carlino, y Antonella Pollo, "How Placebos Change the Patient's Brain", *Neuropsychopharmacology* 36, no. 1 (2011): pp. 339–54.
11. Fabrizio Benedetti et al., "When Words Are Painful: Unraveling the Mechanisms of the Nocebo Effect", *Neuroscience* 147, no. 2 (2007): pp. 260–71.
12. Benedetti, Carlino, y Pollo, "How Placebos Change the Patient's Brain".

## Capítulo 15: La mentalidad de la fuerza de voluntad

1.  Roland Bénabou y Jean Tirole, "Willpower and Personal Rules", *Journal of Political Economy* 112, no. 4 (2004): pp. 848–86; Vaughan Michell y Jasmine Tehrani, "Clinical Pathways and the Human Factor: Approaches to Control and Reduction of Human Error Risk", *Impact of Medical Errors and Malpractice on Health Economics, Quality, and Patient Safety*, editado por Marina Riga (Hershey, PA: Medical Information Science Reference, 2017); Martin G. Kocher et al., "Strong, Bold, and Kind: Self-Control and Cooperation in Social Dilemmas", *Experimental Economics* 20, no. 1 (2017): pp. 44–69; Carol Dweck, *Mindset: Changing the Way You Think to Fulfill Your Potential* (London: Hachette UK, 2017); Urshila Sriram et al., "Support and Sabotage: A Qualitative Study of Social Influences on Health Behaviors among Rural Adults", *The Journal of Rural Health* 34, no. 1 (2018): pp. 88–97.
2.  Ibid.
3.  Peter J. Rogers, "A Healthy Body, a Healthy Mind: Long-Term Impact of Diet on Mood and Cognitive Function", *Proceedings of the Nutrition Society* 60, no. 1 (2001): pp. 135–43; Lawrence Friedman, "How the Mind-Gut Connection Affects Your Health: The 'Second Brain' in Your Stomach Can Cause or Relieve Illness and Stress. Here's How It Works", *Next Avenue*, 19 de junio de 2013, http:// www.nextavenue.org/how-mind-gut-connection-affects-your-health/; Ruth Anne Luna y Jane A. Foster, "Gut Brain Axis: Diet Microbiota Interactions and Implications for Modulation of Anxiety and Depression", *Current Opinion in Biotechnology* 32 (Abril 2015): pp. 35–41; Philip C. Keightley, Natasha A. Koloski, y Nicholas J. Talley, "Pathways in Gut-Brain Communication: Evidence for Distinct Gut-to-Brain and Brain-to-Gut Syndromes", *Australian and New Zealand Journal of Psychiatry* 49, no. 3 (2015): pp. 207–14; Leaf, *Think and Eat Yourself Smart*.

## Capítulo 16: La mentalidad espiritual

1.  Dan Buettner, *The Blue Zones: 9 Lessons for Living Longer from the People Who've Lived the Longest* (Des Moines, IA: National Geographic Books, 2012).

2.   Christina M. Puchalski, "The Role of Spirituality in Health Care", *Proceedings (Baylor University Medical Center)* 14, no. 4 (2001): p. 352; Gowri Anandarajah y Ellen Hight, "Spirituality and Medical Practice", *American Family Physician* 63, no. 1 (2001): pp. 81–88; Rush University Medical Center, "Belief in a Caring God Improves Response to Medical Treatment for Depression, Study Finds", *ScienceDaily*, 24 de febrero de 2010, www.sciencedaily.com/releases/2010/02/100223132021.htm; David H. Rosmarin et al., "A Test of Faith in God and Treatment: The Relationship of Belief in God to Psychiatric Treatment Outcomes", *Journal of Affective Disorders* 146, no. 3 (2013): pp. 441–46; Bruno Paz Mosqueiro, Neusa Sica da Rocha, y Marcelo Pio de Almeida Fleck, "Intrinsic Religiosity, Resilience, Quality of Life, and Suicide Risk in Depressed Inpatients", *Journal of Affective Disorders* 179 (2015): pp. 128–33; Anne-Marie Snider y Samara McPhedran, "Religiosity, Spirituality, Mental Health, and Mental Health Treatment Outcomes in Australia: A Systematic Literature Review", *Mental Health, Religion & Culture* 17, no. 6 (2014): pp. 568–81; Freda van der Walt y Jeremias J. de Klerk, "Measuring Spirituality in South Africa: Validation of Instruments Developed in the USA", *International Review of Psychiatry* 26, no. 3 (2014): pp. 368–78; Loren L. Toussaint, Justin C. Marschall, y David R. Williams, "Prospective Associations between Religiousness/Spirituality and Depression and Mediating Effects of Forgiveness in a Nationally Representative Sample of United States Adults", *Depression Research and Treatment* 2012 (2012).

3.   Ibid.

4.   Alister E. McGrath, *Surprised by Meaning: Science, Faith, and How We Make Sense of Things* (Louisville: Westminster John Knox, 2011); Alister E. McGrath, *Science & Religion: A New Introduction* (West Sussex, UK: Wiley-Blackwell, 2010); Alister E. McGrath, *Why God Won't Go Away: Is the New Atheism Running on Empty?* (Nashville: Thomas Nelson, 2010); J. C. Polkinghorne, *Science and Religion in Quest of Truth* (New Haven, CT: Yale University Press, 2011); J. C. Polkinghorne, *Belief in God in an Age of Science* (New Haven, CT: Yale University Press, 1998); J. C. Polkinghorne, *One World: The Interaction of Science and Theology* (Philadelphia: Templeton Foundation Press, 2007); J. C. Polkinghorne y Nicholas Beale, *Questions of Truth: Fifty-One Responses to Questions about God, Science, and Belief* (Louisville: Westminster John Knox, 2009); John C. Lennox, *Seven Days That Divide the World: The Beginning According to Genesis and Science* (Grand Rapids: Zondervan, 2011); Amir D. Aczel, *Why Science Does Not Disprove God* (New York: William Morrow, 2014); Andrew B. Newberg, Eugene G. D'Aquili, y Vince Rause, *Why God Won't Go Away: Brain Science and the Biology of Belief* (New York: Ballantine, 2001); Alister E. McGrath, *Darwinism and the Divine: Evolutionary Thought and Natural Theology* (Oxford, UK: Wiley-Blackwell, 2011).

5.   Hill, Edmonds, y Hampson, "A Purposeful Lifestyle Is a Healthful Lifestyle".

6.   Patrick L. Hill y Nicholas A. Turiano, "Purpose in Life as a Predictor of Mortality across Adulthood", *Psychological Science* 25, no. 7 (2014): pp. 1482–86.

7.   Viktor Emil Frankl, *Man's Search for Meaning: An Introduction to Logotherapy from Death-Camp to Existentialism* (New York: Simon & Schuster, 1962).

## Capítulo 17: El propósito del Perfil del Don

1.   Binghamton University, "Researchers Can Identify You by Your Brain Waves with 100 Percent Accuracy", *ScienceDaily*, 18 de abril de 2016, https://www.sciencedaily.com/releases/2016/04/160418120608.htm; Maria V. Ruiz-Blondet et al., "A Novel Method for Very High Accuracy Event-Related Potential Biometric Identification",

CEREBRE: *IEEE Transactions on Information Forensics and Security* 11, no. 7 (2016): p. 1618; Weizmann Institute of Science, "Smell Fingerprints? Each Person May Have a Unique Sense of Smell", *ScienceDaily*, 30 de junio de 2015, www.sciencedaily.com/releases/2015/06/150630100509.htm; Eric A. Franzosa et al., "Identifying Personal Microbiomes Using Metagenomic Codes", *Proceedings of the National Academy of Sciences* 112, no. 22 (2015): E2930–38; Glendon J. Parker et al., "Demonstration of Protein-Based Human Identification Using the Hair Shaft Proteome", *PloS One* 11, no. 9 (2016): e0160653.

2.  Tim Spector, "Identically Different: Tim Spector at TED x Kings College London", video de YouTube, 18:15, subido por TEDx Talks, 23 de mayo de 2013, https://youtu.be/1W-5SeBYERNI; Jordana T. Bell y Tim D. Spector, "A Twin Approach to Unraveling Epigenetics", *Trends in Genetics* 27, no. 3 (2011): p. 116–25; Jordana T. Bell y Richard Saffery, "The Value of Twins in Epigenetic Epidemiology", *International Journal of Epidemiology* 41, no. 1 (2012): pp. 140–50; Tim Spector, *Identically Different: Why We Can Change Our Genes* (New York: Overlook Press, 2014).

3.  Athanasia D. Panopoulos et al., "Aberrant DNA Methylation in Human iPSCs Associates with MYC-Binding Motifs in a Clone-Specific Manner Independent of Genetics", *Cell Stem Cell* 20, no. 4 (2017): pp. 505–17; Cosmas D. Arnold et al., "Genome-Wide Quantitative Enhancer Activity Maps Identified by STARR=Seq", *Science* 339, no. 6123 (1 de marzo de 2013): pp. 1074–77; L. I. Patrushev y T. F. Kovalenko, "Functions of Noncoding Sequences in Mammalian Genomes", *Biochemistry (Mosc.)* 79, no. 13 (Diciembre 2014): pp. 1442–69; Manolis Kellis et al., "Defining Functional DNA Elements in the Human Genome", *Proc Natl Acad Sci USA* 111, no. 17 (29 de abril de 2014): pp. 6131–38; Perla Kaliman et al., "Rapid Changes in Histone Deacetylases and Inflammatory Gene Expression in Expert Meditators", *Psychoneuroendocrinology* 40 (Febrero 2014): pp. 96–107.

4.  Ibid.

5.  Zsofia Nemoda y Moshe Szyf, "Epigenetic Alterations and Prenatal Maternal Depression", *Birth Defects Research* 109, no. 12 (2017): pp. 888–97; Trygve Tollefsbol, ed., *Handbook of Epigenetics: The New Molecular and Medical Genetics* (New York: Elsevier/Academic Press, 2011); Bruce H. Lipton, *The Biology of Belief: Unleashing the Power of Consciousness, Matter, and Miracles* (Carlsbad, CA: Hay House, 2008); R. Restak, *Mysteries of the Mind* (Washington, DC: National Geographic, 2000); Moshe Szyf, "Epigenetics, DNA Methylation, and Chromatin Modifying Drugs", *Annual Review of Pharmacology and Toxicology* 49 (2009): pp. 243–63.

6.  B. H. Lipton, "Insight into Cellular Consciousness"; Marc Folcher et al., "Mind-Controlled Transgene Expression by a Wireless-Powered Optogenetic Designer Cell Implant", *Nature Communications* 5 (2014), doi:10.1038/ncomms6392; Shawn Wu, Lin Jiang, y J. Wang, "From Relaxation Response, Building Power for Health to an Advanced Self-Cultivation Practice: Genuine Well-Being", *Well-Being and Quality of Life—Medical Perspective*, editado por Mukadder Mollaoglu (London: InTech, 2017); Massachusetts General Hospital, "Relaxation Response Can Influence Expression Of Stress-Related Genes", *ScienceDaily*, 3 de julio de 2008, www.sciencedaily.com/releases/2008/07/080701221501.htm; Bruce D. Perry, "Childhood Experience and the Expression of Genetic Potential: What Childhood Neglect Tells Us about Nature and Nurture", *Brain and Mind* 3, no. 1 (2002): pp. 79–100; Susan C. South, Nayla R. Hamdi, y Robert F. Krueger, "Biometric Modeling of Gene-Environment Interplay: The

Intersection of Theory and Method and Applications for Social Inequality", *Journal of Personality* 85, no. 1 (2017): pp. 22–37; Gene E. Robinson, Russell D. Fernald, y David F. Clayton, "Genes and Social Behavior", *Science* 322, no. 5903 (2008): pp. 896–900; Ivana Buric et al., "What Is the Molecular Signature of Mind–Body Interventions? A Systematic Review of Gene Expression Changes Induced by Meditation and Related Practices", *Frontiers in Immunology* 8 (2017): 670; Yi Seok Chang et al., "Stress-Inducible Gene Atf3 in the Noncancer Host Cells Contributes to Chemotherapy-Exacerbated Breast Cancer Metastasis", *Proceedings of the National Academy of Sciences* 114, no. 34 (2017): E7159–68; Nicole D. Powell et al., "Social Stress Up-Regulates Inflammatory Gene Expression in the Leukocyte Transcriptome via ⊠-Adrenergic Induction of Myelopoiesis", *Proceedings of the National Academy of Sciences* 110, no. 41 (2013): pp. 16574–79; Ohio State University, "Effects of Chronic Stress Can Be Traced to Your Genes", *Science-Daily*, 5 de noviembre de 2013, www.sciencedaily.com/releases/2013/11/131105171338.htm; Steven W. Cole et al., "Transcript Origin Analysis Identifies Antigen-Presenting Cells as Primary Targets of Socially Regulated Gene Expression in Leukocytes", *Proceedings of the National Academy of Sciences* 108, no. 7 (2011): pp. 3080–85; Daniel B. McKim et al., "Neuroinflammatory Dynamics Underlie Memory Impairments after Repeated Social Defeat", *Journal of Neuroscience* 36, no. 9 (2016): pp. 2590–604; Dweck, *Mindset: Changing the Way You Think to Fulfill Your Potential*; Carol S. Dweck, *Mindset: The New Psychology of Success* (New York: Random House, 2006).

7.   Ibid.

8.   Leaf, *Switch On Your Brain*; Leaf, *Think and Eat Yourself Smart*; Leaf, *The Perfect You.*

9.   Ibid.

10.  Ibid.

11.  Leaf, *The Perfect You.*

12.  Ibid.

13.  Joanna Moncrieff, "Philosophy Part 3: Knowledge of Mental States and Behaviour—Insights from Heidegger and Others", Joannamoncrieff.com, 9 de octubre de 2017, https://joannamoncrieff.com/2017/10/09/philosophy-part-3-knowledge-of-mental-states-and-behaviour-insights-from-heidegger-and-others/.

14.  Michael Pollan, *The Omnivore's Dilemma: A Natural History of Four Meals* (New York: Penguin, 2006).

15.  David J. Chalmers, *The Conscious Mind: In Search of a Fundamental Theory* (London: Oxford University Press, 1996).

16.  Sally Satel y Scott O. Lilienfeld, *Brainwashed: The Seductive Appeal of Mindless Neuroscience* (New York: Basic Books, 2015); J. Kulnych, "Psychiatric Neuroimaging Evidence: A High-Tech Crystal Ball?", *Stanford Law Review* 49 (1997): pp. 1249–70; E. Monterosso et al., "Explaining away Responsibility: Effects of Scientific Explanations on Perceived Culpability", *Ethics and Behavior* 15, no. 2 (2005): pp. 139–53.

17.  Brian Resnick, "There's a Lot of Junk FMRI Research out There"; A. Eklund et al., "Cluster Failure: Why FMRI Inferences for Spatial Extent Have Inflated False-Positive Rates", *Proceedings of the National Academy of Sciences* 113, no. 28 (2016): pp. 7900–05.

18.  Ibid.

19.  Madrigal, "Scanning Dead Salmon".

20.  Ibid.

21.  Robert M. G. Reinhart, "Disruption and Rescue of Interareal Theta Phase Coupling and Adaptive Behavior", *Proceedings of the National Academy of Sciences* (2017): pp.

11542–47; Boston University, "'Turbo Charge' for Your Brain? Sychronizing Specific Brain Occilations Enhances Executive Function", *ScienceDaily*, 9 de octubre de 2017, https://www.sciencedaily.com/releases/2017/10/171009154941.htm.

22. Stapp, "Quantum Interactive-Dualism".

23. Henry P. Stapp, *Mind, Matter and Quantum Mechanics* (Berlin: Springer, 2009), Kindle ed.

24. Leaf, "The Mind Mapping Approach: A Model and Framework for Geodesic Learning".

25. Henry Stapp, "Minds and Values in the Quantum Universe", *Information and the Nature of Reality from Physics to Metaphysics*, ed. P. C. W. Davies y Niels Henrik Gregersen (Cambridge, UK: Cambridge University Press, 2014), p. 157.

26. Roger Penrose, *Fashion, Faith, and Fantasy in the New Physics of the Universe* (Princeton, NJ: Princeton University Press, 2016).

27. Roger Penrose, *The Emperor's New Mind: Concerning Computers, Minds, and the Laws of Physics* (London: Oxford Paperbacks, 1999).

28. Ibid., 423.

29. Ibid.

30. Dr. Seuss, *Happy Birthday to You* (New York: Random House, 1959).

31. Leaf, "The Mind Mapping Approach: A Model and Framework for Geodesic Learning".

32. Stephen J. DeArmond, Madeline M. Fusco, y Maynard M. Dewey, *Structure of the Human Brain: A Photographic Atlas* (New York: Oxford University Press, 1989).

33. J. Fodor, *The Modularity of Mind* (Cambridge, MA: MIT/Bradford, 1989); Henry Markram, "The Blue Brain Project", *Nature Reviews Neuroscience* 7, no. 2 (2006): pp. 153–60; Henry Markram, "The Human Brain Project", *Scientific American* 306, no. 6 (2012): pp. 50–55; Jeffrey M. Schwartz, Henry P. Stapp, y Mario Beauregard, "Quantum Physics in Neuroscience and Psychology: A Neurophysical Model of Mind-Brain Interaction", *Philosophical Transactions of the Royal Society of London, Series B, Biological Sciences* 360, no. 1458 (2005): pp. 1309–27; Jeffrey M. Schwartz y Sharon Begley, *The Mind and the Brain: Neuroplasticity and the Power of Mental Force* (New York: Harper, 2003), 27; William R. Uttal, "The Two Faces of MRI", *Cerebrum*, 1 de julio de 2002, http://www.dana.org/Cerebrum/Default.aspx?id=39300; Wellcome Trust, "Brain's Architecture Makes Our View of the World Unique", *ScienceDaily*, 6 de diciembre de 2010, www.sciencedaily.com/releases/2010/12/101205202512.htm; J. Richard Middleton, *The Liberating Image: The Imago Dei in Genesis 1* (Grand Rapids: Brazos, 2005); A. G. Christy et al., "Straying from the Righteous Path and from Ourselves: The Interplay between Perceptions of Morality and Self-Knowledge", *Personality and Social Psychology Bulletin* 1, no. 42 (2016): pp. 1538–50; F. Gino et al., "The Moral Virtue of Authenticity", *Psychological Science* 26, no. 7 (2015): pp. 983–86; Peter Kinderman, *The New Laws of Psychology: Why Nature and Nurture Alone Can't Explain Human Behavior* (London: Robinson, 2014).

34. Ibid.

35. Ibid.

36. Leaf, "The Mind Mapping Approach: A Model and Framework for Geodesic Learning".

## Capítulo 18: El Perfil del Don

1. Stuart Hameroff y Roger Penrose, "Consciousness in the Universe: A Review of the 'Orch OR' Theory", *Physics of Life Reviews* 11, no. 1 (2014): pp. 39–78; Stuart Hameroff et al., "Conduction Pathways in Microtubules, Biological Quantum Computation, and Consciousness", *Biosystems* 64, no. 1 (2002): pp. 149–68; Stuart Hameroff, "Consciousness,

Microtubules, and 'Orch OR': A 'Space-Time Odyssey'", *Journal of Consciousness Studies* 21, nos. 3–4 (2014): pp. 126–53; Stuart Hameroff, "How Quantum Brain Biology Can Rescue Conscious Free Will", *Frontiers in Integrative Neuroscience* 6 (2012); Stuart R. Hameroff, Alfred W. Kas–zniak, y Alwyn Scott, eds. *Toward a Science of Consciousness II: The Second Tucson Discussions and Debates*, vol. 2 (Cambridge, MA: MIT Press, 1998); Stuart R. Hameroff y Roger Penrose, "Conscious Events as Orchestrated Space-Time Selections", *Journal of Consciousness Studies* 3, no. 1 (1996): pp. 36–53; Roger Penrose, *Shadows of the Mind*, vol. 4 (Oxford: Oxford University Press, 1994); Scott Hagan, Stuart R. Hameroff, y Jack A. Tuszyński, "Quantum Computation in Brain Microtubules: Decoherence and Biological Feasibility", *Physical Review E* 65, no. 6 (2002), doi:10.1103/PhysRevE.65.061901; Stuart Hameroff y Roger Penrose, "Consciousness in the Universe: An Updated Review of the 'Orch OR' Theory", *Biophysics of Consciousness: A Foundational Approach*, editado por R. R. Poznanski, J. A. Tuszynski, y T. E. Feinberg (Singapore: World Scientific, 2016); Satyajit Sahu et al., "Computational Myths and Mysteries That Have Grown around Microtubule in the Last Half a Century and Their Possible Verification", *Journal of Computational and Theoretical Nanoscience* 8, no. 3 (2011): pp. 509–15.

2. Ibid.

3. Hameroff y Penrose, "Consciousness in the Universe: An Updated Review of the 'Orch OR' Theory"; Satyajit Sahu et al., "Computational Myths and Mysteries".

4. Los cálculos del número de pensamientos que pensamos al día varían mucho. Por ejemplo, Charlie Greer escribe: "Hace varios años atrás, la National Science Foundation mostró algunas estadísticas muy interesantes. Pensamos mil pensamientos por hora. Cuando escribimos, pensamos dos mil quinientos pensamientos en una hora y media. La persona promedio piensa unos doce mil pensamiento al día. Un pensador profundo, según este reporte, tiene cincuenta mil pensamientos diarios". Ver Charlie Greer, "What Are You Thinking, Part Deux", Charlie Greer's HVAC Profit Boosters, Inc., consultado en línea 25 de enero de 2018, http://www.hvacprofitboosters.com/Tips/Tip_Archive/tip_archive7.html.

5. Leaf, "The Mind Mapping Approach: A Model and Framework for Geodesic Learning"; Leaf, "The Development of a Model for Geodesic Learning: The Geodesic Information Processing Model"; C. M. Leaf, I. C. Uys, y B. Louw, "An Alternative Non-Traditional Approach to Learning: The Metacognitive-Mapping Approach"; Asael Y. Sklar et al., "Reading and Doing Arithmetic Nonconsciously", *Proceedings of the National Academy of Sciences* 109, no. 48 (2012): pp. 19614–19.

6. Ibid.

7. Harold Pashler et al., "Learning Styles: Concepts and Evidence", *Psychological Science in the Public Interest* 9, no. 3 (2008): pp. 105–19.; Lynn Curry, "A Critique of the Research on Learning Styles", *Educational Leadership* 48, no. 2 (1990): pp. 50–56; Frank Coffield et al., *Learning Styles and Pedagogy in Post-16 Learning: A Systematic and Critical Review*, (London: Learning Skills and Research Centre, 2004), http://www.leer beleving.nl/wp-content/uploads/2011/09/learning-styles.pdf; Paul A. Kirschner, "Stop Propagating the Learning Styles Myth", *Computers & Education* 106 (2017): pp. 166–71.

8. Ibid.

9. Pashler et al., "Learning Styles: Concepts and Evidence"; Leaf, "The Development of a Model for Geodesic Learning: The Geodesic Information Processing Model"; Leaf, "An Altered Perception of Learning: Geodesic Learning: Part 2", *Therapy Africa* 2, no. 1 (enero/febrero 1998): p. 4; Curry, "A Critique of the Research on Learning Styles"; Doug

Rohrer y Harold Pashler, "Learning Styles: Where's the Evidence?" *Online Submission* 46, no. 7 (2012): pp. 634–35; Kirschner, "Stop Propagating the Learning Styles Myth".

10. Philip M. Newton, "The Learning Styles Myth Is Thriving in Higher Education", *Frontiers in Psychology* 6 (2015): p. 1908; Philip M. Newton y Mahallad Miah, "Evidence-Based Higher Education: Is the Learning Styles 'Myth' Important?", *Frontiers in Psychology* 8 (2017): p. 444.

11. Ron Finley, "A Guerilla Gardener in South Central LA", video en YouTube subido por TED el 6 de marzo de 2013, https://www.youtube.com/watch?v=EzZzZ_qpZ4w.

12. Para el perfil más global, ver la app Tu Yo Perfecto, www.perfectlyyou.com.

## Capítulo 19: Características de los siete módulos

1. Binghamton University, "Researchers Can Identify You by Your Brain Waves with 100 Percent Accuracy"; Maria V. Ruiz-Blondet et al., "A Novel Method for Very High Accuracy Event-Related Potential Biometric Identification".

2. Weizmann Institute of Science, "Smell Fingerprints?".

3. D. Samuel Schwarzkopf, Chen Song, y Geraint Rees, "The Surface Area of Human V1 Predicts the Subjective Experience of Object Size", *Nature Neuroscience* 14, no. 1 (2011): pp. 28–30; Wellcome Trust, "Brain's Architecture Makes Our View of the World Unique", *ScienceDaily*, 6 de Dic. de 2010, www.sciencedaily.com/releases/2010/12/101205202512.htm.; Ryota Kanai y Geraint Rees, "The Structural Basis of Inter-Individual Differences in Human Behaviour and Cognition", *Nature Reviews Neuroscience* 12, no. 4 (2011): pp. 231–42; Aaron Alexander-Bloch, Jay N. Giedd, y Ed Bullmore, "Imaging Structural Co-variance between Human Brain Regions", *Nature Reviews Neuroscience* 14, no. 5 (2013): pp. 322–36; Mariko Osaka et al., "The Neural Basis of Individual Differences in Working Memory Capacity: An fMRI Study", *NeuroImage* 18, no. 3 (2003): pp. 789–97; Edward K. Vogel y Edward Awh, "How to Exploit Diversity for Scientific Gain: Using Individual Differences to Constrain Cognitive Theory", *Current Directions in Psychological Science* 17, no. 2 (2008): pp. 171–76.

4. Moran Gershoni y Shmuel Pietrokovski, "The Landscape of Sex-Differential Transcriptome and Its Consequent Selection in Human Adults", *BMC Biology* 15, no. 1 (2017): p. 7; J. Cairns et al., "The Origin of Mutants", *Nature* 35 (1988): pp. 142–45.

## Capítulo 20: ¿Qué es el aprendizaje?

1. Willoughby B. Britton et al., "Dismantling Mindfulness-Based Cognitive Therapy: Creation and Validation of 8-Week Focused Attention and Open Monitoring Interventions within a 3-Armed Randomized Controlled Trial", *Behaviour Research and Therapy* (2017), doi:10.1016/j.brat.2017.09.010; Georgetown University Medical Center, "Mindfulness Meditation Training Lowers Biomarkers of Stress Response in Anxiety Disorder: Hormonal, Inflammatory Reactions to Stress Were Reduced after Meditation Training, in Rigorous NIH-Sponsored Trial", nota de prensa, 24 de enero de 2017, https://gumc.georgetown.edu/news/mindfulness-meditation-training-lowers-biomarkers-of-stress-response-in-anxiety-disorder; Yi-Yuan Tang, Britta K. Hölzel, and Michael I. Posner, "The Neuroscience of Mindfulness Meditation", *Nature Reviews Neuroscience* 16, no. 4 (2015): pp. 213–25.

2. Benjamin C. Storm, Sean M. Stone, y Aaron S. Benjamin, "Using the Internet to Access Information Inflates Future Use of the Internet to Access Other Information", *Memory* 25, no. 6 (2017): pp. 717–23; Amanda M. Ferguson, David McLean, y Evan F. Risko,

"Answers at Your Fingertips: Access to the Internet Influences Willingness to Answer Questions", *Consciousness and Cognition* 37 (2015): pp. 91–102; James W. Antony et al., "Retrieval as a Fast Route to Memory Consolidation", *Trends in Cognitive Sciences* 21, no. 8 (2017): pp. 573–76; Ekaterina Haskins, "Between Archive and Participation: Public Memory in a Digital Age", *Rhetoric Society Quarterly* 37, no. 4 (2007): pp. 401–22; Maria Wimber et al., "Prefrontal Dopamine and the Dynamic Control of Human Long-Term Memory", *Translational Psychiatry* 1, no. 7 (2011): e15; Kaspersky Lab, "The Rise and Impact of Digital Amnesia: Why We Need to Protect What We No Longer Remember", consultado en línea el 25 de enero de 2018, https://d1srlirzdlmpew.cloudfront. net/wp-content/uploads/sites/92/2017/06/06024645/005-Kaspersky-Digital-Amnesia-19.6.15.pdf.

3.     Evan F. Risko y Sam J. Gilbert, "Cognitive Offloading", *Trends in Cognitive Sciences* 20, no. 9 (2016): pp. 676–88; Storm, Stone, y Benjamin, "Using the Internet to Access Information"; Ferguson, McLean, y Risko, "Answers at Your Fingertips".

4.     Stuart Wolpert, "Is Technology Producing a Decline in Critical Thinking and Analysis?", *UCLA Newsroom*, 27 de enero de 2009, http://newsroom.ucla.edu/releases/ is-technology-producing-a-decline-79127; Steven Gerardi, "Use of Computers/Apps and the Negative Effects on Children's Intellectual Outcomes", *Sociology* 7 (2017): pp. 128–32; Zhanna Bagdasarov, Yupeng Luo, y Wei Wu, "The Influence of Tablet- Based Technology on the Development of Communication and Critical Thinking Skills: An Interdisciplinary Study", *Journal of Research on Technology in Education* 49, no. 1–2 (2017): pp. 55–72.

5.     James Schroeder, "More Bad News about Smartphones: When Will We Heed the Warnings?", *Mad in America*, November 12, 2017, https://www.madinamerica. com/2017/11/bad-news-about-smartphones/.

6.     Ibid.

7.     Rob Price, "Billionaire Ex-Facebook President Sean Parker Unloads on Mark Zuckerberg and Admits He Helped Build a Monster", *Business Insider*, 9 de noviembre de 2017, http://www.businessinsider.com/ ex-facebook-president-sean-parker-social-network-human-vulnerability-2017-11.

8.     Travis J. A. Craddock, Jack A. Tuszynski, y Stuart Hameroff, "Cytoskeletal Signaling: Is Memory Encoded in Microtubule Lattices by CaMKII Phosphorylation?", *PLoS Computational Biology* 8, no. 3 (2012): e1002421; Hameroff y Penrose, "Consciousness in the Universe: A Review of the 'Orch OR' Theory"; Emmanuel M. Pothos and Jerome R. Busemeyer, "Can Quantum Probability Provide a New Direction for Cognitive Modeling?". *Behavioral and Brain Sciences* 36, no. 3 (2013): pp. 255–74; Hameroff, "How Quantum Brain Biology Can Rescue Conscious Free Will"; Diederik Aerts et al., "Quantum Structure and Human Thought", *Behavioral and Brain Sciences* 36, no. 3 (2013): pp. 274–76; Gary L. Brase y James Shanteau, "The Unbearable Lightness of 'Thinking': Moving beyond Simple Concepts of Thinking, Rationality, and Hypothesis Testing", *Behavioral and Brain Sciences* 34, no. 5 (2011): pp. 250–51.

9.     George Kastellakis et al., "Synaptic Clustering within Dendrites: An Emerging Theory of Memory Formation", *Progress in Neurobiology* 126 (2015): pp. 19–35.

10.    Leaf, "Mind Mapping".

11.    Leaf, "The Mind Mapping Approach".

12.    Carol Dweck, "Implicit Theories of Intelligence Predict Achievement across Adolescent Transition: A Longitudinal Study and an Intervention", *Child Development* 78 (2007): pp. 246–63.

13. Alvaro Pascual-Leone et al., "Modulation of Muscle Responses Evoked by Transcranial Magnetic Stimulation during the Acquisition of New Fine Motor Skills", *Journal of Neurophysiology* 74, no. 3 (1995): pp. 1037–45; Sharon Begley, "The Brain: How the Brain Rewires Itself", *Time*, 19 de enero de 2007, http://content.time.com/time/magazine/article/0,9171,1580438,00.html.

14. Mégane Missaire et al., "Long-Term Effects of Interference on Short-Term Memory Performance in the Rat", *PloS one* 12, no. 3 (2017): e0173834; Jan Kamiński, Aneta Brzezicka, y Andrzej Wróbel, "Short-Term Memory Capacity (7±2) Predicted by Theta to Gamma Cycle Length Ratio", *Neurobiology of Learning and Memory* 95, no. 1 (2011): pp. 19–23; John E. Lisman y Ole Jensen, "The Theta-Gamma Neural Code", *Neuron* 77, no. 6 (2013): pp. 1002–16; James Clear, "How Long Does It Actually Take to Form a New Habit? (Backed by Science)", *James Clear*, consultado en línea el 25 de enero de 2018, https://jamesclear.com/new-habit.

## Capítulo 21: ¿Qué es la memoria?

1. "The Nobel Prize in Physiology or Medicine 1906", Nobelprize.org, consultado en línea el 25 de enero de 2018, https://www.nobelprize.org/nobel_prizes/medicine/laureates/1906/.

2. Raymond M. Klein, "The Hebb Legacy", Canadian Journal of Experimental Psychology/Revue canadienne de psychologie expérimentale 53, no. 1 (1999): p. 1; Bonnie Strickland, ed., "Hebb, Donald O. (1904–1985)", *Gale Encyclopedia of Psychology*, second ed. (Farmington Hills, MI: Gale Group, 2001).

3. Mark E. J. Sheffield y Daniel A. Dombeck, "Calcium Transient Prevalence across the Dendritic Arbour Predicts Place Field Properties", *Nature* 517, no. 7533 (2015): pp. 200–204; Trygve Solstad, Edvard I. Moser, y Gaute T. Einevoll, "From Grid Cells to Place Cells: A Mathematical Model", *Hippocampus* 16, no. 12 (2006): pp. 1026–31.

4. Craddock, Tuszynski, y Hameroff, "Cytoskeletal Signaling"; John Lisman, "The CaM Kinase II Hypothesis for the Storage of Synaptic Memory", *Trends in Neurosciences* 17, no. 10 (1994): pp. 406–12; Hameroff et al., "Conduction Pathways in Microtubules"; Leif Dehmelt y Shelley Halpain, "The MAP2/Tau Family of Microtubule-Associated Proteins", *Genome Biology* 6, no. 1 (2004): p. 204; Akihiro Harada et al., "MAP2 Is Required for Dendrite Elongation, PKA Anchoring in Dendrites, and Proper PKA Signal Transduction", *J Cell Biol* 158, no. 3 (2002): pp. 541–49; Jacek Jaworski et al., "Dynamic Microtubules Regulate Dendritic Spine Morphology and Synaptic Plasticity", *Neuron* 61, no. 1 (2009): pp. 85–100; Nicolas Toni et al., "LTP Promotes Formation of Multiple Spine Synapses between a Single Axon Terminal and a Dendrite", *Nature* 402, no. 6760 (1999): pp. 421–25; Stuart R. Hameroff y Richard C. Watt, "Information Processing in Microtubules", *Journal of Theoretical Biology* 98, no. 4 (1982): pp. 549–61; N. J. Woolf, A. Priel, y J. A. Tuszynski, *Nanoneuroscience* (Berlin: Springer, 2010); N. J. Woolf, "Microtubules in the Cerebral Cortex: Role in Memory and Consciousness", J. A. Tuszynski, ed., *The Emerging Physics of Consciousness* (Berlin: Springer, 2006), pp. 49–94; C. Sanchez, J. Díaz-Nido, y J. Avila, "Phosphorylation of Microtubule-Associated Protein 2 (MAP2) and Its Relevance for the Regulation of the Neuronal Cytoskeleton Function", *Progress in Neurobiology* 61, no. 2 (2000): pp. 133–68; John Cronly-Dillon, David Carden, y Carole Berks, "The Possible Involvement of Brain Microtubules in Memory Fixation", *Journal of Experimental Biology* 61, no. 2 (1974): pp. 443–54; Nancy J. Woolf, Marcus D. Zinnerman, y Gail V. W. Johnson, "Hippocampal Microtubule-Associated Protein-2

Alterations with Contextual Memory", *Brain Research* 821, no. 1 (1999): pp. 241–49; Stuart Hameroff, "The 'Conscious Pilot'— Dendritic Synchrony Moves through the Brain to Mediate Consciousness", *Journal of Biological Physics* 36, no. 1 (2010): pp. 71–93.

5.   Panayiota Poirazi y Bartlett W. Mel, "Impact of Active Dendrites and Structural Plasticity on the Memory Capacity of Neural Tissue", *Neuron* 29, no. 3 (2001): pp. 779–96; Attila Losonczy, Judit K. Makara, y Jeffrey C. Magee, "Compartmentalized Dendritic Plasticity and Input Feature Storage in Neurons", *Nature* 452, no. 7186 (2008): pp. 436–41; Matthew E. Larkum y Thomas Nevian, "Synaptic Clustering by Dendritic Signalling Mechanisms", *Current Opinion in Neurobiology* 18, no. 3 (2008): pp. 321–31; Kevin A. Archie y Bartlett W. Mel, "A Model for Intradendritic Computation of Binocular Disparity", *Nature Neuroscience* 3, no. 1 (2000): pp. 54–63; Dmitri B. Chklovskii, B. W. Mel, y K. Svoboda, "Cortical Rewiring and Information Storage", *Nature* 431, no. 7010 (2004): pp. 782–88; P. Jesper Sjöström et al., "Dendritic Excitability and Synaptic Plasticity", *Physiological Reviews* 88, no. 2 (2008): pp. 769–840; Bartlett W. Mel, Jackie Schiller, y Panayiota Poirazi, "Synaptic Plasticity in Dendrites: Complications and Coping Strategies", *Current Opinion in Neurobiology* 43 (2017): pp. 177–86; Ju Lu y Yi Zuo, "Clustered Structural and Functional Plasticity of Dendritic Spines", *Brain Research Bulletin* 129 (2017): pp. 18–22; Jacopo Bono y Claudia Clopath, "Modeling Somatic and Dendritic Spike Mediated Plasticity at the Single Neuron and Network Level", *Nature Communications* 8, no. 1 (2017): p. 706; Tobias Bonhoeffer y Pico Caroni, "Structural Plasticity in Dendrites and Spines", *Dendrites*, editado por Greg Stuart, Nelson Spruston, y Michael Häusser (Oxford: Oxford University Press, 2016), pp. 557–79.

6.   Craddock, Tuszynski, y Hameroff, "Cytoskeletal Signaling"; Stuart Hameroff, "How Quantum Brain Biology Can Rescue Conscious Free Will"; Jerome R. Busemeyer, J. Wang, y Richard M. Shiffrin, "Bayesian Model Comparison of Quantum Versus Traditional Models of Decision Making for Explaining Violations of the Dynamic Consistency Principle", trabajo presentado en la conferencia Foundations and Applications of Utility, Risk and Decision Theory Conference, Junio de 2012, Atlanta, Georgia; Brase y Shanteau, "The Unbearable Lightness of 'Thinking'"; Hameroff y Penrose, "Consciousness in the Universe: A Review of the 'Orch OR' Theory"; Emmanuel M. Pothos and Jerome R. Busemeyer, "Can Quantum Probability Provide a New Direction for Cognitive Modeling?", *Behavioral and Brain Sciences* 36, no. 3 (2013): pp. 255–74; Diederik Aerts et al., "Quantum Structure and Human Thought", *Behavioral and Brain Sciences* 36, no. 3 (2013): pp. 274–76; Bridget N. Queenan et al., "On the Research of Time Past: The Hunt for the Substrate of Memory", *Annals of the New York Academy of Sciences* 1396, no. 1 (2017): pp. 108–25.

7.   Ibid.

8.   Henry P. Stapp, *Mindful Universe: Quantum Mechanics and the Participating Observer* (Berlin: Springer, 2011), Kindle loc. 316; Stapp, *Mind, Matter and Quantum Mechanics*, Kindle loc. 687, 694, 1783–84.

9.   Poirazi y Mel, "Impact of Active Dendrites and Structural Plasticity"; Losonczy, Makara, y Magee, "Compartmentalized Dendritic Plasticity and Input Feature Storage in Neurons"; Jackie Schiller et al., "NMDA Spikes in Basal Dendrites of Cortical Pyramidal Neurons", *Nature* 404, no. 6775 (2000): pp. 285–89; Jacopo Bono, Katharina A. Wilmes, y Claudia Clopath, "Modelling Plasticity in Dendrites: From Single Cells to Networks", *Current Opinion in Neurobiology* 46 (2017): pp. 136–41; Mel, Schiller, y Poirazi, "Synaptic Plasticity in Dendrites".

10. Michael Häusser, "Storing Memories in Dendritic Channels", *Nature Neuroscience* 7, no. 2 (2004): pp. 98–100; Andreas Frick y Daniel Johnston, "Plasticity of Dendritic Excitability", *Developmental Neurobiology* 64, no. 1 (2005): pp. 100–115; Bono, Wilmes, y Clopath, "Modelling Plasticity in Dendrites".

11. Stapp, *Mind, Matter and Quantum Mechanics*, Kindle loc. 2958, 2972–76.

12. P. C. W. Davies y Neils Hendrik Gregersen, *Information and the Nature of Reality: From Physics to Metaphysics* (Cambridge, UK: Cambridge University Press, 2010), p. 85.

13. Stapp, *Mind, Matter and Quantum Mechanics*, Kindle loc. 1729.

14. Häusser, "Storing Memories in Dendritic Channels"; Frick y Johnston, "Plasticity of Dendritic Excitability"; Bono, Wilmes, y Clopath, "Modelling Plasticity in Dendrites".

15. Travis J. A. Craddock, Stuart R. Hameroff, y Jack A. Tuszynski, "The Quantum Underground: Where Life and Consciousness Originate", *Biophysics of Consciousness: A Foundational Approach*, editado por Roman R. Poznanski, Jack Tusnynski, y Todd E. Feinberg (Singapore: World Scientific, 2016), pp. 459–515.

16. Craddock, Tuszynski, y Hameroff, "Cytoskeletal Signaling".

17. Stapp, *Mind, Matter and Quantum Mechanics*, Kindle loc. 64, 75–77; Harald Atmanspacher, "Quantum Approaches to Brain and Mind", *The Blackwell Companion to Consciousness*, editado por Max Velmans y Susan Schneider (Hoboken, NJ: Blackwell Publishing, 2017), p. 298; Henry P. Stapp, "Mind, Matter, and Quantum Mechanics", *Foundations of Physics* 12, no. 4 (1982): pp. 363–99; Stuart Hameroff, "Consciousness, Neurobiology and Quantum Mechanics: The Case for a Connection", *The Emerging Physics of Consciousness*, editado por Jack A. Tuszynski (Berlin: Springer, 2006), pp. 193–253; Penrose, *The Emperor's New Mind*; Amit Goswami, "Consciousness in Quantum Physics and the Mind-Body Problem", *The Journal of Mind and Behavior* (1990): pp. 75–96; Stapp, "A Quantum Theory of Conscious- ness", *Mind, Matter and Quantum Mechanics*, pp. 39–47; Stuart Hameroff y Roger Penrose, "Orchestrated Reduction of Quantum Coherence in Brain Microtubules: A Model for Consciousness", *Mathematics and Computers in Simulation* 40, no. 3–4 (1996): pp. 453–80.

18. Stapp, *Mind, Matter and Quantum Mechanics*, Kindle loc. 2976, 2980.

19. Hameroff, "Consciousness, Neurobiology and Quantum Mechanics".

20. Stapp, *Mind, Matter and Quantum Mechanics*, Kindle loc. 2193, 2200.

21. Erich Joos et al., *Decoherence and the Appearance of a Classical World in Quantum Theory* (Berlin: Springer, 2013); Stapp, *Mind, Matter and Quantum Mechanics*, Kindle loc. 3092, 3297.

22. Christopher A. Fuchs, "Distinguishability and Accessible Information in Quantum Theory", Cornell University Library, 23 de enero de 1996, https://arxiv.org/abs/quant-ph/9601020.

23. Stapp, *Mind, Matter and Quantum Mechanics*, Kindle loc. 40, 1729, 3014; Henry Stapp, "Quantum Interactive Dualism: An Alternative to Materialism", *Journal of Consciousness Studies* 12, no. 11 (2005): pp. 43–58; Lucio Tonello y Massimo Cocchi, "The Cell Membrane: Is It a Bridge from Psychiatry to Quantum Consciousness?", *NeuroQuantology* 8, no. 1 (2010) pp. 54–60.

24. Mark R. Rosenzweig, Edward L. Bennett, y Marian Cleeves Diamond, "Brain Changes in Response to Experience", *Scientific American* 226, no. 2 (1972): pp. 22–29; A. M. Clare Kelly y Hugh Garavan, "Human Functional Neuroimaging of Brain Changes Associated with Practice", *Cerebral Cortex* 15, no. 8 (2004): pp. 1089–102; David Krech, Mark R. Rosenzweig, y Edward L. Bennett, "Relations between Brain Chemistry and

Problem-Solving among Rats Raised in Enriched and Impoverished Environments", *Journal of Comparative and Physiological Psychology* 55, no. 5 (1962): p. 801; M. C. Diamond, "The Significance of Enrichment", *Enriching Heredity* (New York: Free Press, 1988); Marian Cleeves Diamond, "What Are the Determinants of Children's Académic Successes and Difficulties?", *New Horizons for Learning*, consultado en línea el 25 de enero de 2018, http://archive.education.jhu.edu/PD/newhorizons/Neurosciences/articles /Determinants%20of %20Academic%20Success%20and%20Dif f iculties/index.ht ml; M. C. Diamond, "The Brain . . . Use It or Lose It", *Mindshift Connection* 1, no. 1 (1996): p. 1; Marian Diamond y Janet Hopson, *Magic Trees of the Mind: How to Nurture your Child's Intelligence, Creativity, and Healthy Emotions from Birth Through Adolescence* (New York: Penguin, 1999).

25. Qiang Zhou, Koichi J. Homma, y Muming Poo, "Shrinkage of Dendritic Spines Associated with Long-Term Depression of Hippocampal Synapses", *Neuron* 44, no. 5 (2004): pp. 749–57; Masao Ito, "Long-Term Depression", *Annual Review of Neuroscience* 12, no. 1 (1989): pp. 85–102.

26. Mégane Missaire et al., "Long-Term Effects of Interference on Short-Term Memory Performance in the Rat"; Kamiński, Brzezicka, y Wróbel, "Short-Term Memory Capacity (7±2) Predicted by Theta to Gamma Cycle Length Ratio"; John E. Lisman y Ole Jensen, "The Theta-Gamma Neural Code", *Neuron* 77, no. 6 (2013): pp. 1002–16; Clear, "How Long Does It Actually Take to Form a New Habit?".

27. Lally et al., "How Are Habits Formed"; Sheina Orbell y Bas Verplanken, "The Automatic Component of Habit in Health Behavior: Habit as Cue-Contingent Automaticity", *Health Psychology* 29, no. 4 (2010): p. 374; Phillippa Lally y Benjamin Gardner, "Promoting Habit Formation", *Health Psychology Review* 7, no. sup1 (2013): S137–S158; Lally, Wardle, y Gardner, "Experiences of Habit Formation"; Wendy Wood y David T. Neal, "A New Look at Habits and the Habit-Goal Interface", *Psychological Review* 114, no. 4 (2007): p. 843; Wendy Wood, Leona Tam, y Melissa Guerrero Witt, "Changing Circumstances, Disrupting Habits", *Journal of Personality and Social Psychology* 88, no. 6 (2005): p. 918; David T. Neal et al., "The Pull of the Past: When Do Habits Persist despite Conflict with Motives?", *Personality and Social Psychology Bulletin* 37, no. 11 (2011): pp. 1428–37; Benjamin Gardner, "A Review and Analysis of the Use of 'Habit' in Understanding, Predicting and Influencing Health-Related Behaviour", *Health Psychology Review* 9, no. 3 (2015): pp. 277–95; Marion Fournier et al., "Effects of Circadian Cortisol on the Development of a Health Habit", *Health Psychology* 36, no. 11 (2017): p. 1059; Justin O'Hare, Nicole Calakos, y Henry H. Yin, "Recent Insights into Corticostriatal Circuit Mechanisms Underlying Habits", *Current Opinion in Behavioral Sciences* 20 (2018): pp. 40–46; Sheffield y Dombeck, "Calcium Transient Prevalence across the Dendritic Arbour".

28. Ver mis otros libros y programas para más información sobre este proceso, como *Switch On Your Brain, Think and Eat Yourself Smart*, y *The Perfect You* (Tu Yo Perfecto).

29. Maya Frankfurt y Victoria Luine, "The Evolving Role of Dendritic Spines and Memory: Interaction(s) with Estradiol", *Hormones and Behavior* 74 (2015): pp. 28–36; Diamond, "The Significance of Enrichment"; Diamond, "The Brain . . . Use It or Lose It"; Diamond y Hopson, *Magic Trees of the Mind*; Karyn M. Frick et al., "Sex Steroid Hormones Matter for Learning and Memory: Estrogenic Regulation of Hippocampal Function in Male and Female Rodents", *Learning & Memory* 22, no. 9 (2015): pp. 472–93; C. D. Gipson y M. F. Olive, "Structural and Functional Plasticity of Dendritic Spines—Root or Result of Behavior?", *Genes, Brain and Behavior* 16, no. 1 (2017): pp. 101–17; Maria-Angeles

Arevalo et al., "Signaling Mechanisms Mediating the Regulation of Synaptic Plasticity and Memory by Estradiol", *Hormones and Behavior* 74 (2015): pp. 19–27.

30. Craddock, Tuszynski, y Hameroff, "Cytoskeletal Signaling"; Hameroff ayPenrose, "Consciousness in the Universe: A Review of the 'Orch OR' Theory"; Emmanuel M. Pothos y Jerome R. Busemeyer, "Can Quantum Probability Provide a New Direction for Cognitive Modeling?", *Behavioral and Brain Sciences* 36, no. 3 (2013): pp. 255–74; Hameroff, "How Quantum Brain Biology Can Rescue Conscious Free Will"; Diederik Aerts et al., "Quantum Structure and Human Thought", *Behavioral and Brain Sciences* 36, no. 3 (2013): pp. 274–76; Brase y Shanteau, "The Unbearable Lightness of 'Thinking'".

31. Ibid.
32. Ibid.
33. Ibid.
34. Ibid.
35. Ibid.
36. Ibid.
37. Ibid.
38. Ibid.
39. Ibid.
40. Ibid.

41. Jeffrey Mishlove, "Consciousness and the Brain, Part Four: The Orchestra of the Brain, with Stuart Hameroff", video en YouTube subido por New Thinking Allowed, 18 de agosto de 2015, https://m.youtube.com/watch?v=hHDfGAnDedw; Jeffrey Mishlove, "Consciousness and the Brain, Part Five: Consciousness in the Universe, with Stuart Hameroff", New Thinking Allowed, video en YouTube 19 de agosto de 2015, https://m.youtube.com/watch?v=W9V3Ht1jnCU; Jeffrey Mishlove, "Consciousness and the Brain, Part Six: Spiritual Implications, with Stuart Hameroff", video en YouTube subido por New Thinking Allowed, 20 de agosto de 2015, https://m.youtube.com/watch?v=jPlBGdZLwTE.

42. Henry Stapp, "Minds and Values in the Quantum Universe", *Information and the Nature of Reality from Physics to Metaphysics*, editado por P. C. W. Davies y Niels Henrik Gregersen (Cambridge, UK: Cambridge University Press, 2014): p. 157.

43. Stapp, "Quantum Interactive-Dualism".

44. Werner Heisenberg, *Physics and Philosophy: The Revolution in Modern Science* (New York: Harper and Row, 1958); David C. Cassidy, *Werner Heisenberg: A Bibliography of His Writings*, second ed. (New York: Whittier, 2001).

45. John von Neumann, *Mathematical Foundations of Quantum Mechanics*, trans. Robert T. Beyer (Princeton: Princeton University Press, 1955).

46. Ibid.

47. Stapp, "Quantum Interactive-Dualism".

48. Schwartz, Stapp, y Beauregard, "Quantum Physics in Neuroscience and Psychology".

49. Keith Ward, "Keith Ward—The New Atheists, Part 1", video en YouTube subido por ObjectiveBob, 29 de agosto de 2012, https://www.youtube.com/watch?v=fkJshx-7l5w.
50. J. S. Bell, *Speakable and Unspeakable in Quantum Mechanics: Collected Papers on Quantum Philosophy* (Cambridge, UK: Cambridge University Press, 2004).

## Capítulo 22: La Teoría Geodésica de Procesamiento de Información

1. Bell, *Speakable and Unspeakable*.

2. H. Gardner, *Frames of Mind* (New York: Basic Books, 2011); J. M. Shine et al., "The Dynamics of Functional Brain Networks: Integrated Network States during Cognitive Task Performance", *Neuron* 92, no. 2 (19 de octubre de 2016): pp. 544–54.

3. Leaf, *Switch On Your Brain*; Lally et al., "How Are Habits Formed;" Clear, "How Long Does It Actually Take to Form a New Habit?".

4. B. Libet, "Do We Have Free Will?", *Journal of Consciousness Studies*, 6, nos. 8–9 (1999): pp. 47–57.

5. C. S. Soon, "Unconscious Determinants of Free Decisions in the Human Brain", *Nature Neuroscience* 11, no. 5 (13 de abril de 2008): pp. 543–45.

6. "Libet Experiments", *The Information Philosopher*, consultado en línea 18 de enero de 2018, http://www.informationphilosopher.com/freedom/libet_experiments.html.

7. C. S. Herrmann et al., "Analysis of a Choice-Reaction Task Yields a New Interpretation of Libet's Experiments", *International Journal of Psychophysiology* 67 (2008): p. 156, http://www.fflch.usp.br/df/opessoa/Hermann%20-%20New%20interpretation%20-%20%202008.pdf.

8. Ibid.

9. Benjamin Libet, *Mind Time: The Temporal Factor in Consciousness* (Cambridge, MA: Harvard University Press, 2004).

10. D. Denett et al., *Neuroscience and Philosophy: Brain, Mind, and Language* (New York: Columbia University Press, 2007).

11. Shira Sardi et al., "Adaptive Nodes Enrich Nonlinear Cooperative Learning beyond Traditional Adaptation by Links", *Scientific Reports* 8 (2018): pp. 1–10.